西人之纹章

德意志地域纹章概览

杨颖　蒋炜 著

上海纹章院

上海书店出版社

前 言

“凡是过去，皆为序章”。2015年10月20日，习近平在英国议会引用莎士比亚戏剧《暴风雨》中的名言。文化如何传承，包括家谱和家徽，在信息高度发达的自媒体时代，家徽可以成为维系社会稳定增加凝聚力并值得拥有者自豪的载体吗？

通过融入不同的文化，通过了解彼此的故事，通过跨越隔膜、成见和误解，让对方见到个性的自己和专属的家徽。想做到这一点，中国人需要文化上与世界对话、融合。当然包括纹章领域，纹章院的努力也不可或缺。开放的中国需要纹章设计，稳定的家庭关系也需要。

在西方，19世纪下半叶始于英国的工艺美术运动是一场设计改良，自1888年成立工艺美术展览协会以来，工艺美术已走过了128个年头，与柯布西耶的工业化新建筑理论不同，威廉·莫里斯强调定制和个性化，是对工业化的反思，也是对小众群体的人文关怀。而今，工业化和定制都是市场经济的重要组成部分，互为补充。而今历史早已将阶层固化打破了，人人皆可拥有自己个性的纹章。而纹章学是工艺美术的一个重要组成部分。把设计和产品做精是中国产业升级的趋势，我们欣喜地宣布，纹章院已在上海开始了属于国人的家徽制作。

祝福中国的家徽从此走向新时代！

高级工艺美术师
纹章院联合创始人

18.April.MMXVI

目 录

柏林市 Berlin

巴克霍尔兹 Buchholz

弗里德里希斯韦尔德 Friedrichswerder

布赫 Buch

蒂尔加滕 Tiergarten

多罗希斯塔特 Dorotheenstadt

腓特烈城 Friedrichstadt

弗里德瑙 Friedenau

弗里德里希斯海－克罗伊茨贝格 Friedrichshain-Kreuzberg

米特 Mitte

弗里德里希斯海 Friedrichshain

弗里的希哈芬 Friedrichshagen

克罗伊茨贝格 Kreuzberg

克佩尼克区 Kopenick

拉斯多夫 Rahnsdorf

赖尼肯多夫 Reinickengorf

兰克威治 Lankwitz

里希特菲尔德 Lichterfelde

利希滕贝格 Lichtenberg

鲁巴斯 Lubars

罗森塔尔 Rosenthal

吕森斯塔德特 Luisenstadt

马灿区 Marzahn

夏洛滕堡－维尔默斯多夫 Charlottenburg-Wilmersdorf

潘科 Pankow

穆根海姆 Muggelhe

玛丽恩菲尔德 Marienfelde

普伦茨劳贝格 Prenzber Berg

瑞德瑞奇斯费尔德 Friedrichsfelde

上施宛韦德 Oberschw

泰格尔 Tegel

特雷普托 Treptow

特雷普托－克彭克 Trepkow-kopenick

滕珀尔霍夫－舍讷贝格 Tempschof

滕珀尔霍夫 Tempelhof

滕普林 Templin

王城 Konigstadt

下萨赫豪森 Niederschonhausen

马尔斯多夫 Mahlsdorf

夏洛滕堡 Charlottenburg

新克尔恩 Neukolln

约翰内斯塔尔 Johannisthal

泽内 Zehlendo

海利根瑟尔 Heiligensee

不来梅港巴赫莫斯多夫 Hermsdorf Br Emerhaven

霍尔兴豪森 Hohenschönhausen

威丁 Wedding

维尔默斯多夫 Wilmersdorf

维特瑙 Wittenau

魏森塞 Weissensee

不来梅市 Bremen

不来梅港 Bremerhaven

弗格萨克 Vegesack

格斯特蒙德 Geestemünde

莱厄 Lehe

汉堡市 Hamburg

奥藤森 Ottensen

贝格多夫 Bergedorf

弗洛尔斯塔特 Florstadt

哈尔堡－威廉堡 Harburg-Wilhelmsburg

哈尔堡 Harburg

万德斯贝克 Wandsbeck

巴登－符腾堡州 Baden-Wür ttemberg

宁多尔夫 Nindorf

阿本贝格 Abenberg

黑姆斯巴赫（莱茵－内卡区） Hemsbach (Rhein-Neckar Kreis)

阿贝格 Achberg

海姆巴赫（泰宁根） Heimbach (Teningen)

阿布茨格明德 Abtsgmünd

阿布施塔特 Abstatt

阿岑巴赫 Atzenbach

阿德尔贝格 Adelberg

阿德尔贝格 Adelsberg

阿德尔曼斯费尔登 Adelmannsfelden

阿德尔斯海姆 Adelsheimelhe

阿德尔斯霍芬 Adelshofen

阿恩巴赫 Arnbach

阿尔布赫地区的德廷根 Dettingen am Albuch

阿尔蒂特 Althütte

阿尔戈伊地区洛伊特基希 Leutkirch im allgau

阿尔根比赫尔 Argenbühl

阿尔皮斯巴赫 Alpirsbach

阿尔特多夫 Altdorf

阿尔特海姆（弗里金根） Altheim (Frickingen)

阿尔特海姆 近爱茵根 Altheim (bei Ehingen)

阿尔特海姆 Altheim

阿尔特海姆（霍尔普） Altheim (Horb)

阿尔滕斯泰希 Altensteig

阿尔特海姆（颇．伯拉赫） Altheim (Lkr. Biberach)

阿尔特豪森 Althausen

阿尔滕巴赫 Altenbach

阿尔滕堡 Altenburg

阿尔滕海姆 Altenheim

阿尔滕里特 Altenriet

阿尔特海姆（莱贝尔廷根） Altheim (Leibertingen)

阿尔滕斯泰格多夫 Altensteigdorf

阿尔特海姆（瓦尔迪尔恩） Altheim (Walldürn)

阿法尔特巴赫 Affalterbach

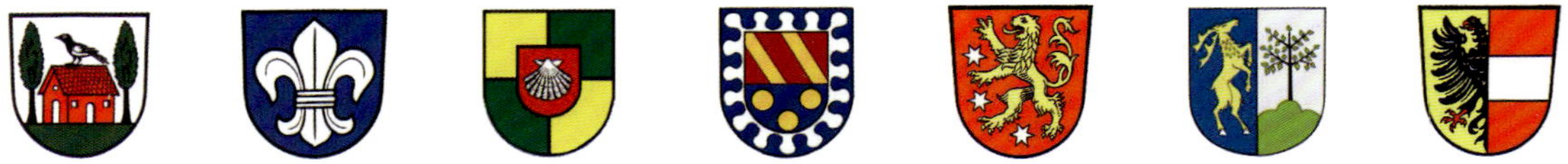

阿格拉斯特劳森 Aglasterhausen | 阿哈尔姆山下埃宁根 Eningen unter Achalm | 阿豪森 Ahausen | 阿赫 － 林茨 Aach-Linz | 阿赫 Aach | 阿赫多夫 Achdorf | 阿赫恩 Achern

阿赫卡伦 Achkarren | 阿伦 Aalen | 阿伦 Arlen | 茵宁 Inning | 阿那奇 Arnach | 阿内格 Arnegg | 阿彭韦尔 Appenweier

阿萨姆斯塔特 Assamstadt | 阿塞尔芬根 Asselfingen | 阿森 Aasen | 阿斯巴赫（奥布里格海姆）Asbach (Obrigheim) | 阿斯帕赫 Aspach | 阿斯佩格 Asperg | 阿斯特滕 Achstetten

阿特巴赫 Altbach | 埃布林根（戈特马丁根）Ebringen (Gottmadingen) | 阿巴拉赫 Ablach | 埃巴赫（奥珀瑙）Ibach | 埃巴赫（黑森林）Ibach | 埃贝尔丁根 Eberdingen | 埃贝尔丁根 Eberfingen

埃贝尔斯巴赫－穆斯巴赫 Ebersbach-Musbach | 埃贝拉尔德策尔 Eberhardzell | 埃本海德 Ebenheid | 埃本斯巴赫 Eibensbach | 埃本韦勒 Ebenweiler | 埃宾根 Ebingen | 埃伯巴赫 Eberbach

埃伯哈特 Ebershardt | 埃伯施塔特 Eberstadt | 埃伯施塔特 Ehrstädt | 埃伯施塔特（布肯）Eberstadt (Buchen) | 埃伯斯贝格（奥恩瓦尔德）Ebersberg (Auenwald) | 埃博斯坦堡 Ebersteinburg | 埃岑尔贝格（上苏尔姆）Eichelberg (Obersulm)

埃布豪森 Ebhausen | 埃布林根（布赖施高县）Ebringen (Breisgau-Hochschwarzwald) | 阿滕韦勒 Attenweiler | 埃布纳特（阿伦）Ebnat (Aalen) | 埃布斯特滕 Erbstetten | 埃岑尔贝格（厄斯特林根）Eichelberg (Östringen) | 埃博斯维尔 Ebersweier

埃茨恩罗特 Etzenrot

埃德曼韦勒 Erdmannsweiler

埃丁根－内卡劳森 Edingen-Neckarhausen

埃丁根 Edingen

埃厄施泰滕 Ehestetten

埃恩巴赫 Einbach

埃恩巴赫（布赫恩） Einbach (Buchen)

埃恩特内 Eintürnen

埃尔巴赫（多瑙河） Erbach (Donau)

埃尔本施万德 Elbenschwand

埃尔茨格鲁伯 Erzgrube

埃尔茨塔尔 Elztal

埃尔德曼豪森 Erdmannhausen

埃尔霍芬 Ellhofen

埃尔拉赫（任肯） Erlach (Renchen)

埃尔利格海姆 Erligheim

埃尔伦莫斯 Erlenmoos

埃尔明根 Ermingen

埃尔彭海姆 Elpersheim

埃尔青根 Erzingen

埃尔青根（克莱特） Erzingen (Klettgau)

埃尔森茨 Elsenz

埃尔斯海姆 Eiersheim

埃夫林根－基兴 Efringen-Kirchen

埃尔旺根（罗特河畔罗特） Ellwangen (Rot an der Rot)

埃尔滕斯泰滕 Ehrenstetten

埃尔旺根（亚格斯特河） Ellwangen (Jagst)

埃尔旺根 Illwangen

埃尔歇斯海姆－伊林根 Elchesheim-Illingen

埃菲尔德 Erfeld

埃尔欣根奥夫蒂姆豪茨菲尔德 Elchingen auf dem Härtsfeld

埃尔斯因根 Ersingen

埃格林根（迪斯科林根） Eglingen (Dischingen)

埃格兰让（海恩斯坦） Eglingen (Hohenstein)

埃格林根 Egringen

埃格斯海姆 Egesheim

埃根茨因根 Ergenzingen

埃根豪森 Egenhausen

埃根斯泰因－列奥波德港 Eggenstein-Leopoldshafen

埃赫森 Eichsel

埃赫斯廷恩 Eichstegen

埃金根（乌尔姆） Eggingen (Ulm)

埃京根（瓦尔茨胡特） Eggingen (Waldshut)

埃克苏（霍亨滕根） Eichen (Hohentengen)

埃克逊（肖普海姆） Eichen (Schopfheim)

埃肯布雷希茨韦勒 Erkenbrechtsweiler

埃拉蒙迪根 Ellmendingen

埃勒斯海姆 Erlaheim

埃里斯基尔希 Eriskirch

埃伦贝格（奥斯塔尔伯县） Ellenberg (Ostalbkreis)

埃伦伯格 Ehrsberg

埃伦基兴 Ehrenkirchen

埃罗尔茨海姆 Erolzheim

埃梅尔金根 Emerkingen

埃门丁根 Emmendingen

埃明根－利普廷根 Emmingen-Liptingen

埃宁根 Ehningen

埃施巴赫（马克格瑞菲尔兰德） Eschbach (Markgräflerland)

埃珀尔海姆 Eppelheim

埃普芬巴赫 Epfenbach

埃普芬多夫 Epfendorf

埃普芬恩 Empfingen

埃森哈兹 Eisenharz

埃森豪森 Esenhausen

埃森特尔 Eisental

埃沙赫河（奥斯塔尔伯县） Eschach (Ostalbkreis)

埃沙赫河（拉文斯堡） Eschach (Ravensburg)

埃斯因根 Einsingen

埃舍尔布龙 Eschelbronn

埃舍瑙（上苏尔姆） Eschenau (Obersulm)

埃什巴赫（辛斯海姆） Eschelbach (Sinsheim)

埃平根 Eppingen

埃施巴赫（瓦尔茨胡特田根） Eschbach (Waldshut-Tiengen)

埃斯巴赫 Ernsbach

埃斯帕辛根 Espasingen

埃舍尔巴赫（诺恩斯坦） Eschelbach (Neuenstein)

埃特林根 Ettlingen

埃特林根韦尔 Ettlingenweier

埃滕多夫 Eutendorf

埃滕海姆 Ettenheim

埃滕海姆沐恩斯特尔 Ettenheimmünster

埃滕基尔希 Ettenkirch

埃滕斯施埃斯 Ettlenschieß

埃廷根 Eltingen

埃廷根 Ertingen

埃文格里斯 滕嫩布罗恩 Evangelisch Tennenbronn

埃辛根（符腾堡） Essingen (Württemberg)

艾格尔廷根 Eigeltingen

艾伯特（弗赖堡） Ebnet (Freiburg im Breisgau)

艾彻斯海姆 Elchesheim

艾德勒韦勒 Edelweiler

艾德林费根 Edelfingen

艾尔杰斯威尔 Elgersweier

艾福瑞根 Efringen

艾本特（黑森林的博恩多夫） Ebnet (Bonndorf im Schwarzwald)

艾格里施旺德 Engelschwand

艾根斯坦 Eggenstein

艾克特斯维尔 Eckartsweier

艾肯维勒 Eckenweiler

艾伦巴赫 Erlenbach

艾伦巴赫（雷文斯坦） Erlenbach (Ravenstein)

艾梅尔丁根 Eimeldingen

艾美林根 Emeringen

艾姆贝格 Emberg

艾姆林根 埃柏格 Emmingen ab Egg

艾普芬根 Erpfingen

艾普林根 Epplingen

艾瑞克茨豪森 Ellrichshausen

艾森巴赫 Eschenbach

艾森巴赫（上黑林山） Eisenbach (Hochschwarzwald)

艾什泰尔 Eschental

艾斯林根 弗奥斯 Eislingen Fils

艾塔斯霍芬 Eltershofen

艾特斯维拉尔 Ettisweiler

艾特尔巴赫 Eiterbach

艾希斯特滕阿姆凯塞尔斯图尔 Eichstetten am Kaiserstuhl

艾辛根 Eisingen

艾希特汀根 Echterdingen

艾因哈特 Einhart

爱茨滕斯塞姆 Eichtersheim

爱普芬霍芬 Epfenhofen

爱茵根（多瑙河） Ehingen (Donau)

安德尔芬根 Anselfingen

安德乐斯巴赫的豪森 Hausen am Andelsbach

安豪森 Anhausen

安斯巴赫 Ansbach

奥埃德海姆 Oedheim

奥埃南 Auenheim

奥贝阿克 Oberacker

奥贝里德（弗赖堡） Oberried

奥贝里克辛根 Oberriexnggen

奥贝罗特 Oberrot

奥贝斯坦巴克（瓦尔登堡） Obersteinbach

奥本多夫（内卡河畔罗滕堡） Oberndorf (Rottenburg am Neckar)

奥本恩 Olbronn

奥比斯簿本 Bubenorbis

奥伯埃京根 Obereggingen

奥伯茨罗特 Obertsrot

奥伯多夫（黑尔德万根 － 舍纳） Oberndorf

奥伯多夫（克劳泰姆） Oberndorf

奥伯多夫（库彭海姆） Oberndorf

奥伯恩海姆 Obernheim

奥伯豪森 － 赖因豪森 Oberhausen-Rheihausen

奥伯豪森（赖因豪森） Oberhausen

奥伯豪森（利希滕施泰因） Oberhausen(Lichtenstein)

奥伯霍夫（戴尔海姆） Oberhof

奥伯霍夫（穆尔格） Oberhof

奥伯多夫（库彭海姆）Oberndorf

奥伯恩海姆 Obernheim

奥伯豪森 - 赖因豪森 Oberhausen-Rheihausen

奥伯豪森（赖因豪森）Oberhausen

奥伯豪森（利希滕施泰因）Oberhausen(Lichtenstein)

奥伯霍夫（戴尔海姆）Oberhof

奥伯霍夫（穆尔格）Oberhof

奥伯基希（巴登）Oberkirch

奥伯瑙 Obernau

奥伯萨平费海姆 Oberschopfheim

奥伯萨希芬伦茨 Oberschefflenz

奥伯萨希梅恩 Oberschm

奥伯托克海姆 Oberturkheim

奥伯瓦尔顿 Oberwalden

奥伯瓦萨 Oberwass

奥伯威恩（施蒂赫林根）Oberwangen

奥伯韦尔（布尔）Oberweie

奥伯韦尔（嘉格纳）Oberwei

奥伯韦尔 Oberweier

奥伯维尔 Oberwihl

奥伯温登 Oberwinden

奥伯西蒙斯瓦尔德 Obersimonswald

奥伯希瓦多夫 Oberschwandorf

奥伯尤巴赫 Oberurba

奥伯尤丁根 Oberuhldingen

奥博蒂觉斯海姆 Oberdigisheim

奥博沃尔法赫 Oberwolfach

奥布里格海姆 Obrigheim

奥德斯豪芬 Odelshof

奥登哈特 Odernhar

奥登海姆 Odenheim

奥登瓦尔德斯特滕 Odenwald

奥恩瓦尔德 Auenwald

奥尔巴赫 Auerbach 1971

奥尔巴赫 Auerbach

奥尔登许滕 Oldenhutten

奥尔珀 Olpe

奥尔斯巴赫 Ohlsbach

奥尔辛根 - 嫩钦根 Orsingen-Nenzingen

奥费根 Oeffingen

奥费瑙 Offenau

奥芬 Aufen

奥芬堡 Offenburg

奥芬根 Offingen

奥夫豪森 Aufhausen 1975

奥夫豪森 Aufhausen

奥夫特尔丁根 Ofterdingen

奥夫特尔丁根 Ofteringen

奥夫特尔斯海姆 Oftersheim

奥根 Auggen
奥根豪森 Oggenhausen
奥赫森巴赫 Ochsenbach
奥赫森堡 Ochsenburg
奥赫森贝格 Ochsenberg
奥亨贝格 Ohrnberg
奥克森豪森 Ochsenhausen

奥克森旺 Ochsenwang
奥里希 Aurich
奥伦巴赫 Ohrensbach
奥伦多夫 Aulendorf
奥门海姆 Ohmenheim
奥门豪森 Ohmenhausen
奥姆登 Ohmden

奥纳茨海姆 Onolzheim
奥纳斯特滕 Ohnastet
奥彭韦勒 Oppenweiler
奥珀瑙 Oppenau
奥普尔斯坡姆 Oppelsbo
奥普费根 Upfingen
奥普平根 Oppingen

奥森豪森 Orsenhausen
奥斯巴赫 Odsbach
奥斯菲尔敦 Ostfildern
奥斯琪本恩 Oschelbronn
奥斯特布尔肯 Osterbur
奥斯特多夫 Ostdorf
奥斯特尔斯海姆 Ostelsheim

奥斯特拉赫 Ostrach
奥斯兴根 Oschingen
奥特尔斯魏埃尔 Otterswer
奥特格海姆 Otigheim
奥特林根（泰克山下基尔夏伊姆） Otlingenk
奥特斯多夫 Ottersdorf
奥特斯旺（巴特舒森里德） Otterswang

奥特斯旺（普富伦多夫） Otterswang
奥滕巴赫（符腾堡） Ottenbach
奥滕贝格（巴登） Ortenberg(baden)
奥滕多夫（盖尔多夫） Ottendorf
奥滕海姆 Ottenhei
奥滕豪森 Ottenhausen
奥滕劳 Ottenau

奥图希文登 Ottoschwanden
奥温根（海格尔洛） Owingen(Haigerloch)
奥温根 Owingen
奥希韦尔 Orschwei
奥兴根 Orsingen
奥伊比希海姆 Eubigheim
奥因豪森 Olnhause

巴德 - 梅根特海姆 Bad Mergentheim | 巴德迪岑巴赫 Bad Ditzenbach | 巴德里波尔道-沙普巴赫 Bad Rippoldsau-Schapbach | 巴登 - 巴登 Baden-Baden | 巴登上游 Wachbach | 巴登韦勒 Badenweiler | 巴登韦勒 Busenweiler

巴尔布龙 Buhlbronn | 巴尔茨海姆 Balzheim | 巴尔德尔 Baldern | 巴尔格海姆 Balgheim | 巴尔雷希滕 - 多廷根 Ballrechten-Dottingen | 巴尔默茨霍芬 Ballmertshofen | 巴尔特曼斯魏莱尔 Baltmannsweiler

巴尔托洛梅 Bartholomä | 巴根（恩根） Bargen (Engen) | 巴根（赫尔姆斯泰 - 巴根） Bargen (Helmstadt-Bargen) | 巴赫湖畔豪森 Hausen am Bach | 巴克霍尔兹（瓦尔德基希） Buchholz (Waldkirch) | 巴克南 Backnang | 巴林根 Balingen

巴伦伯格 Ballenberg | 巴伦多夫 Ballendorf | 巴门塔尔 Bammental | 巴特贝林 Bad Bellingen | 巴特彼得斯塔尔 - 格里斯巴赫 Bad Peterstal-Griesbach | 巴特博尔 Bad Boll | 巴特布豪 Bad Buchau

巴特迪尔海姆 Bad Dürrheim | 巴特腓特烈斯哈尔 Bad Friedrichshall | 巴特格里斯 Bad Griesbach | 巴特黑伦阿尔布 Bad Herrenalb | 巴特坎施塔特 Bad Cannstatt | 巴特克罗青根 Bad Krozingen | 巴特拉珀瑙 Bad Rappenau

巴特利本采尔 Bad Liebenzell | 巴特绍尔高 Bad Saulgau | 巴特申博恩 Bad Schönborn | 巴特舒森里德 Bad Schussenried | 巴特泰纳赫 - 察费尔施泰因 Bad Teinach-Zavelstein | 巴特泰纳赫 Bad Teinach | 巴特瓦尔德塞 Bad Waldsee

巴特维尔德巴德 Bad Wildbad | 巴特温普芬 Bad Wimpfen | 巴特乌拉赫 Bad Urach | 巴特于伯京根 Bad Überkingen | 巴滕巴赫 Bartenbach | 巴滕施泰因 Bartenstein | 柏斯高附近古塔赫 Gutach im Breisgau

拜恩富尔特 Baienfurt

拜尔谷 Baiertal

拜尔角 Baiereck

拜尔斯布隆 Baiersbronn

拜默施泰滕 Beimerstetten

拜滕豪森 Baitenhausen

拜因特 Baindt

班霍尔茨 Bannholz

邦巴赫 Bombach

邦多夫 Bondorf

邦多夫（巴特绍尔高） Bondorf (Bad Saulgau)

邦费尔德 Bonfeld

包尔巴赫（布雷顿） Bauerbach (Bretten)

包施泰滕 Baustetten

卑尔根的威勒 Weiler in den Bergen

贝本豪森 Bebenhausen

贝岑韦勒 Betzenweiler

贝茨根莱特 Bezgenriet

贝恩巴赫 Beimbach

贝恩洛赫 Bernloch

贝恩施塔特 Bernstadt

贝尔根维拉尔 Bergenweiler

贝尔加特罗伊特 Bergatreute

贝尔斯坦 Beilstein

贝尔特海姆 Beiertheim

贝费恩多夫 Beffendorf

贝格费尔登 Bergfelden

贝格豪普滕 Berghaupten

贝格豪森 Bergerhausen

贝格林根 Bergalingen

贝格伦 Berglen

贝格斯特拉塞地区希尔施贝格 Hirschberg an der Bergstrasse

贝格许伦 Berghülen

贝克海姆（比伯拉赫） Berkheim (Biberach)

贝拉 Behla

贝克施泰因 Beckstein

贝克特尔博尔 Bechtersbohl

贝克海姆（内卡河畔埃斯林根） Berkheim (Esslingen am Neckar)

贝拉蒙特 Bellamont

贝利欣根 Berlichingen

贝鲁兹 Perouse

贝伦塔尔 Bärenthal

贝伦温根（德蒂格霍芬） Berwangen (Dettighofen)

贝罗尔茨海姆 Berolzheim

贝马廷根 Bermatingen

贝宁根 Beiningen

贝森贝格 Belsenberg

贝特拉 Betra

贝特马林根 Bettmaringen

贝特卿根 Betzingen

贝滕豪森（多尔恩汉） Bettenhausen (Dornhan)

贝廷恩（韦特海姆） Bettingen (Wertheim)

贝西格海姆 Besigheim

贝希托德威尔 Bechtoldsweiler

贝兹韦勒 Betzweiler

贝兹韦勒－瓦尔德 Betzweiler-Wälde

本普夫林根 Bempflingen

本赞兹莫恩 Benzenzimmern

本兹根 Benzingen

比伯拉赫（巴登） Biberach (Baden)

比伯拉赫（海尔布隆） Biberach (Heilbronn)

比伯斯费尔德 Bibersfeld

比茨 Bitz

比德巴赫 Biederbach

比蒂格海姆 － 比辛根 Bietigheim-Bissingen

比蒂希海姆 Bietigheim

比蒂希海姆（拉施塔特） Bietigheim (Rastatt)

比尔包娜恩 Bierbronnen

比尔茨林区米歇尔巴赫 Michelbach an Bilz

比尔施塔特 Mambach

比尔斯特滕 Bierstetten

比豪伐尔根 Bihlafingen

比利格海姆（内卡 － 奥登瓦尔德克瑞斯） Billigheim

比赫莱尔塔尔 Bühlertal

比赫莱尔坦 Bühlertann

比肯费尔德（符腾堡） Birkenfeld (Württemberg)

比拉纷根（奥温根） Billafingen (Owingen)

比嫩根 Biengen

比拉赫（卡尔斯鲁厄） Bulach (Karlsruhe)

比赫莱尔策尔 Bühlerzell

比林根（内卡河畔罗滕堡） Bieringen (Rottenburg am Neckar)

比林根（申塔尔） Bieringen (Schöntal)

比林斯巴赫 Billingsbach

比伦巴赫 Birenbach

比瑙 Binau

比拉纷根（兰格嫩斯林根） Billafingen (Langenenslingen)

比瑞卡兹 Birkach

比瑞肯多夫 Birkendorf

比瑞林根 Bierlingen

比森多夫 Biesendorf

比森勒斯贝格 Bieselsberg

比施魏埃尔 Bischweier

比思因根 Biesingen

比斯霍芬根 Bischoffingen

比特鲍恩（海格尔洛） Bittelbronn (Haigerloch)

比特恩豪森 Bietenhausen

比特尔鲍恩（默克米赫尔） Bittelbronn (Möckmühl)

比滕费尔德 Bittenfeld

比庭根（戈特马丁根）
Bietingen
(Gottmadingen)

比庭根（绍尔多夫）
Bietingen
(Sauldorf)

彼得布鲁克
Bohlsbach

彼得采尔
Peterzel

毕森根市
Bisingen

宾曾（罗拉赫）
Binzen
(Lörrach)

宾根（马林根）
Bingen
(Sigmaringen)

宾宁根（希尔钦根）
Binningen
(Hilzingen)

宾斯多夫
Binsdorf

博登湖畔拉多尔夫采尔
Radolfzell am Bodensee

滨湖罗特
Rot am see

波尔廷根
Poltringen

伯林根（勒梅尔斯泰因）
Böhringen (Römerstein)

波彭豪森
Poppenhausen

波彭韦勒
Poppenweiler

伯恩巴克（巴特黑伦阿尔布）
Bernbach (Bad Herrenalb)

伯恩斯坦
Beinstein

伯尔斯林根
Börslingen

伯尔特林根
Börtlingen

伯格（拉文斯堡）
Berg
(Ravensburg)

伯格（茵根）
Berg (Ehingen)

伯格菜
Rettersburg

伯赫门基尔希
Böhmenkirch

伯劳
Berau

伯勒斯特恩
Bolstern

伯林根
Bohlingen

伯林根（迪廷根）
Böhringen
(Dietingen)

波林根
Bollingen

里德河畔于柏林根
Überlingen am Ried

伯龙
Beuron

伯伦（埃斯林根）
Beuren
(Esslingen)

伯伦（赫辛根）
Beuren
(Hechingen)

伯辛根（普法尔茨格拉芬韦勒）
Bösingen
(Pfalzgrafenweiler)

伯伦（萨利姆）
Beuren (Salem)

伯伦（伊斯利）
Beuren (Isny)

伯尼格海姆
Bönnigheim

伯钦根
Bötzingen

伯廷根（德尔斯海姆）
Böttingen
(Gundelsheim)

伯廷根（明辛根）
Böttingen
(Münsingen)

伯辛根（贝罗特威尔）
Bösingen
(bei Rottweil)

伯伦（梅根）
Beuren (Mengen)

伯欣根
Bochingen

勃兰登堡 - 法尔
Brandenberg-Fahl

博德尔斯豪森
Bodelshausen

博德曼
Bodman

博德内格
Bodnegg

博登海姆
Botenheim

博登湖畔克雷斯布龙
Kressbronn am
bodensee

宾兹兹因
Binzgen

博登湖畔伊门施塔德
Immenstad am Bodensee

博恩多夫
Bonndorf

博尔施魏尔
Bollschweil

博克斯贝格
Boxberg

博克斯塔尔
Boxtal

博伦
Böllen

博伦巴克
Bollenbach

博姆斯
Boms

博普芬根
Bopfingen

博特昂
Botnang

博伊伦河畔阿赫
Beuren an der Aach

博伊伦里德
Beuren am Ried

博伊特尔斯巴赫（魏恩施塔特）
Beutelsbach (Weinstadt)

布本巴赫
Bubenbach

布布斯海姆
Bubsheim

布尔（布尔格里登）
Bühl (Burgrieden)

布尔巴赫（马尔克斯策尔）
Burbach (Marxzell)

布尔格斯特滕
Burgstetten

布格韦勒
Burgweiler

布赫（阿尔布鲁克）
Buch (Albbruck)

布赫艾姆阿霍恩
Buch am Ahorn

布赫海姆
Buchheim

布亨巴赫
Buchenbach

布亨贝格
Buchenberg

布金根
Buggingen

布肯（奥登瓦尔德）
Buchen (Odenwald)

布拉格
Prag

布拉肯海姆
Brackenheim

布莱巴克
Bleibach

布莱特阿赫
Brettach

布莱腾施泰因
Breitenstein

布莱希海姆
Bleichheim

布赖斯高地区弗赖堡
Freiburg im Breisgau

布赖特瑙
Breitnau

布赖滕费尔德（瓦尔茨胡特田根）
Breitenfeld (Waldshut-Tiengen)

布赖廷根
Breitingen

布兰肯洛赫
Blankenloch

布劳博伊伦
Blaubeuren

布劳费尔登
Blaufelden

布劳斯坦
Blaustein

布雷姆加腾（哈森）
Bremgarten (Hartheim)

布雷穆勒
Bremelau

布雷滕豪茨
Breitenholz

布里加赫河
Brigach

布里加塔尔
Brigachtal

布里曼
Brehmen

布利岑罗伊特
Blitzenreute

布林克曼塞勒
Birkmannsweiler

布隆巴赫（埃伯巴赫）
Brombach (Eberbach)

布隆巴赫（罗拉赫）
Brombach (Lörrach)

布隆伯格
Blumberg

布鲁豪森（埃特林根）
Bruchhausen
(Ettlingen)

布鲁赫萨尔
Bruchsal

布鲁曼菲尔德
Blumenfeld

布鲁诺维拉尔
Bronnweiler

布伦茨河畔布伦兹
Brenz an der
Brenz

布伦茨河畔海登海姆
Heidenheim an der
Brenz

布伦茨河畔京根
Giengen an der Brenz

布伦登
Brenden

布伦塔尔
Brunntal

布罗纳克尔
Bronnacker

布罗伊恩林根
Bräunlingen

布罗因斯巴赫
Braunsbach

布罗因韦勒
Braunenweiler

布吕尔
Brühl

布瑞多夫
Birndorf

布瑞金凯因
Birkingen

布瑞滕姆
Brittheim

布若能（加默廷根）
Bronnen

布斯灵恩
Büsslingen

布塔茨阿克尔
Bretzenacker

布滕贝格
Duttenberg

布滕豪森
Buttenhausen

蔡森豪森
Zaisenha

蔡斯韦伊尔
Zaisersweiher

策尔阿姆哈尔梅
尔斯巴 Zellh

策特恩
Zeutern

察贝尔费尔德
1970—1974
Zaberfeld

察贝尔费尔德
1970 年前
Zaberfeld

察贝尔费尔德
Zaberfel

楚岑豪森
Zuzenhau

楚豪森
Zuffenhausen

楚森赫夫
Zusenhof

楚斯度夫
Zussdorf

楚特林
Zuttling

茨维法尔腾道夫
Zwiefaltendorf

茨维法尔滕
Zwiefalt

茨温根贝格（巴登）
Zwingen

达茨根
Dätzingen

达恩菲尔德
Dahenfeld

达格斯海姆
Dagersheim

达克兰登
Daxlanden

达朗
Dallau

达姆斯海姆
Darmsheim

达普芬
Dapfen

大霍尔茨洛伊特
Grossholzleute

大林德费尔德
Großrinderfeld

代森多夫
Deisendorf

戴恩巴赫 Dainbach | 戴尔门辛根 Dellmensingen | 戴林根 Deilingen | 戴齐绍 Deizisau | 戴森多夫 Daisendorf | 戴斯巴赫 Daisbach | 戴斯林根 Deisslingen

丹科斯腾 Dangstetten | 丹尼亚赫 Dennach | 道特梅尔根 Dautmergen | 道欣根 Dauchingen | 德策恩 Detzeln | 德茨尔里德 Deuchelried | 德登海姆 Dundenheim

德蒂格霍芬（瓦尔茨胡特）Dettighofen | 德恩贝格（哈德海姆）Dornberg | 德尔茨巴赫 Dörzbach | 德格菲尔登 Degerfelden | 德格诺 Degernau | 德根菲尔德 Degenfeld | 德根豪塞尔塔尔 Deggenhausertal

瓦尔海姆 Walheim | 德杰斯克拉克特 Degerschlacht | 德金根 Deggingen | 德肯普夫龙 Deckenpfronn | 德拉肯斯泰因 Drackenstein | 德伦波西格 Dürrenbüchig | 德伦丁根（图宾根）Derendingen

德伦梅茨滕 Dürrenmettstetten | 德伦兹莫恩（布拉肯海姆）Dürrenzimmern | 德曼 Degmarn | 德门廷根 Dürmentingen | 德诺（比伯拉赫）Dürnau (Biberach) | 德诺（戈平根）Dürnau (Göppingen) | 德特林根 Dettlingen

德特旺 Deutwang | 德滕海姆（巴登）Dettenheim (Baden) | 德滕豪森 Dettenhausen | 德滕希 Dettensee | 德廷根（巴尔雷希滕－多廷根）Dottingen | 德廷根（明辛根）Dottingen | 德廷根安德尔埃尔姆斯 Dettingen an der Erms

德廷根翁特尔特克 Dettingen unter Teck | 德庭根 Dertingen | 德庭根（霍博）Dettingen | 德庭根（康斯坦茨）Dettingen | 德庭根（内卡河畔罗滕堡）Dettingen (Rottenburg am Neckar) | 德旺恩 Dewangen | 德因斯塔特 Dienstadt

登茨林根 Denzlingen | 登金根（普富伦多夫）Denkingen | 登金根（图特林根）Denkingen | 邓肯多夫（符腾堡）Denkendorf | 迪奥斯坦 Dillstein | 迪波尔茨霍芬 Diepoldshofen | 迪德尔斯海姆 Diedelsheim

迪德斯海姆 Diedesheim | 迪蒂斯豪森 Dittishausen | 迪尔布海姆 Dürbheim | 迪尔根海姆 Dirgenheim | 迪尔海姆 Dielheim | 迪尔斯堡 Diersburg | 迪尔万根（巴林根）Dürrwangen

迪芬巴赫 Diefenbach | 迪伦多夫 Dillendorf | 迪琴根 Ditzingen | 迪森 Dießen | 迪斯特尔豪森 Distelhausen | 迪泰根海姆 Dittigheim | 迪特尔布伦 Bittelbrunn

迪特尔斯海姆 Diersheim | 迪特林根 Dietlingen | 迪特马 Dittwar | 迪特曼斯 Dietmanns | 迪特纳恩 Dietenhan | 迪特韦勒 Dietersweiler | 迪腾豪森 Dietenhausen

迪滕巴赫 Dietenbach | 迪滕海姆 Dietenheim | 迪滕斯霍芬 Dietershofen | 迪廷根 Dietingen | 迪欣根 Dischingen | 蒂茨 Titz | 蒂蒂湖 － 新城 Titisee-neusadt

蒂蒂湖 Titisee | 蒂恩根（瓦尔茨胡特田根）Tiengen | 蒂尔加滕（奥伯基希）Tiergarten | 蒂尔斯贝格 Dilsberg | 蒂芬巴赫（厄斯特林根）Tiefenbach | 蒂芬巴赫（费德尔瑟）Tiefenb | 蒂芬巴赫 Tiefenbach

蒂芬布龙 Tiefenbronn | 蒂芬豪森恩 Tiefenhaern | 蒂廷根 Tieringen | 丁巴赫（布雷茨费尔德）Dimbach | 丁格尔斯多夫 Dingelsdorf | 丁林根 Dinglingen | 栋茨多夫 Donzdorf

杜贝尔 Dobel | 杜尔巴赫 Durbach | 杜尔拉赫 Durlach | 杜尔兰根 Durlangen | 杜尔梅尔斯海姆 Durmersheim | 杜尔韦勒 Durrweiler | 杜尔肖森 Durchhausen

杜赫伦 Dühren | 杜宁根 Dunningen | 杜斯林根 Dusslingen | 多茨特林根 Duchtlingen | 多恩多夫（伊莱里登）Dorndorf (Illerrieden) | 多恩汉 Dornhan | 多恩斯特恩 Donnstetten

多尔恩斯塔特 Dornstadt | 多尔恩斯特滕 Dornstetten | 多尔梅廷根 Dormettingen | 多尔斯伯格 Dörlesberg | 多芬宁根 Döffingen | 多夫莫金根 Dorfmerkingen | 多格尔恩 Dogern

多金根 Döggingen | 多林巴赫 Dörlinbach | 多伦茨莫恩 Dörrenzimmern | 多纳赫 Dörnach | 多瑙河畔弗里丁根畔克雷姆斯 Fridingen an der Donau | 厄林根 Ollingen | 多尼拜克 Donebach

多诺斯埃斯根 Donaueschingen | 多森巴赫 Dossenbach | 多森海姆 Dossenheim | 特雷普托 Treptow | 厄蒂斯海姆 Otisheim | 厄尔布龙 - 迪恩 Olbronn-Durrn | 厄菲尔德林根 Oferding

厄费林根 Oflingen | 厄芬纳灵根 Offnadingen | 厄赫宁根 Ohningen | 厄林根 Ohringen | 多瑙河畔米赫尔海姆 Muhlheim an der Donau | 厄普芬根 Äpfingen | 厄普芬根 Opfingen

厄斯巴赫 Onsbach | 厄斯特林根 Ostringen | 厄特林根（莱茵河畔威尔）Otlingen | 恩茨贝格 Enzberg | 恩茨河畔恩廷根 Eutingen an der Enz | 恩茨河畔法伊英根 Vaihingen an der Enz | 恩茨河畔赫芬 Hofene an der Enz

恩茨克勒斯特尔莱
Enzklösterle

恩登堡
Endenburg

恩丁根（巴林根）
Endingen (Balingen)

恩格尔斯布兰德
Engelsbrand

恩格勒斯维斯
Engelswies

恩格斯塔特
Engstlatt

恩根
Engen

恩克纳斯坦
Enkenstein

恩纳贝伦
Ennabeuren

恩纳塔赫
Ennetach

恩斯廷根
Engstingen

恩斯威林根
Enzweihingen

恩特尔道夫斯特滕
Unterdeufstetten

尔根韦斯
Rorgenwies

法奥滕巴赫
Fautenbach

法恩哈特
Varnhalt

法尔克奥
Falkau

法赫瑙
Fahrnau

法赫森费尔德
Fachsenfeld

法勒肯斯泰格
Falkensteig

法伦巴赫
Fahrenbach

法伦福斯特
Faulenfürst

法旺达奥
Faurndau

法伊英根
Zaininge

齐默恩
Zimmern

菲尔德斯塔特
Filderstadt

菲尔费尔德（巴特拉珀瑙）
Fürfeld

菲尔斯河畔豪森
Hausen an der Fils

菲尔斯河畔埃贝尔斯巴赫
Ebersbach an der Fils

菲尔斯河畔金根
Gingen an der Fils

菲尔斯河畔赖兴巴赫
Reichenbach an der fils

菲尔斯滕贝格（胡芬根）
Fürstenberg

菲利普斯堡
Philippsburg

菲林根 - 施文宁根
Villingen-Schwenningen

菲林根多夫
Villingdorf

菲舍尔巴赫
Fischerbach

菲施巴赫（尼德雷沙）
Fischbach

菲施巴赫（施鲁赫）
Fischbach (Schluchsee)

菲施巴赫（乌门多夫）
Fischbach (Ummendorf)

菲希特瑙
Fichtenau

菲希滕贝格
Fichtenberg

菲欣根（罗拉赫）
Fischingen (Lörrach)

菲欣根（内卡河畔苏尔茨）
Fischingen

腓特烈斯多夫（埃伯巴赫）
Friedrichsdorf

费德豪森（加默廷根）
Feldhausen (Gammertingen)

费多夫
Felldorf

费尔巴哈（卡德恩）
Feuerbach (Kandern)

费尔巴哈（斯图加特）
Feuerbach (Stuttgart)

费尔贝格
Vellberg

费尔德基希（哈森）
Feldkirch (Hartheim)

费尔德伦纳赫
Feldrennach

费尔德山（黑森林）
Feldberg (Schwarzwald)

费尔德山（米尔海姆）
Feldberg (Müllheim)

费尔德施泰滕
Feldstetten

费尔灵根
Vohringen

费尔斯泰滕
Vorstetten

费尔兴根
Vilsingen

费肯豪森
Feckenhausen

费林根多夫
Veringendorf

费林根斯塔特
Veringenstadt

费姆巴赫
Vimbuch

费瑟巴赫
Feßbach

费森巴赫
Fessenbach

费希班德
Vilchband

芬斯特罗特
Finsterrot

芬斯特洛亨
Finsterlohr

冯弗布朗
Fünfbronn

弗茨恩
Fützen

弗德尔斯坦伯格
Vordersteinenberg

弗德韦斯布赫
Vorderweissbuch

弗恩赛尔
Fürnsal

弗恩斯巴赫
Fornsbach

弗尔巴赫茨姆恩
Vorbachzimmern

弗尔马林根
Vollmaringen

弗格斯海姆
Vogisheim

弗赫伦巴赫
Vohrenbach

弗亨泰尔
Föhrental

弗克斯巴赫
Volkersbach

弗拉赫（魏斯阿赫）
Flacht (Weissach)

弗拉莫斯
Füramoos

弗莱尔斯海姆
Freiolsheim

弗莱尔斯泰特
Freistett

弗莱施万根
Fleischwangen

弗莱因
Flein

弗莱因海姆
Fleinheim

弗赖阿姆特
Freiamt

弗兰肯巴赫
Frankenbach

弗兰肯哈尔特
Frankenhardt

弗朗茨莫恩
Frauenzimmern

弗朗莫恩
Frommern

弗朗泰尔
Frauental

弗勒赫恩德
Fröhnd

弗里奥尔茨海姆
Friolzheim

弗里德伯格
（巴特绍尔高）
Friedberg

弗里德布里
赫斯塔尔
Friedrichstal

弗里的希哈芬
Friedrichshafen

弗里登韦勒
Friedenweiler

弗里丁根
Friedingen

弗里金根（鲍德森凯斯）
Frickingen

弗里金根（迪斯克林根）
Frickingen

弗里肯豪森
Frickenhausen

弗里森海姆（巴登）
Friesenheim (Baden)

弗里森霍芬
Friesenhofen

弗里特林根
Frittlingen

弗利黑根
Flehingen

弗林斯巴赫
Flinsbach

弗龙霍芬
Fronhofen

弗龙罗伊特
Fronreute

弗龙施泰滕
Frohnstetten

弗卢奥尔恩－温策尔恩
Fluorn-Winzeln

弗卢斯林根
Flözlingen

弗罗伊登施泰因
Freudenstein

弗罗伊登斯塔特
Freudenstadt

弗罗伊登塔尔
Freudental

弗罗伊登塔尔（阿伦斯巴赫）
Freudenthal

弗洛赫贝格
Flochberg

弗洛姆
Fluorn

弗洛姆豪森
Frommenhausen

弗瑞登巴赫
Freudenbach

福尔巴克（巴登）
Forbach (Baden)

福尔克尔茨豪森
Volkertshausen

福尔默多夫
Vollmersdorf

福尔斯赫恩巴赫
Furschenbach

福斯特（巴登）
Forst (Baden)

福希海姆凯撒施图尔
Forchheim am Kaiserstuhl

福希滕贝格
Forchtenberg

福伊登海姆
Feudenheim

富尔根施塔特
Fulgenstadt

富林根
Pfullingen

富特旺根
Furtwangen

伽利伦凯施恩
Gailenkirchen

盖贝格
Gaiberg

盖恩霍芬
Gaienhofen

盖恩斯巴赫
Gernsbach

盖尔多夫
Gaildorf

盖尔希斯海姆
Gerchsheim

盖拉赫斯海姆
Gerlachsheim

盖伦维勒
Gallenweiler

盖姆斯菲尔德
Gammesfeld

盖斯埃勒哈特
Geißelhardt

盖斯巴赫
Gaisbach

盖斯巴赫（肖普海姆）
Gersbach (Schopfheim)

盖斯堡
Gaisburg

盖斯博伊伦
Gaisbeuren

盖斯林根
Geisslingen

盖斯林根（下施奈德海姆）
Geislingen

盖斯林根（佐勒纳尔布县）
Geislingen

盖辛根 Geisingen

盖辛根（普夫龙斯特滕） Geisingen (Pfronstetten)

甘昂格洛赫 Gauangelloch

高地区奥伊廷根 Eutingen im Gäu

高根瓦尔德 Gaugenwald

高瑟尔芬根 Gauselfingen

高斯巴赫 Gausbach

高茵根 Gauingen

戈巴斯海姆 Gebersheim

戈布瑞茨赫恩 Göbrichen

戈尔德绍伊尔 Goldscheuer

戈格林根 Gögglingen

戈赫森 Gochsen

戈克斯海姆（克赖希塔尔） Gochsheim (Kraichtal)

戈罗欣格舍姆 Großingersheim

戈马丁根 Gomadingen

戈马林根 Gomaringen

戈梅尔斯多尔（克劳泰姆） Gommersdorf (Krautheim)

戈平根 Göppingen

戈施维勒 Göschweiler

戈斯巴赫 Gosbach

戈斯海姆 Gosheim

戈斯林根 Gößlingen

戈斯普德斯霍芬 Gospoldshofen

戈塔斯凯斯基 Gonterskirchen

戈特尔芬根 Göttelfingen

戈特里斯霍芬 Göttlishofen

戈特马丁根 Gottmadingen

戈特马丁根 Gutmadingen

戈特斯多夫 Gottersdorf

戈滕海姆 Gottenheim

戈伊费尔登 Gäufelden

哥德巴赫（克赖尔斯海姆） Goldbach (Crailsheim)

哥斯达肯 Zienken

哥廷根（兰根奥） Göttingen (Langenau)

格巴兹霍芬 Gebrazhofen

格茨茵根 Götzingen

格德尔斯巴赫 Geddelsbach

格尔豪森 Gerhausen

格尔斯多夫 Göllsdorf

格尔斯豪森 Gölshausen

格尔斯特滕 Gerstetten

格尔维尔 Görwihl

格根巴赫 Goggenbach

格金根（奥斯塔尔伯县） Göggingen

格金根（克劳亨维斯） Göggingen

格拉本－诺伊多夫 Graben-Neudorf

格拉本斯特滕 Grabenstetten

格拉布 Grab

格拉布龙 Gerabronn

格拉德斯塔滕 Geradstetten

格拉芬贝格 Grafenberg

格拉芬豪森（比肯费尔德）Gräfenhausen

格拉芬豪森（卡伯尔－格拉芬豪森）Grafenhausen

格拉芬豪森（沃尔德舍特）Grafenhausen

格拉弗瑙（符腾堡）Grafenau

格拉曼斯维尔 Gallmannsweil

格拉斯贝伦 Grasbeuren

格拉斯霍芬 Glashofen

格拉苏蒂 Glashütte

格拉苏蒂（瓦尔德）Glashütte (Wald)

格拉特 Glatt

格拉滕 Glatten

格莱宾根 Gelbingen

格莱姆斯河 Glems

格莱斯根 Gresgen

格莱斯韦勒 Gaisweiler

格兰特舍恩 Grantschen

格朗贝克 Grombach

格劳埃斯本 Grauelsbaum

格勒斯海姆 Grissheim

格雷茨豪森 Grezhausen

格雷梅尔斯巴赫 Gremmelsbach

格里森（克莱特）Griessen (Klettgau)

格里斯海姆（奥芬堡）Griesheim (Offenburg)

格里辛根 Griesingen

格利门茨霍芬 Grimmelshofen

格林巴赫（恩格尔斯布兰德）Grunbach

格林巴赫（雷姆谢尔登）Grunbach

格林根 Gerlingen

格林克劳特 Grünkraut

格隆巴赫 Grömbach

格鲁伯尔 Grünbühl

格鲁尔 Gruol

格鲁纳沃尔特 Grünenwört

格鲁内恩 Grunern

格鲁斯菲尔德豪森 Grünsfeldhausen

格鲁威特斯巴赫 Grünwettersbach

格鲁温克尔 Grünwinkel

格鲁伊宾根 Gruibingen

格伦茨海姆 Grundsheim

格伦迪奥哈特 Gründelhardt

格伦菲尔德 Grünsfeld

格伦霍兹 Grunholz

格伦梅特斯泰滕 Grünmettstetten

格伦泰尔 Grüntal

格伦扎克 Grenzach

格伦扎克－威伦 Grenzach-Wyhlen

格罗茨根
Grötzingen

格罗茨根
（卡尔斯鲁厄）
Grötzingen

格罗夫城（布兴）
Hainstadt (Buchen)

格罗瑙
（奥博斯滕菲尔德）
Gronau

格罗萨克森
Großsachsen

格罗萨斯帕赫
Großaspach

格罗塞尔芬根
Grosselfingen

格罗塞尔拉
Grosserlach

格罗塞格拉特巴赫
Großglattbach

格罗森艾斯林根
Großeislingen

格罗森盖尔塔赫
Großgartach

格罗森黑尔斯赫里德
Grossherrischried

格罗森黑帕赫
Grossheppach

格罗森库陈
Großkuchen

格罗森瑟韦尔
Grossweier

格罗森沙夫豪森
Großschafhausen

格罗森绍恩纳赫
Großschönach

格罗森斯坦格尔霍芬
Großstadelhofen

格罗森提森
Großtissen

格罗斯贝特林根
Grossbettlingen

格罗斯德因巴赫
Grossdeinbach

格罗斯恩斯廷根
Grossengstingen

格罗斯克尔茨海姆
Großeicholzheim

格罗斯萨克森海姆
Gross Sachsenheim

格罗索尔特多夫
Großaltdorf

格洛勒萨恩
Gerolzahn

格洛特
Grodt

格洛特塔尔
Glottertal

格吕宁根
（多诺艾赫林根）
Grüningen

格吕宁根
（里德林根）
Grüningen

格明根
Gemmingen

格姆里格海姆
Gemmrigheim

格尼贝尔
Gniebel

格瑞赫斯泰滕
Gerichtstetten

格塞克
Geseke

格施文德
Geschwend

格施文德
Gschwend

格欣根
Gächingen

格欣根
Gechingen

葛雷芬
Greffern

根根巴赫
Gengenbach

根金根
Genkingen

贡德尔芬根
Gundelfingen

贡德尔芬根 - 杜尔斯特滕
Gundelfingen-
Dürrenstetten

贡德尔斯海姆
Gondelsheim

贡德尔斯海姆
Gundelsheim

贡德尔斯霍芬
Gundershofen

贡德尔万根
Gündelwangen

贡德霍尔岑
Gundholzen

贡德林根 Gündlingen

贡德瑞根 Gündringen

古本 Guben

古登堡（伦宁根） Gutenberg

古登尔巴赫 Gündelbach

古格林根 Güglingen

古根豪森 Guggenhausen

古勒斯坦 Gültstein

古宁根 Gunningen

古森斯塔特 Gussenstadt

古塔赫（施瓦茨沃尔特巴恩） Gutach

古特维尔 Gurtweil

古滕巴赫 Guttenbach

古滕策尔 Gutenzell

哈波斯赫拉克特 Haberschlacht

哈伯塞克 Hebsack

哈布斯索尔 Habsthal

哈茨恩威尔 Hatzenweier

哈德海姆 Hardheim

哈尔克海姆 Horkheim

哈芬纳哈斯拉赫 Häfnerhaslach

哈格 Häg

哈格（赫恩布鲁恩） Haag

哈格斯菲尔德 Hagsfeld

哈根 Haagen

哈根巴赫 Agenbach

哈郝森（莱瑙） Holzhausen (Rheinau)

哈郝森（马希） Holzhausen (March)

哈郝森（内卡河畔苏尔茨） Holzhausen

哈郝森（乌欣根） Holzhausen

哈赫特尔 Hachtel

哈默尔森巴赫－贝尔根巴赫 Hammereisenbach-Bregenbach

哈普林根 Harpolingen

哈塞尔巴赫（辛斯海姆） Hasselbach

哈森霍芬 Hussenhofen

哈森韦勒 Hasenweiler

哈斯贝格 Harsberg

哈斯拉赫 Häslach

哈斯拉赫（奥伯基希） Haslach (Oberkirch)

哈斯拉赫（海伦贝格） Haslach (Herrenberg)

哈斯拉赫（罗特河畔罗特） Haslach

哈斯拉赫西蒙斯瓦尔德 Haslachsimonswald

哈斯梅尔斯海姆 Haßmersheim

哈特 Hart

哈特（罗特威尔） Hardt (Rottweil)

哈特（诺廷根） Hardt (Nürtingen)

哈特海姆 Hartheim

哈特海姆（梅斯特滕） Hartheim

哈特豪森（埃普芬多夫） Harthausen

哈特豪森（菲尔德施塔特）Harthausen

哈特豪森（伊格尔斯海姆）Harthausen

哈特豪森北弗兰德豪森 Harthausen bei Feldhausen

哈特斯赫瓦德 Hartschwand

哈廷根（伊门丁根）Hattingen

哈泽尔 Hasel

哈增巴赫 Huzenbach

海德 Haid

海德尔堡 Heidelberg

海德尔斯巴赫 Heidersbach

海德高 Haidgau

海德赫芬 Heidenhofen

海登斯海姆 Heidelsheim

海恩斯坦（伯尼格海姆）Hohenstein

海恩斯坦 Hohenstein

海尔布隆 Heilbronn

海尔茨豪森 Halzhausen

海尔芬根 Hailfingen

海尔默丁根 Heimerdingen

海尔廷根 Hailtingen

海尔万根 Hallwangen

海格尔洛 Haigerloch

海格劳赫 Hagelloch

海肯菲尔德 Heckfeld

海利格克罗伊茨斯泰纳 Heiligkreuzsteinach

海利根策尔 Heiligenzell

海利根茨门恩 Heiligenzimmern

海利根拉贝 Heiligengrabe

海姆斯海姆 Heimsheim

海宁根（古平根）Heiningen (Göppingen)

海斯特基赫 Haisterkirch

海特尔巴赫 Haiterbach

海特斯海姆 Heitersheim

海特斯海姆 Heutingsheim

海廷根 Haltingen

海因根 Hayingen

海因斯海姆 Heinsheim

汉堡 Gamburg

汉贝格 Hamberg

汉布吕肯 Hambrücken

汉纳尔 Hänner

汉维勒 Hanweiler

豪波斯博乐恩 Haubersbronn

豪纳贝斯坦 Haueneberstein

豪萨赫 Hausach

格斯特蒙德 Geestemünde

豪色恩 Häusern

豪森阿姆坦 Hausen am Tann

豪森奥博奥斯普林 Hausen ob Urspring

豪森奥博罗特韦尔
Hausen ob Rottweil

豪森奥博维纳
Hausen ob Verena

豪森河畔阿赫
Hausen an der Aach

豪森河畔的罗特
Hausen an der Rot

劳赫特河畔豪森
Hausen an der Lauchert

豪森河畔默林
Hausen an der Möhlin

豪森河畔亚龙
Hausen an der Würm

豪森河畔赞布尔
Hausen an der Zaber

豪森施泰因（劳芬堡）
Hauenstein (Laufenburg)

豪森威尔沃尔德
Hausen vor Wald

豪森伊姆凯拉尔塔尔
Hausen im Killertal

豪森伊姆塔尔
Hausen im Tal

豪森伊姆维森塔尔
Hausen im Wiesental

豪斯
Hauerz

豪斯格尔特
Hausgereut

豪希伯格的梅希尔巴赫
Michelbach am heuchlberg

豪茵根
Hauingen

荷斯泰因
Hochstet

赫贝尔
Hürbel

赫波斯豪森
Herbsthausen

赫伯廷根
Herbertingen

赫德尔芬根
Hedelfingen

赫德万根
Herdwangen

赫多夫黑高
Heudorf im Hegau

赫多夫湖畔布萨恩
Heudorf am Bussen

赫恩
Hülen

赫恩斯泰因
Hornstein

赫尔本
Hülben

赫尔本
Hürben

赫尔林根
Herrlingen

赫尔灵根
Hürrlingen

赫尔姆斯泰－巴根
Helmstadt-Bargen

赫尔廷根
Hertingenk

赫菲尔登
Heufelden

赫芬（伯尼格海姆）
Hofen

赫芬（斯图加特）
Hofen

赫芬
Hofen

赫根海姆
Hüngheim

赫拉克
Rohracker

赫莱兹霍芬
Herlazhofen

赫林卡芬
Herlikofen

赫伦贝格
Herrenberg

赫伦提尔巴赫
Herrentierbach

赫伦兹莫恩（伯辛根）
Herrenzimmern (Bösingen)

赫伦兹莫恩（下斯特滕）
Herrenzimmern (Niederstetten)

赫曼登
Heumaden

赫曼恩廷根
Hermentingen

赫梅恩多夫
Hemmendorf

赫梅恩霍芬
Hemmenhofen

赫明根
Hemmingen

赫莫恩特豪森
Hermuthausen

赫普芬根
Höpfingen

赫斯勒胡斯特
Hesselhurst

赫斯琳斯沃希
Hösslinswarth

赫斯辛根
Hossingen

赫特曼恩斯维勒
Hertmannsweiler

赫滕斯巴赫
Heutensbach

赫廷根贝恩
Hettigenbeuern

赫庭根
Hottingen

赫希斯特贝格
（贡德尔斯海姆）
Höchstberg

赫辛根
Hechingen

赫兴施万德
Höchenschwand

赫兹沃格斯维勒
Herzogsweiler

赫兹沃根维勒
Herzogenweiler

黑茨霍芬
Hitzkofen

黑德纳赫
Hegnach

黑德斯巴赫
Heddesbach

黑德斯海姆
Heddesheim

黑恩斯塔滕
Heinstetten

黑尔博尔茨海姆
Herbolzheim

黑尔布雷希廷根
Herbrechtingen

黑尔德万根－舍纳
Herdwangen-
Schönach

黑尔登菲林根
Heldenfingen

黑尔马林根
Hermaringen

黑尔滕
（莱茵费尔登）
Herten (Rheinfelden)

黑格－埃尔斯贝格
Häg-Ehrsberg

黑格尔贝格
Hägelberg

黑根
Hegne

黑克林根
（肯钦根）
Hecklingen

黑里施里德
Herrischried

黑林山区奥滕赫芬
Ottenhofen im
Schwarzwald

黑林山区克尼格斯费尔德
Konigsfeld im
schwarzwald

黑林山区特里贝格
Triberg im
schwarzwald

黑罗尔茨塔特
Heroldstatt

黑默林根
Helmlingen

黑姆斯巴赫（奥斯特贝肯）
Hemsbach (Osterburken)

黑森林的埃施巴赫
Eschbach im
Schwarzwald

黑森林的波恩多夫
Bonndorf im
Schwarzwald

黑森林附近贝尔瑙
Bernau im
Schwarzwald

黑斯勒万根
Heselwangen

黑廷根
Hettingen

黑廷根（布基兴）
Hettingen
(Buchen)

黑西格海姆
Hessigheim

亨德海姆
Hundheim

亨德辛根（黑伯廷根）
Hundersingen
(Herbertingen)

亨德辛根（明辛根）
Hundersingen
(Münsingen)

亨德辛根（上斯塔迪翁）
Hundersingen
(Oberstadion)

亨格斯特菲尔德
Hengstfeld

亨根
Hengen

胡贝尔特霍芬
Hubertshofen

胡臣菲尔德
Huchenfeld

胡尔德斯腾
Huldstetten

胡芬哈特
Huffenhardt

胡腾（里肯巴赫）
Hütten
(Rickenbach)

胡腾（美茵哈特）
Hütten
(Mainhardt)

胡腾（谢尔克林根）
Hütten
(Schelklingen)

胡滕海姆
（菲利普斯堡）
Huttenheim

胡廷根
Huttingen

怀尔德
Wälde

获尔兹梅登
HolzmadenHolzmaden

霍贝格
Hohberg

霍登
Horden

霍丁根
Hodingen

霍恩（凯恩赫芬）
Horn
(Gaienhofen)

霍恩阿克
Hohenacker

霍恩巴赫（瓦尔杜恩）
Hornbach
(Walldürn)

霍恩贝格
Hornberg

霍恩贝格
（阿尔腾斯泰格）
Hornberg

霍恩贝格
（黑里施里德）
Hornberg

霍恩伯德曼
Hohendbodman

霍恩费尔
（康斯坦茨）
Hohenfels

霍恩格恩
Hohengehren

霍恩哈斯拉赫
Hohenhaslach

霍恩海姆
Horheim

霍恩豪斯特
Hohnhurst

霍恩曼明根
Hohenmemmingen

霍恩萨克森
Hohensachsen

霍恩施陶芬
Hohenstaufen

霍恩斯泰滕
Honstetten

霍尔本
Horben

霍尔策尔芬根
Holzelfingen

霍尔岑
Holzen

霍尔茨恩
Holzern

霍尔茨格林根
Holzgerlingen

霍尔茨基尔希
Holzkirch

霍尔恩巴赫
Horrenbach

霍尔恩贝格
Horrenberg

霍尔根策尔
Horgenzell

霍尔海姆
Horrheim

霍尔施泰因
Höllstein

霍尔斯威勒
Hörschweiler

霍尔沃斯林根
Hörvelsingen

霍尔希瓦格
Hörschwag

霍费韦尔
Hofweier

霍芬
Hofen

霍芬多夫
Hofendorf

霍芬海姆
Hoffenheim

霍夫施泰滕 Hofstetten

霍夫斯 Hofs

霍夫斯格瑞德 Hofsgrund

霍夫斯塔特－埃姆尔巴赫 Hofstett-Emerbuch

霍格斯楚尔 Hogschur

霍赫贝格（内卡河畔雷姆塞克内卡河畔）ochberg (Remseck am Neckar)

霍根海姆 Hockenheim

霍哈特 Honhardt

霍赫贝格（巴特绍尔高）Hochberg (Bad Saulgau)

霍赫贝格（宾根）Hochberg (Bingen)

霍根（茨门）Horgen (Zimmern)

霍赫多夫（埃斯林根）Hochdorf (Esslingen)

霍赫多夫（弗赖堡）Hochdorf (Freiburg im Breisgau)

霍赫多夫（里斯）Hochdorf (Riß)

霍赫多夫（纳戈尔德）Hochdorf (Nagold)

霍赫多夫（塞瓦尔德）Hochdorf (Seewald)

霍赫多夫河畔恩茨 Hochdorf an der Enz

霍赫多夫内卡河畔 Hochdorf am Neckar

霍赫豪森（哈斯梅尔斯海姆）Hochhausen (Haßmersheim)

鲁巴斯 Lubars

霍赫豪森（陶伯）Hochhausen (Tauberbischofsheim)

霍赫门辛根 Hochmössingen

霍赫姆明根 Hochemmingen

霍亨滕根（霍亨滕根阿姆霍赫赖因）Hohentengen

霍亨斯塔特（阿霍恩）Hohenstadt (Ahorn)

霍亨斯塔特 Hohenstadt

霍赫萨尔 Hochsal

霍亨滕根（施瓦本）Hohentengen (Oberschwaben)

霍勒巴赫 Hollerbach

霍克斯特滕 Hochstetten

霍亨瓦尔特（普福尔茨海姆）Hohenwart (Pforzheim)

霍伦巴赫 Hollenbach

霍姆贝格（德根豪塞尔塔尔）Homberg

霍瑙（莱瑙）Honau

霍瑙（利希滕施泰因）Honau(Lichtenstein)

霍珀滕采尔 Hoppetenzell

霍普法 Hopfau

霍斯基尔希 Hosskirch

霍斯琳苏尔兹 Hösslinsülz

霍伊巴赫 Heubach

霍伊贝格山麓赖兴巴赫 Reichenbach am Heuberg

霍伊赫林根（奥斯塔尔伯）Heuchlingen

霍伊韦勒 Heuweiler

霍伊赫林根（格尔斯特滕）Heuchlingen (Gerstetten)

基尔拉赫 Kirrlach

基尔希贝格 Kilchberg

基尔希海姆市 Kirchhem unter Teck

基尔夏特 Kirchard

基勒 Killer

基彭海姆 Kippenheim
基塞尔布龙 Kieselbronn
基斯莱格 Kisslegg
基希多夫（布里加塔尔） Kirchdorf (Brigachtal)
基希霍芬 Kirchhofen
基兴萨尔 Kirchensall
基兴特林斯福特 Kirchentellinsfurt

凯瑟琳 Kaiserin
吉兴格海姆 Gissigheim
加梅尔斯豪森 Gammelshausen
加默廷根 Gammertingen
加姆斯胡斯特 Gamshurst
加特林根 Gärtringen
加滕 Zarten

嘉格纳 Gaggenau
金策尔绍 Kunzelsau
金兹格泰尔哈斯拉赫 Haslach im Kinzigtal
旧亨施泰特 Althengstett
居滕巴赫 Gütenbach
居廷根（拉多夫采尔艾姆博登斯） Güttingen
卡德堡 Kadelbur

卡尔夫 Calw
卡尔科芬 Kalkofens
卡尔姆巴赫 Calmbach
卡尔斯巴德 Karlsbad
卡尔斯多夫 Karlsdorf
卡尔斯多夫－诺伊塔德 Karlsdonrf-Neuthard
卡尔斯鲁厄 Karlsruhe

卡尔滕布伦 Kaltenbrunn
卡尔滕塔尔（斯图加特） Kaltentakl(Stuttgart)
卡佩尔（弗莱堡） Kappelfb
卡佩尔（伦茨基希） Kappel(Lenzkirch)
卡珀尔－格拉芬豪森 Kappel-Granfenhausen
卡珀尔罗代克 Kappelrodeck
卡普尔（霍尔根策尔） Kappel(horgenzell)

卡普尔（尼德雷沙） Kappel(Niedereschach)
卡普尔（森林） Kappel(Wald)
卡特布伦 Kaltbrun
卡乌 Kau
卡西 Karsee
凯尔 Kehl
凯撒斯巴赫 Kaisersbach

凯塞尔斯图尔山麓巴林根 Bahlingen am Kaiserstuhl
坎察 Kanzach
坎登 Kandern
康德林根 Kondring
康明林根 Kommingen
康士坦茨 Konstanz
康斯坦茨湖伯林根 Böhringen

博登湖畔哈格瑙
Hagnau am Bodensee

康维勒
Conweiler

柯尔克林根
Krenking

柯尼希海姆
Konigheim

柯尼希海姆
Konigsheim

柯尼希塞
格瓦尔德
Konigseggwald

科布
Korb

科恩韦斯特海姆
Kornwestheim

科尔宾根
Kolbinge

科尔伯格
Kohlbere

科尔恩塔尔－
明欣根
Korntalm

科尔斯特滕
Kohlstetten

科赫尔河畔盖斯林根
Geislingen am
Kocher

科赫施泰滕
Kocherstetten

科黑尔河畔哈尔陶森
Hardthausen am
KocherKocher

赖尼肯多夫
Reinickengorf

科切豪斯
Kirchhausen

克彻多夫
Kochendorf

克茨希
Ketsch

克尔克
Kork

克尔特尔恩
Keltern

克莱布龙
Cleebronn

克莱恩大贝特林根
Kleinbettlingen

克莱恩因格尔斯海姆
Kleiningersheim

克莱特高
Klettgau

克赖希塔尔
Kraichtal

克劳亨维斯
Krauchenwies

克劳特海姆
（亚格斯特河）
Krautheim

克雷尔舍姆
Crailsheim

克雷格林根
Creglingen

克雷斯巴奇
Cresbach

克雷斯贝格
Kressberg

克里夫索尔策巴赫
Cleversulzbach

克林根贝格
Klingenberg

克林根斯坦
Klingenstein

克鲁夫特尔
Kluftern

克伦巴赫（林巴赫）
Krumbach

克伦巴赫（绍尔多夫）
Krumbach

克伦斯海姆
Krensheim

克罗瑙
Kronau

克洛斯特赖兴巴赫
Klosterreichenbach

克尼特林根
Knittlingen

克瑞斯
Zazenhau

肯翠西谷
Kinzigtal

肯根
Kongen

肯普费尔巴赫
Kampfelbach

肯青根
Kenzinge

空塔
Korntal

库尔滕
Kurthen

库亨 Kuchen

库彭海姆 Kuppenheim

库普费尔策尔 Kupferzell

库斯特尔丁根 Kusterdingen

奎尔巴赫 Querbach

奎克博恩 Queckbronn

拉岑里德 Ratzenried

拉茨豪森 Ratshausen

拉德厄赫 Raderach

拉德施特滕 Radelstetten

拉德瓦根 Raidwangen

拉登堡 Ladenburg

拉尔 黑森林 Lahr schwarzwald

拉费尔顿 Leinfelden

拉肯多夫 Lackendorf

拉姆巴赫 Ramsbach

拉姆斯韦尔 Rammersweier

拉帕希 Rappach

拉施塔特 Rastatt

拉斯特 Rast

拉文斯堡 Ravensburg

拉文斯坦（内卡－奥登瓦尔德区） Ravenstein

莱昂贝格 Leonberg

莱贝尔廷根 Leibertingen

莱恩采尔 Leinzell

莱恩施泰滕 Leinstetten

莱尔 Lehr

莱伦斯泰因斯费尔德 Lehrensteinsfeld

莱门 Leimen

莱瑙（奥特瑙县） Rheinau

莱兴根 Laiching

莱因费尔登－埃希特尔丁根 Leinfeleden-Echterdingen

莱茵海姆 Rheinheim

莱茵费尔登 Rheinfelden

莱茵巴斯赫弗斯海姆 Rheinbischofsheim

莱茵豪森（奥伯豪森莱茵豪森） Rheinhausen

莱茵河畔布赖萨赫 Breisach am Rhein

莱茵河畔布辛根 Büsingen am Hochrhein

莱茵河畔卡普尔 Kappel am Rhein

莱茵河畔魏尔 Weil am Rhein

莱茵河上游霍恩滕根 Hohentengen am Hochrhein

莱茵施泰滕 Rheinstetten

莱茵韦勒 Rheinwei

莱兹 Laiz

赖恩施泰滕 Reinstetten

赖恩塔尔 Rauental

赖赫恩 Reihen

赖林根 Reilingen

赖瑙 Rainau

赖森巴赫 Reisenbach

赖沙（沃尔德） Reischach

赖斯费根 Reiselfingen

赖特巴赫 Raitbach

赖特斯拉赫 Raithaslach

赖滕布 Raitenbuch

赖希 Raich

赖夏尔茨豪森 Reichartshausen

赖肖尔茨海姆 Reicholzheim

赖歇瑙 Reichenau

赖兴巴赫（根根堡） Reichenbach

赖兴巴赫（霍恩伯格） Reichenbach

赖兴巴赫（拉尔） Reichenbach

赖兴巴赫（瓦尔德邦） Reichenbach

赖兴巴赫在温嫩登 Reichenbach bei Winnenden

赖因邦 Reinsbronn

赖因哈萨彻森 Reinhardsachsen

赖因海姆 Rheinsheim

赖因豪森 Rheinhausen

赖因明斯特尔 Rheinmunster

兰茨夏伊德 Landshausen

兰德格 Randegg

兰德塞特尔 Lendsiedel

兰恩加藤 Leingarten

兰格嫩斯林根 Langenenslingen

兰根 Langenau

兰根（肖普海姆） Langenau (schopfheim)

兰根巴赫 Langenbach

兰根布雷塔 Langenbrettach

兰根茨 Langenelz

兰根丁根 Rangendingen

兰根尔德纳赫 Langenordnach

兰根哈特（梅斯基希） Langenhart (Messkirch)

兰根瑞恩 Langenrain

兰根温克 Langenwikel

兰普斯特维尔 Lampertsweiler

岚登畔威彻斯 Wiechs am Randen

科布（默克米赫尔） Korb

朗巴克（武塔赫河） Lembach

朗根阿根 Langenargen

朗根堡 Langenburg

朗根博伊廷根 Langenbeutingen

朗根布兰德 Langenbrand

朗根斯塔 Langensc

朗根斯泰因巴赫 Langensteinbach

朗瑙 Langnau

劳达 - 柯尼希斯霍芬 Lauda-konigshofen

劳达 Lauda

劳登巴赫 Laudenbach

劳登伯格 Laudenberg

劳恩贝格（科德宝） Rauenberg

劳恩贝格 Rauenberg

劳芬 罗特韦尔 Lauffenr

劳芬（苏尔茨堡） Laufen sulzburg

劳芬堡 Laufenbu

劳芬河畔邑亚 Laufen

劳夫 Lauf

劳格海姆 Roigheim

劳赫海姆 Lauchheim

劳赫林根 Lauchringen

劳普海姆 Laupheim

劳普特斯豪森 Laupertshausen

劳斯海姆 Lausheim

劳塔林根 Lautling

劳特阿赫 Lauterach

劳特巴赫（黑森林） Lauterbach(schwarzwald)

劳特恩 Lautern

劳特施泰因 Lauterstein

劳滕巴赫（奥特瑙县） Lautenbach(ortenaukreis)

劳滕巴赫（菲希特瑙） Lautenbach (fichtenau)

劳滕巴赫（盖恩斯巴赫） Lautenbach

勒昂 Lehen

勒伯斯顿 Leiberstung

勒顿根 Leidringen

勒芬根 Loffinge

勒亨瑞赫特 Lehengericht

勒克桑让 Rexingen

勒林根 Lehningen

勒梅尔斯泰因 Romerstein

勒廷根（劳海姆） Rottingen(lauchheim)

勒希高 Lochgau

雷登 Reudern

雷弗茨豪森 Renfrizhausen

雷格尼斯韦尔 Regglisweiler

雷格斯豪森 Rengershausen

雷哈尔斯韦勒 Renhardsweiler

雷金根（温萨贝格） Reckingen

雷明斯海姆 Remmingsheim

雷姆斯哈尔登 Remshalden

雷姆斯塔尔谷地克尔嫩 Kernen im Remstal

雷姆希韦勒 Remetschw

雷姆欣根 Remchingen

雷宁根 Renningen

雷斯海姆（凯萨斯图尔地区萨斯巴赫） Leiselheim

雷斯滕 Reusten

雷特（巴德瓦德西） Reute

雷特 Reutti

雷特海姆 Rettigheim

雷乌巴赫 Reubach | 雷希巴赫 Reichenbuch | 雷希贝格（克莱特）Rechbergam (Kaiserstuhl) | 雷希贝格 Rechberg | 雷希贝格豪森 Rechberghausen | 雷希恩贝格 Rechenberg | 雷希恩克 Reichene

雷希滕斯泰因 Rechtenstein | 里德尔恩 Rindern | 里德尔菲尔德 Rinderfeld | 里德海姆（马克多夫）Riedheim | 里德豪森 Riedhausen | 里德里希 Riederich | 里德林根 Riedling

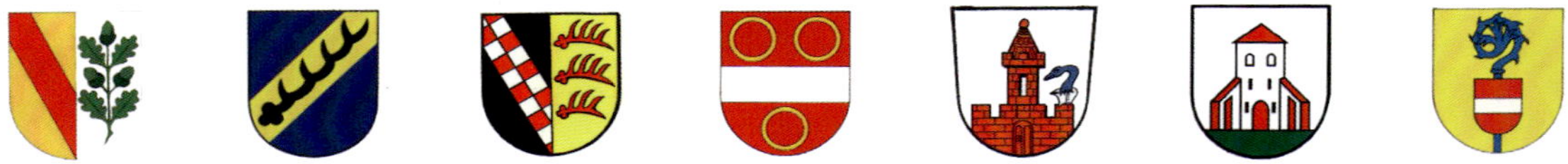

里德林根 Riedlingen | 里德斯兴根 Riedoschingen | 里德特斯韦勒 Riedetsweiler | 里德希恩 Riedichen | 里顿 Lichtenau | 里费贝格 Rippberg | 里费林根 Rippolin

里芬恩 Niefern | 里格尔巴赫 Ringelbach | 里肯巴赫 Rickenbach | 潘科 Pankow | 里拉辛根－沃尔布林根 Rielworblingen | 里拉兴根 Rielasin | 里林豪森 Rielingshausen

里彭韦尔 Rippenweier | 里赛埃格 Rissegg | 里斯比尔格 Riesburg | 里斯地区基尔夏伊姆 Kirchherm | 特雷普托－克彭克 Trepkow-kopenick | 里泰姆－魏尔海姆 Rietheim-weilheim | 里泰姆（菲林根－施文宁根）Rietheim (Villing-Schwenningen)

里希恩 Richen | 里泰姆（明辛根）Rietheim | 里特 Riet | 里特斯巴赫 Rittersbach | 里滕恩 Rietenau | 里泰姆（里泰姆－魏尔海姆）Rietheim (Rietheim-Weilheim) | 利巴赫 Lierbach

利北斯伯格 Liebelsberg | 利策尔施泰滕 Litzelstetten | 利达（埃伯巴赫）Lindach | 利达（施瓦格明德）Linda | 利多尔斯海姆 Liedolsheim | 利恩茨林根 Lienzingen | 利尔 Liel

利格勒斯特
Legelshurst

利格瑞根
Liggeringen

利格斯多夫
Liggersdorf

利海姆
Lienheim

利帕赫
Lippach

利珀茨罗伊特
Lippertsreute

利希滕斯坦
（符腾堡州）
Lichtenstein

利希滕瓦尔德
Lichtenwald

林巴赫（巴登）
Limbach

林根
Zahringen

林肯海姆
Linkenheim

林肯海姆－霍赫施泰滕
Linkenh-hochstetten

林普堡
Lipburg

林斯
Linx

林斯希海姆
Rinschheim

林廷根
Liptingen

灵根巴赫
Ringgenbach

灵克林根
Rinklingen

灵施耐特
Ringschnait

灵斯海姆
Ringsheim

灵因根（埃尔巴赫）
Ringingen

隆惠根
Lonsingen

隆塞
Lonsee

卢斯特瑙
Lustnau

鲁岑哈特
Lutzenhardt

鲁茨尔萨克森
Lutzelsachen

鲁德斯贝格
Rudersberg

鲁登贝里
Rudenberg

鲁尔费根
Rulfingen

鲁普尔
Ruppurr

鲁普希奥芬
Rupertshofen

鲁斯特
Rust

特雷普托
－克彭克
Trepkow-kopenick

鲁斯希韦勒
Ruschweiler

鲁特
Rutte

鲁特斯海姆
Rutesheim

鲁希多夫
Rutschdorf

路德维希堡
Ludwigshburg

路德维希港的康斯坦茨湖
Ludwigshafen am
bodensee

伦茨基希
Lenzkirch

伦格斯韦勒
Rengetsw

伦根瑞德
Lengenri

伦库伊斯豪森
Renquishausen

伦林根
Lenningen

伦普尔茨
Leupolz

伦斯塔顿
Leustetten

伦特韦勒
Levertsweile

伦兴
Renchen

罗邦
Robern

罗尔（斯图加特）Rohr | 黑森林边罗尔巴赫 Rohrbach im schwarzwald | 罗尔多夫（部梅斯基尔希镇）Rohrdorf | 布赫 Buch | 罗尔多夫（卡尔夫）Rohrdorf | 罗尔多夫（依利）Rohrdorf（Isny） | 罗尔多夫 Rohrdorf

罗尔哈德贝格 Rohrhardsberg | 罗尔斯特滕 Ruhestet | 罗根博尔恩 Roggenbeuren | 罗赫森 Ruchsen | 罗咖滕 Rubgarte | 罗肯劳 Rockenau | 罗拉赫 Lorrach

罗劳（加特林根）Rohrau | 罗林根 Rohlingen | 罗马梅斯巴赫 Rommelsb | 罗马梅斯豪森 Rommelshause | 罗普芬 Rumpfen | 罗森伯格（奥斯塔尔伯县）Rosenberg | 罗森伯格（内卡－奥登瓦尔德区）Rosenberg

罗森菲尔德 Rosenfeld | 罗森加滕 Rosengarten | 罗斯菲尔德（克赖尔斯海姆）Rossfeld | 罗斯娜 Rosna | 罗斯瓦尔登 Rosswalden | 罗斯瓦格 Rosswag | 罗斯旺根 Rosswangen

罗特（巴特梅根特海姆）Rot bm | 罗特（圣莱翁－罗特）Rot | 罗特 Rot | 罗特茨尔 Rotzel | 罗特费尔登 Rotfelden | 罗特河畔罗特 Rot an der rot | 罗特林根多夫 Reutlingendorf

罗特纳克尔 Rottenacker | 罗特图姆（罗图姆河畔施泰因豪森）Rottum | 罗特韦尔 Rottweil | 罗特兴根 Rotzinge | 罗滕巴赫（巴特纳赫－察费尔施泰因）Rotenbach | 罗滕巴赫（弗里登韦勒）Rotenbach | 罗滕贝格（斯图加特）Rotenberg

罗滕贝格 Rotenberg | 罗滕茨姆恩 Rotenzimmern | 罗滕费尔斯 Rotenfel | 罗滕拉亨 Rothenlachen | 罗滕斯尔 Rotensol | 罗伊特（米特尔比贝拉）Reutem | 罗伊特 Reute

罗伊特林根 Reutlingen

洛巴赫 Lobbach

洛本菲尔德 Lobenfel

洛茨特滕 Lottstetten

洛尔巴赫 Lohrbach

洛费瑙 Loffenau

洛夫斯特岑 Loffelstelzen

洛姆斯河畔诺伊施塔特 Neustadt an der Rems

洛慕斯海姆 Lomersheim

洛奇 Lorch

洛斯堡 Lossburg

洛温斯坦 Lowenstein

贝格施特拉塞地区的洛伊特尔斯豪森 Leutershausen an der Bergstrasse

洛伊特斯海姆 Leutesheim

洛伊滕巴赫（符腾堡）Leutenbach

吕伯林根 Uberlingen

吕茨豪森 Luizhausen

里希特菲尔德 Lichterfelde

吕廷根 Luttinge

马岑巴赫（菲希特瑙）Matzenbach(fichtenau)

马晨（施蒂赫林根）Mauchen

马晨 Mauchen

马蒂斯 Maitis

马尔巴赫（菲林根 - 施文宁根）Marbach

马尔巴赫（赫伯廷根）Marbach

马尔巴赫（劳达 - 柯尼希斯霍芬）Marbach

马尔巴赫 Marbach

马尔堡 Maulburg

马尔贝格 Mahlberg

马尔克斯策尔 Marxzell

马尔施（威斯洛赫）Malschr

马尔施 Malsch

马尔斯堡 Malsburg

马尔斯布尔格 - 马尔策尔 Malsburg

马尔斯海姆 Malmsheim

马尔斯特滕 Mahlstetten

马尔特尔丁根 Malterdingen

马尔希青茨姆尔 Marschalkenzimmer

马戈尔斯海姆 Magolshem

马格斯塔特 Magstadt

马根巴赫 Magenbuch

马克伯恩 Markbronn

马克多夫 Markdorf

马克尔芬根 Markelfingen

马克根林根 Markgron

马克斯海姆 Markelsheim

马克特 Markt

马克特海姆 Machtolsheim

马拉希 Marlach

马历克 Maleck
马伦 Mullen
马瑞根（乌尔姆） Mahringenu
马瑞根 Mahringen
马塞尔海姆 Maselhei
马森巴豪森 Massenbachhausen
马森巴赫 Massenbach

马施恩伯格 Malschen
马特恩穆斯 Martinsmoos
马特希巴赫 Mutschelbach
梅茵旺根 Mainwangen
玛驰 March
马新根 Maiching
玛格丽特豪森 Margrethausen

玛豪森伊泰尔 Muhlhausen im tale
嘛格金根 Magerkingen
迈德尔施泰滕 Meidelstetten
迈萨（奥珀瑙） Maisach
迈森海姆 Meissenheim
迈因哈尔特 Mainhard
麦尔锡根 Melchingen

麦肯洛柯 Muckenloch
麦森巴赫 Maisenbach
曼海姆 Mannheim
曼茵的弗瑞登贝格 Freudenberg am Main
卡特岑涛 Katzental
毛尔布隆 Maulbronn
梅顿伯格（比伯拉赫） Mettenberg

梅尔茨豪森（黑森林） Merzhausen
梅尔丁根 Merdingen
梅尔基施 布赫霍尔茨 Markbuch buchholz
梅尔克林根（魏尔德尔斯塔特） Merklingen
梅尔克林根 Merklingen
梅尔斯堡 Meersburg
梅尔斯特滕 Mehrstet

梅尔兴 Merchingen
梅高斯丹顿 Mergelstetten
梅克斯海姆 Meckesheim
梅肯博伊伦 Meckenbeuren
梅宁根（梅斯基希） Menningen(messkirch)
梅宁根 Nenningen
梅青根 Metzingen

梅瑟尔豪森 Messelhausen
梅斯基尔希 Messkirch
梅斯基希附近赫多夫 Heudorf bei Messkirch
梅斯特滕 Messsteten
梅滕伯格（格拉芬豪森） Mettenberg(Grafenhausen)
梅希尔巴赫（嘉格纳） Michelbach
门茨多夫 Munzdorf

门茨根
Munzingen

门茨海姆
Munzesheim

门根（黑森林）
Mengen（schwarzwald）

门根
Mengen

门普雷希茨霍芬
Memprechtshofen

门青根
Menzingen

门斯海姆
Monsheim

门希贝格
（海伦贝格）
Monchberg

门希豪夫
Munchhof

门希韦勒
Monchweiler

门希维尔
Munchwei

门兴根
（科尔恩塔尔 - 明欣根）
Munchingenk

门兴根
（武塔赫河）
Munchingen

门泽希旺德
Menzensc

蒙得菲尔德
Mondfeld

米尔豪森（菲林根 - 施文宁根）
Muhlhausen
（villing-Schwenningen）

蒙德尔金根
Munderkingen

蒙德尔斯海姆
Mundelsheim

米德斯巴赫
Miedelsbach

米尔海姆
Mullheim

米尔豪森 - 茵根
Muhlhausen-
Ehingen

米尔豪森（埃贝拉尔德策尔）
Muhlhausen（Eberhardzell）

蒙德尔芬根
Mundelfingen

米尔豪森（克赖希高）
Muhlhausen（kraichgeu）

米尔豪森
（米尔豪森 - 茵根）
Muhlhausen

米尔豪森
（斯图加特）
Muhlhausen

米尔豪森河畔恩茨
Muhlhausen an Enz

米尔斯内卡河畔
Muhlen am Neckar

米尔特金根
Mieterkingen

米赫拉克尔
Muhlacker

米赫林根
Muhlinge

米卢豪森
Muhlhausent

米罗
Mirow

米门豪森
Mimmenhausen

米斯特博恩
Mistelbrunn

米特尔比伯拉赫
Mittelbiberach

米特尔布赫
Mittelbuch

米特尔费希尔
Mittelfischach

米特尔卢巴赫
Mittelurbach

米特尔舍夫伦茨
Mittelschefflenz

米特尔施塔特
Mittelstadtadt

米特尔斯滕韦勒
Mittelstenweiler

米特斯海姆
Mietersheim

米廷根
Mietingen

米希尔温涅顿
Michelwinnaden

米歇尔费尔德（安格尔巴塔尔）
Michelfeld（Angelbachtal）

米歇尔费尔德
（施韦比施哈尔）
Michelfeld

明道尔斯多夫
Mindersd

明德尔斯巴赫
Mindersbach

明斯恩 Minseln

明斯特（克雷格林根）Munster

明斯特（斯图加特）Munsters

明辛根 Munsingen

摩根恩 Mogginge

莫茨尔 Monchzell

莫尔 Mauer

莫尔斯坦因 Mortelstein

莫尔希哈特 Morschenhardt

莫尔新根 Morsinge

莫根布伦 Muggenbr

莫肯塔尔 Muckental

克罗伊茨贝格 Kreuzberg

莫门卡姆 Monakam

莫瑞根（斯图加特）Mohrings

莫瑞根 Mohringe

莫斯 Moos

莫斯巴赫 Moesbach

莫斯巴赫 Mosbach

莫斯堡的费德尔湖 Moosbur

莫斯布伦 Moosbrun

莫斯海姆 Moosheim

莫特希斯 Mottschi

默格林根 Moglinge

默克米赫尔 Mockmuhl

默钦根 Motzingen

默辛根 Mossingen

穆道 Mudau

穆丁根 Mundinge

穆尔 Murr

穆尔堡 Muhlburg

穆尔本 Mulben

穆尔芬根 Mulfingen

穆尔格 Murg

穆尔豪芬（乌尔丁根－米赫尔霍芬）Muhlhofen

穆尔河畔基希贝格 Kirchberg an der Murr

穆根斯图尔姆 Muggensturm

穆克林根 Munklingen

穆克舍普夫 Munckenschopf

穆拉尔特 Murrhardt

穆伦巴赫 Muhlenbach

穆门海姆 Mauenheim

穆瑞根 Muhringen

穆斯（博登湖）Moos

穆斯巴赫 Musbach

穆斯贝格 Musberg

穆特兰根 Mutlangen

拿骚（魏克尔斯海姆）Nassau (weikersheim)

纳博瑞根 Nebringen

纳布恩 Nabern

纳戈尔德 Nagold

纳卡尔豪森 Neckarhausen

纳卡尔卡岑巴赫 Neckarkatzenbach

纳卡尔洛姆斯 Neckarrems

纳卡尔穆巴赫 Neckarmuhlbach

纳卡格林根 Neckargroningen

纳卡豪森（埃丁根－内卡劳森） Neckarhausen

纳克埃茨 Neckarelz

纳克博青 Neckarburken

纳克嘎塔赫 Neckargartach

纳沙泰尔（恩茨） Neuenburg

纳沙泰尔（克赖希塔尔） Neuenburg

莱茵河畔纳沙泰尔 Neuenburg am rhein

纳泰姆 Nattheim

纳西希 Nassig

奈伯格 Neipperg

奈德林根 Neidlingen

奈登斯泰因 Neidenstein

奈斯（伊格斯海姆） Neuses（Igersheim）

内布斯海姆 Neibsheim

内岑根 Nenzingen

内尔门尔斯巴赫 Nellmersbach

内卡尔比绍夫斯海姆 Neckarbischofsheim

内卡尔格拉 Neckargerach

内卡尔格明德 Neckargemund

内卡尔齐梅尔恩 Neckarzimmern

内卡尔泰尔芬根 Neckartailfingen

内卡尔滕茨林根 Neckartenzlingen

内卡尔韦林根 Neckarweihingen

内卡尔韦穆斯巴赫 Neckarwi

内卡尔韦斯泰姆 Neckarwestheim

内卡河畔埃斯林根 Esslingen am Neckar

内卡河畔奥伯恩多夫 Oberndorf am neckar

内卡河畔贝宁根 Benningen am Neckar

内卡河畔弗赖贝格 Freiberg am Neckar

内卡河畔盖辛根 Geisingen am Neckar

内卡河畔基希海姆 Kirchheim am neckar

内卡河畔劳芬 Laufen am neckar

内卡河畔雷姆塞克 Remseck am Neckar

内卡河畔罗滕堡 Rottenburg am Necker

内卡河畔文德林根 Wendlingen am Neckar

内卡劳 Neckarau

内卡苏尔姆 Neckarsulm

内雷斯海姆 Neresheim

内林根 Nelling

内林斯海姆 Nellingsheim

内伦斯特滕 Nerensten

内仁 Nehren

内斯尔瑞德 Nesselried

内斯尔旺根 Nesselwangen

嫩斯特滕 Neenstetten

尼德豪夫 Niederhof

尼德劳森（赖因豪森） Niederhausen

尼德雷沙赫 Niedereschch

尼德罗芬 Niederhofen

尼德瑞穆巴赫 Niederrimbach

尼德瑞穆兴根 Niederri

尼德旺 Niederwangen

尼费尔恩 - 厄舍尔布龙 Niefern-Oschelbronn

尼拉斯豪森 Niklashausen

宁堡 Nimburg

纽林根 Nurtingen

纽曲瑞希堡 Neutrauchburg

纽韦尔（卡尔夫） Neuweiler

纽韦尔（魏尔伊姆申布） Neuweiler

纽韦尔 Neuweier

农嫩韦尔 Nonnenweier

努夫林根 Nufringen

努斯巴赫（奥伯基希） Nussbach

努斯巴赫（特里贝格） Nussbach

努斯多夫 Nussdorf

努斯洛 Nussloch

努斯普林根 Nusplingen

诺贝斯巴赫 Niebelsbach

诺博恩 Neubronn

诺德哈尔顿 Nordhald

诺德海姆（符腾堡） Nordheim(Wurttemberg)

诺德豪森（诺德海姆） Nordhausen

诺德豪森（下施奈德海姆） Nordhausen

诺德拉赫 Nordrach

诺德斯特滕 Nordstetten

诺德韦尔 Nordweil

诺德韦斯特斯塔德特 Nordwesttadt

诺德希瓦本 Nordschwaben

诺丁根 Neudingen

诺恩斯坦因（霍恩洛厄） Neuenstein

诺恩瓦格 Neuenweg

诺尔斯豪森 Neuershausen

诺根希韦尔 Noggenschwiel

诺钦根 Notzingen

诺斯邦姆 Nussbaumn

诺斯滕巴赫 Nustenbach

诺廷根 Nottingen

诺兴根 Norsingen

诺伊布拉 Neubulach

诺伊德瑙 Neudenau

诺伊恩斯塔特阿姆科黑尔 Neuenstadt am kocher

诺伊芬
Neuffen

诺伊夫拉
（里德林根）
Neufra

诺伊夫拉（罗特威尔）
Neufra（rottweil）

诺伊夫拉（马林根）
Neufra（sigmaringen）

诺伊格拉希顿
Neuglashutten

诺伊豪萨尔
Neuhauser

诺伊豪森（恩茨）
Neuhausen

诺伊豪森
（恩根）
Neuhausen

诺伊林根
Neulinge

诺伊豪森奥夫登菲尔德尔恩
Neuhausen auf den Fidern

诺伊豪森河
畔伊慕斯
Neuhausenerms

诺伊基希（罗特韦尔）
Neukirch（rottweil）

诺伊卢斯海姆
Neulussheim

诺伊莱尔
Neuler

诺伊里德
Neuried

诺伊豪森
（黑森林地区的克尼格费尔德）
Neuhausen

派马
Paimar

诺伊洛特恩
Neulaute

诺伊米尔
Neumuhl

诺伊纳克
Neuneck

诺伊瑞特
（卡尔斯鲁厄）
Neureut

诺伊瑞特
Neureut

诺伊萨茨
（布尔）
Neusatzb

诺伊塔德
Neuthard

诺伊许滕
Neuhutten

诺因基兴
Neunkirchen

诺因基兴
（巴特梅根特海姆）
Neunkirchen

噢伯费根
Oberopfingen

欧文
Owen

帕姆巴赫
Palmbach

帕音劳
Pappelau

诺伊基希
Neukirch

派希塔尔
Prechtal

皮特芬贝格
Pfaffenberg

皮特斯多夫
Plittersdorf

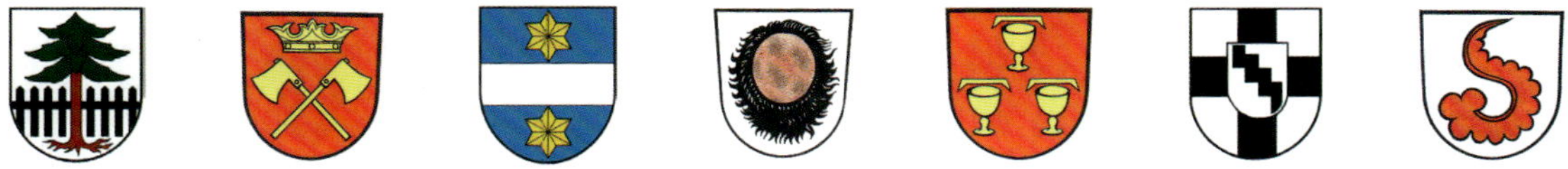

普法邦恩
Pfahlbronn

普法尔茨格拉芬韦勒
Pfalzgrafenweiler

普法费根
Pfaffingen

普法芬霍芬
Pfaffenhofen

普法芬韦勒
（黑森林）
Pfaffenweiler

普法瑞根
Pfrungen

普费德尔巴赫
Pfedelbach

普费芬根
Pfeffingen

普费根
Pulfringen

普费亨
Pfohren

普费姆尔恩
Pflummern

普芬茨塔尔
Pfinztal

普芬德多夫
Pfrondorf

普夫龙斯特滕
Pfronstettena

普福尔茨海姆 Pforzheim
普富伦多夫 Pfullendorf
普拉滕哈特 Plattenhardt
普莱德尔斯海姆 Pleidelsheim
普兰肯费尔斯 Plankstadt
普利茨豪森 Pliezhausen
普利林根 Pliening

普林巴克 Prinzbach
普洛特斯巴赫 Pleuters
普洛兴根 Plochingen
普吕德劳森 Pluderhausen
齐岑豪森 Zizenhausen
齐尔哈俄恩 Zillhausen
齐哥拉巴 Ziegelba

齐梅尔恩翁特尔德尔堡 Zimmern
齐默恩（塞卡赫） Zimmerns
齐默恩 Zimmernr
齐姆埃尔霍 Zimmerho
齐姆恩尼 Zimmerni
齐普林根 Zipplingen
屈尔恩巴赫 Kurnbach

屈尔斯海姆 Kulsheim
屈赫巴赫（拉尔） Kuhbach(lahr)
屈瑞泽尔 Kurzell
屈萨贝格 Kussaber
屈赛纳曲 Kussnach
日威夫林 Zweiflin
容金根（乌尔姆） Jungingen(Uim)

容金根（佐勒纳尔布县） Jungingen (Zollernalbkreis)
如蓝柏格 Zwerenberg
瑞特 Ruit
瑞希韦尔 Ritschweier
萨斯 Zastler
上埃费灵根 Oberiflingen
上埃森多夫 Oberessendorf

上埃希阿赫 Obereschach
上埃希恩 Oberachern
上艾格恩 Oberegge
上艾森斯海姆 Obereise
上奥芬 Oberalpf
上奥沃斯海姆 Oberowisheim
上巴尔巴赫 Oberbalb

上巴尔茨海姆 Oberbalzheim
上巴尔丁根 Oberbaldingen
上贝尔根 Oberbergen
上贝鲁赫 Oberbruc
上伯尔肯 Oberberken
上伯赫林根 Oberboih
上德尔丁根 Oberderdingen

上迪巴赫 Oberdielbach
上迪希兴根 Oberdischingen
上恩特尔斯巴赫 Oberentersbach
上费希阿赫 Oberfischach
上弗拉哈特 Oberflacht
上弗拉肯巴赫 Oberflockenbach
上格勒宁根 Obergroningen

上格里斯海姆 Obergriesheim
上格洛特特塔尔 Oberglottertal
上格姆彭恩 Obergimp
上格若姆巴赫 Obergrombach
上哈尔默斯巴赫 Oberharmersbach
上豪尔茨海姆 Oberholzheim
上好格斯塔特 Oberhaugstett

上卡纳赫 Oberkirnach
上卡瑟尔 Oberkass
上卡斯萨赫 Oberkessach
上卡希贝格 Oberkirberg
上科尔巴赫 Oberkollbach
上科亨 Oberkochen
上莱茵附近盖林根 Gailingen am Hochrhein

上赖兴巴赫 Oberreichenbach
上兰希兴根 Oberlauchringen
上劳达 Oberlaud
上灵恩哈特 Oberlengenhardt
上伦林根 Oberlenningen
上罗特维尔 Oberrotweil
上马尔希塔尔 Obermarchtcl

上门斯特尔塔尔 Obermunstertal
上门庭根 Obermett
上莫特希尔巴赫 Obermutschelbach
上纳多夫 Oberneudorf
上彭希塔尔 Oberprechtcl
上瑞姆兴根 Oberrimsingen
上萨斯巴赫 Obersasbach

上施费 Oberschu
上施滕费尔德 Oberstenfeld
上施瓦尔察赫 Schwarzach
上斯彭塔赫 Oberspeltach
上斯塔迪翁 Oberstadion
上斯特罗伊 Obersulm
上斯特滕 Oberstetten

上斯滕韦勒 Oberstenweiler
上斯托兴根 Oberstotzingen
上松泰姆 Obersontheim
上苏姆廷根 Obersulmetingen
上托伊林根 Oberteuringen
上韦勒（埃特林根） Oberweier
上韦廷豪森 Oberwittinghausen

上维特施塔特 Oberwittstadt

上魏勒 Oberweiler

上魏斯阿赫 Oberweissach

上希尔哈特豪森 Harthausen auf der Scheer

上尤廷根 Oberjettingen

上尤兴根 Oberjesingen

施泰格附近盖斯林根 Geislingen an der Steige

塔宾根 Tabingen

塔恩巴赫 Tairnbac

塔尔多夫 Taldorf

塔尔费根（戈伊费尔登） Tailfingen

塔尔费根 Tailfingen

塔尔海姆 Talheim

塔尔海姆（海尔布隆） Talheim

塔尔海姆（莱贝尔廷根） Thalheim

塔尔海姆（默辛根） Talheim

塔尔海姆（天正） Talheim

塔尔海姆（图特林根） Talheim

塔弗特斯韦勒 Tafertsweiler

塔姆 Tamm

塔瑟斯多夫 Taisersdorf

吕森斯塔德特 Luisenstadt

泰尔费根 Trailfingen

泰格菲尔德 Tigerfeld

泰格瑙 Tegernau

泰克山麓比辛根 Bissingen an der Teck

泰克山麓魏尔海姆 Weilheim an der Teck

泰宁根 Teningen

泰特南 Tettnang

坦海姆（菲林根 - 施文宁根） Tannheim

坦海姆（符腾堡） Tannheim

坦海姆 Thanheim

坦豪森（奥伦多夫） Tannhausen

坦豪森（奥斯塔尔伯县） Tannhaussen

坦纳恩克尔赫 Tannenkirch

坦诺 Tannau

陶伯比绍夫斯海姆 Tauberbischofsheim

特费尔豪森 Treffelhausen

特费罗特 Taferrot

特芬根 Tufingen

特兰茨 Trienz

特里廷根 Trichtingen

特林根 Tullingen

特罗赫特尔芬根 Trochtelfingen

特罗赫特尔芬根 Truchtelfingen

特罗特尔芬根（博普芬根） Trochtelfingen

特罗辛根 Trossingen

特姆门豪森 Temmenhausen

特希阿德特 Tischardt

滕根
Tengen

滕嫩布罗恩
Tennenbronn

凯瑟琳滕嫩布罗恩
Katholisch
Tennenbronn

图克海姆
Turkheim-alb

图明根
Tumringen

图姆林根
Tumlingen

图瑙
Tunau

图宁根
Tuningen

图瑟尔
Tunsel

图特林根
Tuttlingen

托马丁根
Tomerdingen

托特莫斯
Todtmoos

托特瑙
Todtnau

托特瑙贝格
Todtnauberg

瓦城都夫
Wachendorf

瓦尔巴赫（巴德塞京根）
Wallbach
(Bad Säckingen)

瓦尔堡
Wallburg

瓦尔伯特维勒
Walbertsweiler

瓦尔茨巴塔尔
Walzbachtal

瓦尔茨胡特
Waldshut

瓦尔茨胡特－恩根
Waldshut-Tiengen

瓦尔道（黑森林）
Waldau
(Schwarzwald)

瓦尔德
Wald
(Sigmaringen)

瓦尔德多夫
（瓦尔多尔夫黑斯拉）
Walddorf (Walddorfhäslach)

瓦尔德堡
Waldburg

瓦尔德安吉洛克
Waldangelloch

瓦尔德阿赫塔尔
Waldachtal

瓦尔德布龙
Waldbron

瓦尔德布伦
Waldbrunn

瓦尔德多夫
（阿尔滕施泰格）
Walddorf (Altensteig)

瓦尔德
Walde

瓦尔德豪森（阿伦）
Waldhausen (Aalen)

瓦尔德豪森（柏林根）
Waldhausen
(Bräunlingen)

瓦尔德豪森
（布臣）
Waldhausenb

瓦尔德豪森
（盖斯林根安德尔斯泰格）
Waldhausen

瓦尔德豪森（洛尔希）
Waldhausen (Lorch)

瓦尔德基尔希
Waldkirch

瓦尔德基尔希
（瓦尔茨胡特）
Waldkirch (Waldshut)

瓦尔德卡岑巴赫
Waldkatzenbach

瓦尔德普利希特斯维尔
Waldprechtsweier

瓦尔德曼莎芬
Waldmannshofen

瓦尔德穆勒巴赫
Waldmühlbach

瓦尔德雷恩
Waldrennach

瓦尔德施泰滕（奥斯塔尔伯）
Waldstetten (Ostalbkreis)

瓦尔德斯塔迪
Waldstadt

瓦尔德施泰滕（赫普芬根）
Waldstetten
(Höpfingen)

瓦尔德坦恩
Waldtann

瓦尔德威莫斯巴赫
Waldwimmersbach

瓦尔德乌尔姆
Waldulm

瓦尔德希尔斯贝克 Waldhilsbach | 瓦尔登堡 Waldenburg | 瓦尔登布赫 Waldenbuch | 瓦尔登豪森 Waldenhausen | 瓦尔杜恩 Walldürn | 瓦尔多夫黑斯拉赫 Walddorfhäslach | 瓦尔格豪斯 Waghäusel

瓦尔格赦斯特 Wagshurst | 瓦尔海姆 Walheim | 瓦尔豪森 Wallhausen | 瓦尔特 Wart | 瓦尔特斯霍芬（弗莱堡大学）Waltershofen (Freiburg im Breisgau) | 瓦尔特豪森 Warthausen | 瓦尔特斯霍芬（基斯莱格）Waltershofen (Kisslegg)

瓦尔特斯威尔 Waltersweier | 瓦尔威斯 Wahlwies | 瓦格尔斯罗特 Wagersrott | 瓦根施瓦尔德 Wagenschwend | 瓦根斯塔 Wagensta | 瓦根斯泰格 Wagensteig | 瓦肯多夫 Wachendorf

瓦伦 Wyhlen | 瓦姆波隆 Warmbronn | 瓦奇巴赫 Wachbach | 瓦塞尔（埃门丁根）Wasser (Emmendingen) | 瓦塞尔（绍尔多夫）Wasser (Sauldorf) | 瓦瑟阿尔芬根 Wasseralfingen | 万格（奥斯特菲尔德尔恩）Wangen (Ostrach)

万格（厄赫宁根）Wangen (Öhningen) | 万格（格平根）Wangen (Göppingen) | 万格（斯图加特）Wangen (Stuttgart) | 万格（伊莱里登）Wangen (Illerrieden) | 万根伊姆阿尔戈伊 Wangen im Allgäu | 万肯海姆 Wankheim | 万魏尔 Wannweil

王沙夫豪森 Konigschaffhausen | 威彻斯（绍普夫海姆）Wiechs (Schopfheim) | 威彻斯（施泰斯林根）Wiechs (Steisslingen) | 威尔登泰尔巴赫 Wildentierbach | 威登鲁特 Windenreute | 威尔顿施泰因（菲希特瑙）Wildenstein (Fichtenau) | 威尔巴赫豪森 Werbachhausen

威登 Wieden | 威尔丁根（黑森林的波恩多夫）Wellendingen (Bonndorf im Schwarzwald) | 威尔 Weier | 威尔多夫（海戈尔洛赫）Weildorf (Haigerloch) | 威尔多夫（赛勒姆）Weildorf (Salem) | 威尔芬根 Wilfingen | 威尔佛丁根 Wilferdingen

威尔根施泰格
Wagensteig

威尔勒灵根
Willaringen

威尔曼丁根
Willmandingen

威尔明根
Welmlingen

威尔莫陶
Wimmental

威尔莫特斯豪森
Wermutshausen

威尔森金施泰纳赫
Welschensteinach

威尔施塔特
Willstätt

威尔辛根
Wilsingen

威勒（黑森林山麓克尼格斯费尔德）
Weiler
(Königsfeld im Schwarzwald)

威克莱登
Weckrieden

威勒（布劳博伊伦）
Weiler
(Blaubeuren)

威亨豪登
Wehrhalden

威勒（克尔特尔恩）
Weiler (Keltern)

威勒安德贾巴尔
Weiler an der
Zaber

威勒德菲尔斯
Weiler ob der
Fils

威勒 - 雷姆斯
Weiler-Rems

威林多夫
Weilimdorf

威森
Weizen

威森施泰格
Wiesensteig

威森斯坦
Weißenstein

威森斯坦因
Weissenstein

威斯（小维森塔尔）
Wies (Kleines
Wiesental)

威斯高丁根
Wißgoldingen

威斯特豪森（奥斯塔尔伯）
Westhausen (Ostalbkreis)

威斯洛赫
Wiesloch

威斯特哥滕豪森
Westgartshausen

威斯莱特
Wieslet

威斯滕阿赫
Westernach

威斯滕豪森
Westernhausen

威特尔斯巴赫
Wettersbach

威特尔斯多夫
Wettersdorf

威特伦斯威勒
Wittlensweiler

威滕奥
Weitenau

威滕多夫
Wittendorf

威滕岗
Weitenung

威滕霍芬
Wittenhofen

威滕斯旺德
Wittenschwand

威滕陶
Wittental

威滕威勒
Wittenweiler

韦恩
Wain

韦尔
Wehr

韦尔巴赫
Werbach

韦尔茨海姆
Welzheim

韦尔瑙
Wernau

韦尔欣根
Welschingen

韦赫菲尔德 - 达姆施塔特
Weiherfeld-Dammerstock

韦林斯特恩
Weilstetten

韦伦丁根（罗特韦尔）
Wellendingen
(Rottweil)

韦申博伊伦 Wäschenbeuren

韦斯斯海姆 Uissigheim

韦斯特赖姆 Westerheim

韦斯特施泰滕 Westerstetten

韦特海姆 Wertheim

韦欣根 Wehingen

韦伊（滕根） Weil (Tengen)

韦伊尔 Weiher

韦因斯尔格 Weinsberg

维德尔恩 Widdern

维蒂希豪森 Wittighausen

维尔阿姆凯塞尔斯图尔 Wyhl am Kaiserstuhl

维尔德贝格 Wildberg

维尔德塔尔 Wildtal

维尔恩斯海姆 Wiernsheim

维尔根施塔特 Wagenstadt

维尔跟施文德 Wagenschwend

维尔黑姆思多夫 Wilhelmsdorf

维尔黑姆斯费尔德 Wilhelmsfeld

维尔斯巴赫 Willsbach

维尔特谷塔赫 Wildgutach

维勒（默丝） Weiler (Moos)

维勒（内卡河畔罗滕堡） Weiler (Rottenburg am Neckar)

维勒（辛斯海姆） Weiler (Sinsheim)

维勒北万斯贝格 Weiler bei Weinsberg

维勒黑尔芬施泰因 Weiler ob Helfenstein

维勒施泰恩 Weiler zum Stein

维姆斯海姆 Wimsheim

维平根（布劳施泰因） Wippingen (Blaustein)

维森塔尔 Wiesental

维斯巴赫 Weisbach

维特布伦 Wettelbrunn

维特丁根 Weiterdingen

维特莱科芬 Wittlekofen

维特林根（巴德乌拉） Wittlingen (Bad Urach)

维特林根（罗拉赫） Wittlingen (Lörrach)

维特瑙 Wittnau

维特斯豪森 Wittershausen

魏布林根 Waiblingen

魏布施塔特 Waibstadt

魏登（多恩汉） Weiden (Dornhan)

魏登施泰滕 Weidenstetten

魏恩施塔特 Weinstadt

魏尔德尔斯塔特 Weil der Stadt

魏尔海姆 Weilheim

魏尔海姆（杜宾根） Weilheim (Tübingen)

魏尔海姆（黑欣根） Weilheim (Hechingen)

魏尔海姆（里泰姆－魏尔海姆） Weilheim (Rietheim-Weilheim)

魏尔伊姆申 Weil im Schönbuch

魏根海姆 Weigheim

魏克斯海姆 Weikersheim

魏肯海姆 Wenkheim

魏勒斯巴赫（菲林根－施文宁根） Weilersbach (Villingen-Schwenningen)

魏珀特霍芬 Weipertshofen

魏伦翁特尔登里嫩 Weilen unter den Rinnen

魏萨伊姆塔尔 Weissach im Tal

魏森巴赫 Weisenbach

魏森巴赫 Wiesenbach

魏森巴赫（布劳费尔登） Wiesenbach (Blaufelden)

魏森斯泰腾 Wiesenstetten

魏森陶 Wessental

魏思辛根 Wessingen

魏斯萨赫 Weissach

魏斯韦尔 Weisweil

魏斯魏尔（克莱特高） Weisweil (Klettgau)

魏特尔巴赫 Wittelbach

魏廷根 Weitingen

魏辛根（丹斯多夫） Winzingen (Donsdorf)

魏因海姆 Weinheim

魏因加滕 Weingarten

魏因加滕 Weingarten

魏因斯坦恩 Weinstetten

温岑（弗卢奥恩－温策尔恩） Winzeln (Flucrn-Winzeln)

温茨胡斯特 Unzhurst

温登伊姆埃尔茨塔尔 Winden im Elztal

温迪施巴赫 Windischbuch

温迪施巴赫 Windischenbach

温丁根 Undingen

温嫩登 Winnenden

温特巴赫 Winterbach

温特豪森 Unterhausen

温特林根 Winterlingen

温特施泰滕多夫 Winterstettendorf

温特斯多夫（拉施塔特） Wintersdorf (Rastatt)

温特斯普伦 Winterspüren

温特斯特滕 Winterstetten

温特斯藤施塔特 Winterstettenstadt

温特斯威勒 Wintersweiler

温特维尔 Wittenweier

温泽尔豪森 Winzerhausen

文巴赫 Wembach

文德尔斯海姆（内卡河畔罗滕堡） Wendelsheim

文德斯莱格 Windschläg

文森霍芬 Winzenhofen

翁林根 Unlingen

翁斯特梅廷根 Onstmettingen

翁塔拜尔巴赫 Unterbalbach

翁塔毕瑞根 Unterböhringen

翁塔尔班德 Unterbrand

翁塔尔博海根 Unterboihingen

翁特巴尔丁根 Unterbaldingen

翁特尔埃尔芬 Unteralpfen

翁特尔格鲁彭巴赫 Untergrupenbach

翁特尔格穆彭 Untergimpern

翁特尔格瑞斯海姆 Untergriesheim

翁特尔給因斯巴赫 Unterginsbach

翁特尔基尔纳 Unterkirnach

翁特尔雷更恩 Untereggingen

翁特尔罗姆巴赫 Unterrombach

翁特尔罗特 Unterrot

翁特尔罗希普芬 Unterschüpf

翁特尔马尔希塔尔 Untermarchtal

翁特尔明克海姆 Untermunkheim

翁特尔诺多夫 Unterneudorf

翁特尔瑞兴根 Unterriexingen

翁特尔斯格因根 Untersiggingen

翁特尔斯马恩 Unterschmeien

翁特尔斯姆斯瓦德 Untersimonswald

翁特尔斯塔迪翁 Unterstadion

翁特尔苏尔梅廷根 Untersulmetingen

翁特尔滕斯巴赫 Unterentersbach

翁特尔图克海姆 Unterturkheim

翁特尔瓦尔德豪森 Unterwaldhausen

翁特尔瓦欣根 Unterwachingen

翁特尔弯根 Unterwangen

翁特尔威特斯塔特 Unterwittstadt

翁特尔韦尔林根 Unterwilflingen

翁特尔韦勒 Unterweiler

翁特尔维蒂格豪森 Unterwittighausen

翁特尔乌丁根 Unteruhldingen

翁特尔乌尔巴赫 Unterurbach

翁特赖塞斯海姆 Untereisesheim

翁特伦辛根 Unterensingen

沃恩多夫 Worndorf

沃尔巴赫（坎登） Wollbach (Kandern)

沃尔布灵根 Worblingen

沃尔德（西格马林根） Wald

沃尔多夫（莱茵-内卡，克雷斯） Walldorf (Rhein-Neckar Kreis)

沃尔法赫 Wolfach

沃尔法特斯威勒 Wolfartsweiler

沃尔法特斯维尔 Wolfartsweier

沃尔费格 Wolfschlugen

沃尔芬豪森 Wolfenhausen

沃尔芬韦勒 Wolfenweiler

沃尔夫埃格 Wolfegg

沃尔玛廷根 Wollmatingen

沃尔尼斯贝格 Wörnersberg

沃尔珀茨豪森 Wolpertshausen

沃尔珀茨文德 Wolpertswende

沃尔特 Wört

沃尔特丁根 Wolterdingen

沃尔潘丁根 Wolpadingen

沃格特 Vogt

沃亨姆斯豪森 Wohlmuthausen

沃克斯海姆 Walxheim

沃克斯威勒 Wolketsweiler

沃勒辛根 Wölchingen

沃伦伯格 Wollenberg

沃姆（普福尔茨海姆） Würm (Pforzheim)

沃森威勒 Wasenweiler

沃思辛根 Wössingen

沃斯巴赫 Wöschbach

沃特丁根 Watterdingen

乌贝格 Urberg

乌布施塔特 Ubstadt

乌布斯塔特－魏黑尔 Ubstadt-Weiher

乌岑费尔德 Utzenfeld

乌臣霍芬 Wuchzenhofen

乌尔巴赫 Uhlbach

乌尔巴赫 Urbach

乌尔丁根－米赫尔霍芬 Uhldingen-Mühlhofen

乌尔莫斯海姆 Würmersheim

乌尔姆（利赫滕诺） Uim(Lichtenau)

乌尔姆灵根（图特林根） Wurmlingen (Tuttlingen)

乌尔姆 Ulm

乌尔姆灵根（内卡河畔罗滕堡） Wurmlingen (Rottenburg am Neckar)

乌尔姆（伦辰） Ulm (Renchen)

乌尔森巴赫（施里斯海姆） Ursenbach (Schriesheim)

乌尔施普灵 Urspring

乌尔汀根 Würtingen

乌费费根 Uiffinge

乌弗哈 Urphar

乌劳 Urnau

乌洛芬 Urloffen

乌门多夫 Ummendorf

乌姆基希 Umkirch

乌纳丁根 Unadingen

乌特尔瑞费根 Unterriffingen

乌特瑞琛贝奇 Unterreichenbach

乌滕多夫 Ittendorf

乌滕豪芬 Uttenhofen

乌滕韦勒 Uttenweiler

乌欣根 Uhingen

伍尔兹巴赫 Würzbach

武尔姆贝格 Wurmberg

武斯腾洛特 Wüstenrot

武塔赫 Wutach | 武特欣根 Wutöschingen | 希尔德里茨豪森 Hildrizhausen | 希尔德曼斯菲尔德 Hildmannsfeld | 希尔赫兰登（迪琴根）Hirschlanden (Ditzingen) | 希尔赫兰登（罗森伯格）Hirschlanden (Rosenberg) | 希尔林根 Hirrlingen

希尔帕茨奥 Hilpertsau | 希尔青根 Hilzingen | 希尔绍（图宾根）Hirschau (Tübingen) | 希尔斯巴赫 Hilsbach | 希蓬斯维勒 Hippetsweiler | 布莱斯高的弗莱堡 Bitzfeld | 下埃根恩 Niedereggenen

下巴尔茨海姆 Unterbalzheim | 下贝尔 Niederbuhl | 下恩哈尔 Niedernhall | 下戈比斯巴赫 Niedergebisbach | 下格龙巴赫 Untergrombach | 下格洛特塔尔 Unterglottertal | 下哈默斯巴赫 Unterharmersbach

下海恩里特 Unterrheinriet | 下海姆巴赫 Unterheimbach | 下豪夫 Unterhof | 下豪格斯塔特 Unterhaugstett | 下卡尔基希贝格 Unterkirchberg | 下卡斯萨赫 Unterkessach | 下考亨 Unterkochen

下劳赫林根 Unterlauchringen | 下伦根哈特 Unterlengenhardt | 下梅庭根 Untermettinggen | 下莫斯巴赫 Untermusbach | 下莫斯特塔尔 Untermunstertal | 下齐尔 Niederzier | 下施奈德海姆 Unterschneidheim

下施泰因巴赫 Untersteinbach | 下施托青根 Niederstotzingen | 下斯特滕 Niederstetten | 下瓦赛尔 Niederwasser | 下韦德恩 Niederwinden | 下维尔 Niederwi | 下魏勒 Niederweiler

下肖普费海姆 Niederschopfheim | 下伊班塔尔 Unteribental | 下伊费灵根 Unteriflingen | 下朱廷根 Unterjettingen | 下朱兴根 Unterjesingen | 克莱因肯姆斯 Kleinkems | 克莱因希尔施巴赫 Kleinhirschbach

克莱因施泰因巴赫 Kleinsteinbach

克莱因施泰因豪森 Kleinsteinhausen

欣德勒万根 Hindelwargen

欣特察尔滕 Hinterzarten

欣特斯塔斯 Hinterstrass

欣特廷根 Hintschingen

锌爱尔斯坦 Zindelstein

黑森林的诺伊施塔特 Neustadt im Schwarzwald

新拉文斯堡 Neuravesburg

新斯特滕 Neustetten

许蒂斯海姆 Hüttisheim

许芬根 Hüfingen

许戈施泰滕 Hugstetten

许格尔斯海姆 Hügelsheim

许格斯威尔 Hugsweier

许根海姆 Hügelheim

许特灵根 Hüttlingen

亚格斯特河畔基希贝格 Kirchberg an der Jagst

亚格斯策尔 Jagstzell

亚格斯陶森 Jagsthausen

许辛根 Hüsingen

亚奇 Yach

亚亚贝格 Jagstberg

耶斯特滕 Jestetten

耶特考芬 Jettkofen

耶滕堡 Jettenburg

耶廷 Jettingen

耶兴根 Jesingen

伊策尔贝格 Itzelberg

伊尔费斯海姆 Ilvesheim

伊尔门塞 Illmense

伊尔斯费尔德 Ilsfeld

伊尔斯霍芬 Ilshofen

伊弗茨海姆 Iffezheim

伊格尔斯海姆 Igersheim

伊勒河畔基希贝格 Kirchberg an der Iller

伊格斯贝格 Igelsberg

伊格斯韦斯 Igelswie

伊金根 Iggingen

伊莱尔河畔德廷根 Dettingen an der Iller

伊莱尔基尔希贝格 Illerkirchberg

伊莱里登 Illerrieden

伊格洛夫斯 Eglofs

伊勒河畔基希多夫 Kirchdorf an der Iller

伊林根（埃尔歇斯海姆－伊林根） Illingen

伊林根 Illinge

伊林根 Ihlingen

伊林根 Ihringen

伊迈巴赫 Eybach

伊门丁根 Immendingen

伊门豪森（库斯特尔丁根） Immenhausen

伊门纳希 Immeneich

伊姆费根 Impfingen

伊姆斯班 Ilmspan

伊平根 Ippingen

伊普夫山麓奥伯多夫 Oberdorf am Ipf

伊森堡 Isenburg

伊斯林根 Irslingen

伊斯普林根 Ispringen

Istein

伊特林根 Ittlingen

伊特斯巴赫 Ittersbach

伊韦廷根 Ewattingen

伊兴海姆 Ichenheim

伊因多夫 Irndorf

伊泽恩哈根 Isingen

伊治兰 Iznang

因茨林根 Inzlinge

因德尔豪森 Indelhausen

因德勒考芬 Indlekofen

因戈尔丁根 Ingoldingen

因格尔芬根 Ingelfingen

因格尔斯海姆（内卡） Ingersheim

因格尔斯海姆 Ingersheim

因纳尔林根 Innering

因齐格科芬 Inzigkofen

因斯特滕 Ingstetten

尤格劳 Jungnau

尤汉林根 Johlingen

尤斯廷根 Justingen

于林根－比肯多夫 Ühlingen-Birkendorf

仔仔萧森 Zizishausen

罗尔巴赫辛斯海姆 Rohrbach bei sinsheim

臧格 Zang

泽尔（安德尔斯布赫） Zellandelsbach

泽尔（奥特尔斯魏埃尔） Zell3

泽尔韦格 Zellwe

泽沃斯 Zierolsh

扎爱尔斯坦 Zavelste

折颇芬哈 Zepfenha

巴登 Baden

卓兵根 Zobingen

尊仁恩 Zunzingen

尊思威俄 Zunsweie

佐根魏勒 Zogenweiler

佐罗伊特 Zollenreute

巴伐利亚州 Bayern

直卑尔根 Rettenbergen

阿本贝格 Abenberg

阿本斯伯格 Abensberg

阿布茨温德 Abtswind

阿布斯贝格 Absberg

阿茨贝格（上弗兰肯） Arzberg (Oberfranken)

阿德尔贝格 Adelsberg

阿德尔施拉格 Adelschlag

阿德尔斯里德 Adelsried

阿德斯道夫 Adelsdorf

阿恩施泰因 Arnstein

阿恩斯托夫 Arnstorf

阿尔贝格 Arberg

阿尔茨河畔阿尔滕马克特 Altenmarkt an der Alz

阿尔茨河畔布格基兴 Burgkirchen an der Alz

阿尔茨河畔加兴 Garching an der Alz

阿尔道夫贝纽伦堡 Altdorf bei Nürnberg

阿尔滕多夫 Altendorf

阿尔滕昆斯塔特 Altenkunstadt

阿加旺 Agawang

阿默湖畔黑尔兴 Herrsching am Ammersee

阿默湖畔里登 Rieden am Ammersee

阿默湖畔因宁 Inning am Ammersee

阿普费尔特拉 Apfeltrach

阿沙芬堡 Aschaffenburg

阿施巴赫 Aschbach

阿斯灵 Assling

阿特尔 Attel

阿滕霍芬 Attenhofen

埃贝尔曼斯塔特 Ebermannstadt

埃贝尔斯巴赫 Ebelsbach

埃本豪森 Ebenhausen

埃本斯费尔德 Ebensfeld

埃宾 Ebing

埃伯恩 Ebern

埃伯斯贝格 Ebersberg

埃布拉 Ebrach

埃岑里希特 Etzenricht

埃德尔海姆 Ederheim

埃德灵 Edling

埃登贝根 Edenbergen

埃尔巴赫（欧廷根） Erlbach (Oettingen)

埃尔本多夫 Erbendorf

埃尔丁 Erding

埃尔恩斯加登 Ernsgaden

埃尔费斯豪森 Elfershausen

埃尔克海姆 Erkheim

埃尔梅尔斯豪森 Ermershausen

埃尔热尔桑（中弗兰肯） Ergersheim (Mittelfranken)

埃尔森多夫 Elsendorf

埃尔森费尔德 Elsenfeld

埃尔特曼 Eltmann

埃费尔特里希 Effeltrich

埃戈尔茨巴赫 Ergoldsbach

埃戈尔斯海姆 Eggolsheim

埃格尔河畔霍恩贝格 Hohenberg an der Eger

埃格尔科芬 Egglkofen

埃格灵 Egling

埃格洛夫斯泰因 Egloffstein

埃格魏尔 Egweil

埃根费尔登 Eggenfelden

埃根泰尔（埃尔费尔斯豪森） Engenthal (Elfershausen)

埃克尔斯多夫 Eckersdorf

埃克斯罗伊特 Erkersreuth

埃克斯莫伦 Eckersmühlen

埃肯塔尔 Eckental

埃拉尔廷 Erharting

埃朗根 Erlangen

埃勒巴赫 Ellerbach

埃勒科芬 Elkofen

埃勒滕斯多夫 Eltersdorf

埃林根 Ellingen

埃灵斯霍芬 Erlingshofen

埃洛佩斯多夫福巴温茨巴赫 Elpersdorf bei Windsbach

埃门豪森 Emmenhausen

埃默灵 Emmering

埃姆斯基兴 Emskirchen

埃姆特曼斯贝格 Emtmannsberg

埃皮斯鲍格 Eppisburg

埃皮斯豪森 Eppishausen

埃普夫廷 Erpfting

埃绍（弗兰肯） Eschau (Unterfranken)

埃舍瑙 Eschenau

埃施尔卡姆 Eschlkam

埃斯拉恩 Eslarn

埃斯勒登 Eysölden

埃特林根 Ettringen

艾施河畔赫希施塔特菲希特尔 Höchstädt im Fichtelgebirge

艾贝尔斯塔特 Eibelstadt

艾博斯托夫（路德维希斯施塔特） Ebersdorf (Ludwigsstadt)

艾格米尔 Eggmühl

艾格斯塔特 Eggstätt

艾姆岑豪艾特 Enchenreuth

艾塞尔芬格 Eiselfing

艾森巴赫 Eisenbach

艾森堡（梅明根） Eisenburg (Memmingen)

艾森伯格（阿尔高） Eisenberg (Allgäu)

埃辛 Essing

多瑙河畔赫希施塔特 Höchstadt an der Donau

艾施河畔诺伊斯塔特
Neustadt an der Aisch

艾斯曼贝格
Eismannsberg

艾斯特滕
Aystetten

艾斯汀
Esting

艾特林德
Ettelried

艾滕斯海姆
Eitensheim

艾希施泰特
Eichstätt

艾歇瑙（上巴伐利亚）
Eichenau (Oberbayern)

艾兴比赫尔
Eichenbühl

艾兴多夫
Eichendorf

爱茵根（沃勒斯坦）
Ehringen (Wallerstein)

安波
Aha

安豪森
Anhausen

安斯巴赫
Ansbach

昂格尔
Anger

奥埃尔伦巴赫
Oerlenbach

奥贝里登（外阿尔高）
Oberrieden

奥本多夫（巴特阿巴赫）
Oberndorf

奥伯恩岑恩
Obernzenn

奥伯法芬霍芬
Oberpfaffenhofen

奥伯海德
Oberhaid

奥伯罗斯拉
Oberroslau

奥伯斯特多夫
Oberstdorf

奥伯随斯
Obernsees

奥布河
Aubing

奥布斯塔特
Aubstadt

奥多夫
Oberaudorf

奥尔巴赫
Auerbach

奥尔沁
Olching

奥尔山麓雷滕巴赫
Rettenbach am Auerberg

奥尔滕堡
Ortenburg

奥夫塞斯
Aufsess

奥夫特尔施旺
Ofterschwang

奥格斯堡
Augsburg

奥克森富特
Ochsenfurt

奥克斯塔
Hochstatt

奥拉安得萨勒
Aura an der Saale

奥珀茨霍芬
Oppertshofen

奥普芬巴赫
Opfenbach

奥斯特罗芬
Osterhofen

奥特巴赫
Oberwittbach

奥特尔芬
Otterfing

奥特马希豪森
Ottmarshausen

奥托布伦
Ottobrunn

奥伊尔多夫
Euerdorf

奥伊拉斯堡
Eurasburg

奥茵德哈拉道
Au in der Hallertau

巴本海姆
Pappenheim

巴本豪森（施瓦）
Babenhausen (Schwaben)

巴本斯哈姆 Babensham

巴岑霍芬 Batzenhofen

巴德 - 科尔格鲁布 Bad Kohlgrub

巴德 - 斯特本 Bad Steben

巴德 - 温斯海姆 Bad Windsheim

巴德艾比林 Bad Aibling

巴德菲辛 Bad Füssing

巴德格里斯巴赫罗塔尔 Bad Griesbach im Rottal

巴尔（士瓦本） Baar (Schwaben)

巴尔 - 埃本豪森 Baar-Ebenhausen

巴尔德尔施旺 Balderschwang

巴尔丁根（诺德林根） Baldingen (Nördlingen)

巴尔格海姆（默廷根） Balgheim (Möttingen)

巴伐利亚的魏森布伦 Weissenburg in Bayern

巴赫哈格尔 Bachhagel

巴赫斯塔达 Brachstadt

巴斯泰姆 Bastheim

巴特阿巴赫 Bad Abbach

巴特博克莱特 Bad Bocklet

巴特布吕克瑙 Bad Brückenau

巴特恩多夫 Bad Endorf

巴特法伊尔恩巴赫 Bad Feilnbach

巴特格勒嫩巴赫 Bad Grönenbach

巴特海尔布伦 Bad Heilbrunn

巴特基辛根 Bad Kissingen

巴特克茨廷 Bad Kötzting

巴特赖兴哈尔 Bad Reichenhall

巴特罗达赫 Bad Rodach

巴特乔京 Bad Gögging

巴特施塔弗尔施泰因 Bad Staffelstein

巴特特尔茨 Bad Tölz

巴特维塞 Bad Wiessee

巴特沃里斯霍芬 Bad Wörishofen

巴特欣德朗 Bad Hindelang

巴特亚历山大斯巴德 Bad Alexandersbad

拜埃尔斯多夫 Baiersdorf

拜恩格迈恩 Bayerisch Gmain

拜恩州厄廷根 Oettingen

拜尔林利斯 Belingries

拜罗伊特 Bayreuth

班贝格 Bamberg

包纳赫 Baunach

鲍登巴赫 Baudenbach

贝岑斯泰因 Betzenstein

贝尔瑙 Bärnau

贝拉茨豪森 Beratzhausen

贝利斯则尔 Bayrischzell

贝林格穆拉 Behringersmühle

贝林格斯多夫 Behringersdorf

贝伦贝格 Bellenberg | 贝宁根 Benningen | 贝森巴赫 Bessenbach | 贝希茨里特 Bechtsrieth | 贝特斯加登 Berchtesgaden | 贝兴 Berching | 本多夫 Bundorf

比堡 Biburg | 比贝尔巴赫（施瓦） Biberbach (Schwaben) | 比贝尔里德 Biebelried | 比森霍芬（东阿尔高县） Biessenhofen (Ostallgäu) | 比绍夫斯格林 Bischofsgrün | 比绍夫斯维森 Bischofswiesen | 比施贝格 Bischberg

比施布伦 Bischbrunn | 比塔尔德 Bütthard | 比希尔 Bichl | 比希尔贝格 Büchlberg | 比辛根 Bissingen | 宾德拉赫 Bindlach | 滨湖科赫尔 Kochel

滨湖瓦京 Waging am See | 波尔辛根 Polsingen | 波金格 Pocking | 波金格 Pocking | 波克斯多夫 Poxdorf | 波林 Polling | 波伦费尔德 Pollenfeld

波梅尔斯费尔登 Pommersfelden | 波滕施泰因 Pottenstein | 伯恩鲍姆 Birnbaum | 伯恩斯坦 Bernstein | 伯恩斯坦瓦尔德 Bernstein am Wald | 伯格（多瑙沃特） Berg (Donauwörth) | 伯格（霍夫） Berg (Hof)

伯格（施塔恩贝格湖） Berg (Starnberger See) | 伯赫姆费尔德 Böhmfeld | 伯克 Burk | 博宾根 Bobingen | 博登迈斯 Bodenmais | 博多尔茨 Bodolz | 博尔斯特尔朗 Bolsterlang

博克斯多夫 Boxdorf | 博伊特尔斯巴赫（帕绍） Beutelsbach (Passau) | 布布伦 Bucbbrunn | 布岑勒贝格（贡岑豪森） Büchelberg (Gunzenhausen) | 布尔格贝尔恩海姆 Burgbernheim | 布尔格布拉 Burgebrach | 布尔格海姆 Burgheim

布尔格昆斯塔特 Burgkunstadt

布尔格劳埃尔 Burglauer

布尔格伦根费尔德 Burglengenfeld

布尔格普雷帕 Burgpreppach

布尔格坦 Burgthann

布尔格温德海姆 Burgwindheim

布尔格辛 Burgsinn

布尔卡尔德罗特 Burkardroth

布尔滕巴赫 Burtenbach

布格贝格富森 Burgberg im Allgäu

布格豪森 Burghausen

布赫（库岑豪森） Buch (Kutzenhausen)

布赫（施瓦本） Buch (Schwaben)

布赫洛厄 Buchloe

布亨巴赫（下巴伐利亚） Buchbach (Oberbayern)

布亨贝格（上阿尔高县） Buchenberg (Oberallgäu)

布莱夏 Blaichach

布克斯海姆（施瓦本） Buxheim (Schwaben)

布肯霍夫 Buckenhof

布克斯海姆（上巴伐利亚） Buxheim (Oberbayern)

布赖特布伦 Breitbrunn

布赖滕贝格（巴伐利亚） Breitenberg (Niederbayern)

布兰嫩堡 Brannenburg

布赖滕布伦（施瓦） Breitenbrunn (Schwaben)

布兰德（马克特雷德维茨） Brand (Marktredwitz)

布兰德河畔诺因基兴 Neunkirchen am Brand

布兰肯巴赫 Blankenbach

布赖滕布伦（上普法尔茨） Breitenbrunn (Oberpfalz)

布隆霍芬 Blonhofen

布鲁克（埃尔兰根） Bruck (Erlangen)

布鲁克米赫尔 Bruckmühl

上普法尔茨的布鲁克 Bruck in der Oberpfalz

布斯 Boos

布滕汉姆 Buttenheim

采恩河畔诺伊霍夫 Neuhof an der zenn

采林根 Zellingen

蔡特洛夫斯 Zeitlofs

蔡耶恩 Zeyern

仓贝格 Zangberg

察普芬多夫 Zapfendo

楚斯恩 Zusumr

楚斯马尔斯豪森 Zusmarsh

茨海姆（新乌尔姆） Holzheim (Neu-Ulm)

茨海姆 HolzheimHolzheim

茨维塞尔 Zwiesel

茨希尔恩 Tschirn

达豪 Dachau

达赫斯塔特 Dachstadt

达斯巴赫 Dachsbach

大巴多夫 Großbardorf | 大卡罗利嫩费尔德 Grosskarolinenfeld | 大朗海姆 Grosslangheim | 大瓦尔斯塔特 Großwallstadt | 代宁 Deining | 戴蒙巴茨 Dammbach | 戴姆豪森 Deimhausen

德巴奇（格塞尔茨豪森） Deubach (Gessertshausen) | 德茨林 Derching | 德恩巴赫 Dürnbach | 德尔夫莱斯－埃斯巴赫 Dörfles-Esbach | 德尔林根 Deuringen | 德根多夫 Deggendorf | 德赫劳 Döhlau

德伦兹莫恩（诺德林根） Dürrenzimmern (Nördlingen) | 德瑞克露丝 Marlesre | 德滕海姆（维森堡） Dettenheim (Weissenburg) | 邓肯多夫（上巴伐利亚） Denkendorf (Oberbayern) | 迪巴赫 Diebach | 迪多夫（施瓦本） Diedorf (Schwaben) | 迪尔莱旺 Dirlewang

迪尔万根（中弗兰肯） Dürrwangen (Mittelfranken) | 迪林根畔克雷姆斯 Dillingen an der Donau | 迪森阿姆阿梅尔塞 Diessen am Ammersee | 迪斯佩克 Diespeck | 迪特尔斯海姆（拜仁慕尼黑） Dietersheim (Bayern) | 迪特拉姆斯策尔 Dietramszell | 迪特曼斯里德 Dietmannsried

迪滕霍芬 Dietenhofen | 底特尔巴赫 Dettelbach | 蒂尔瑙 Thyrnau | 蒂尔斯海姆 Thiersheim | 蒂芬巴赫 Tiefenbach | 蒂芬巴赫贝奥伯斯特多夫 Tiefenbach bei Oberstdorf | 蒂芬格伦 Tiefengrun

蒂劳普滕 Thierhaupten | 蒂申罗伊特 Tirschenrenth | 蒂特灵 Tittling | 蒂特莫宁 Tittmoning | 蒂廷格 Titting | 丁巴赫（福尔卡赫河） Dimbach (Volkach) | 丁格芬 Dingolfing

丁克尔舍尔本 Dinkelscherben | 丁克尔斯比尔 Dinkelsbühl | 栋比赫尔 Dombühl | 栋茨霍芬 Döpshofen | 杜拉赫 Durach | 多尔恩斯泰因 Dollnstein | 多尔芬 Dorfen

多尔米茨 Dormitz

多瑙河畔福堡 Vohburg an der Donau

多瑙河畔沃尔斯 Wörth an der Donau

多瑙沃特 Donauwörth

厄斯拉 Oeslau

恩金根 Enkingen

哈姆（上普法尔茨）Cham (Oberpfalz)

法尔（福尔卡）Fahr (Volkach)

法尔肯贝里（上普法尔茨）Falkenberg (Oberpfalz)

法尔瑞德 Vallried

法尔肯施泰因（上普法尔茨）Falkenstein (Oberpfalz)

法伊茨布龙 Veitsbronn

法伊茨赫夏伊姆 Veitshochheim

法伊利茨希 Feilitzsch

菲尔塞克 Vilseck

菲尔斯比堡 Vilsbeburg

菲尔斯滕策尔 Fürstenzell

菲尔斯滕斯泰因 Fürstenstein

菲尔特（拜仁慕尼黑）Fürth (Bayern)

菲戈赫芬 Feigenhofen

菲雷特 - 特伦斯塔特 Viereth-Trunstadt

菲沙赫 Fischach

菲施巴豪 Fischbachau

菲施巴赫（克罗纳赫）Fischbach (Kronach)

菲施巴赫贝纽伦堡 Fischbach bei Nürnberg

菲斯滕费尔德布鲁克 Fürstenfeldbruck

菲希特尔贝格 Fichtelberg

菲希特尔山区巴特贝内克 Bad Berneck im Fichtelgebirge

费尔堡 Velburg

费尔德基尔兴 - 韦斯特拉姆 Feldkirchen-Westerham

费尔德莫兴 Feldmoching

费尔海姆 Fellheim

费尔灵根（米勒）Vöhringen (Iller)

费尔斯巴赫 Versbach

费舍恩 Fischern

费斯滕贝格斯格罗伊特 Vestenbergsgreuth

佛罗森鲍格 Flossenbürg

弗尔巴赫 Vorbach

弗拉敦根 Fladungen

弗拉默斯巴赫 Frammersbach

弗拉斯多夫 Frasdorf

弗赖恩豪森 Fleinhausen

弗赖洪 Freihung

弗赖拉辛 Freilassing

弗赖施塔特 Freystadt

弗赖翁 Freyung

弗赖辛 Freising

弗兰肯布鲁恩 Frankenbrunn

弗劳恩采尔 Frauenzell

弗雷尔哈登 Freihalden

弗雷肯菲尔登 Frickenfelden

弗里德伯格 Friedberg

弗里森（克罗纳赫） Friesen (Kronach)

弗林特斯巴赫伦纳 Flintsbach am Inn

弗龙拉赫 Frohnlach

弗龙滕豪森 Frontenhausen

弗伦斯多夫 Frensdorf

弗洛斯 Floss

福恩施特劳斯 Vohenstrauss

福尔多夫（特罗斯托） Vordorf

福尔根湖畔里登 Rieden am forggensee

福尔卡 Volkach

福尔肯施万德 Volkenschwand

福尔特岑多夫 Förtschendorf

福格塔罗伊特 Vogtareuth

福森 Füssen

福斯 Forth

福希海姆 Forchheim

福伊希特 Feucht

福伊希特万根 Feuchtwangen

富尔特伊姆瓦尔德 Furth im Wald

富斯米赫尔 Fuchsmühl

富斯塔尔 Fuchstal

富斯塔特 Fuchsstadt

盖尔伦霍夫 Gerlenhofen

盖尔莫斯巴赫 Gellmersbach

盖拉赫 Gerach

盖雷茨里德 Geretsried

盖梅尔斯海姆 Gaimersheim

盖默灵 Germering

盖塞尔巴 Geiselbach

盖塞尔温德 Geiselwind

盖瑟尔赫灵 Geiselhöring

盖森费尔德 Geisenfeld

盖森豪森 Geisenhausen

甘姆巴赫（卡尔士达特） Gambach (Karlstadt)

冈科芬 Gangkofen

高萨尔 Geuser

高斯塔特 Gaustadt

高廷 Gauting

高湛巴赫 Hohenschambach

戈尔德克罗纳 Goldkronach

戈克斯海姆（施韦因福特） Gochsheim (Schweinfurt)

戈罗纳 Glonn

戈特弗里丁 Gottfrieding

戈特因 Gotzing

戈廷 Götting

哥德巴赫（下弗兰肯） Goldbach (Unterfranken)

哥尼斯堡 Konigsberg

格贝尔巴赫 Gabelbach

格贝尔巴赫格雷特 Gabelbachergreut

格德海姆 Gädheim

格尔马林根 Germaringen

格尔希斯海姆 Gelchsheim

格夫雷斯 Gefrees

格金根（奥格斯堡） Göggingen (Augsburg)

格拉菲尔芬 Gräfelfing

格拉芬贝格 Gräfenberg

格拉芬格海希 Grafengehaig

格拉芬雷斯 Grafenreuth

格拉芬沃尔 Grafenwöhr

格拉夫灵 Grafling

格拉弗瑙（巴伐利亚） Grafenau (Niederbayern)

格拉绍 Grassau

格拉斯奥芬 Glasofen

格拉斯坦（上弗兰肯） Glashütten (Oberfranken)

格拉特巴赫 Glattbach

格莱斯泰尔 Greßthal

格赖瑙 Grainau

格勒本采尔 Gröbenzell

格雷丁 Greding

格里斯巴赫 Untergriesbach

格里斯里德 Görisried

格里斯斯塔特 Griesstätt

格隆河畔普法芬霍芬 Pfaffenhofen an der glonn

格鲁布维格 Grubweg

格伦拜因特 Grünenbaindt

格伦姆哈廷 Greimharting

格伦泰根巴赫 Grüntegernbach

格伦沃尔德 Grünwald

格罗达（下弗兰肯） Geroda (Unterfranken)

格罗尔茨格林 Geroldsgrün

格罗尔茨霍芬 Gerolzhofen

格罗尔芬根 Gerolfingen

格罗尔斯巴赫 Gerolsbach

格罗塞尔芬根 Großelfingen

格罗赛布斯塔特 Großeibstadt

格罗森布兰伯格 Großbrannenberg

格罗森格兰德赫 Großgründlach

格罗森海拉特 Grossheirath

格罗森黑波斯多夫 Großhabersdorf

格罗森霍伊巴赫 Grossheubach

格罗森凯兹瑟斯霍芬 Großkitzighofen

格罗森克伦巴赫 Großköllnbach

格罗森米林 Großmehring

格罗森斯特海姆 Großostheim

格罗森韦德恩 Großwendern

格罗森韦尔泽海姆 Großwelzheim

格罗森温尼克海姆 Großwenkheim

格罗森沃尔波 Großwalbur

格罗斯阿姆施拉格 Großarmschlag

格罗斯贝格 Glosberg

格诺茨海姆 Gnotzheim

格塞尔茨豪森 Gessertshausen

格塞斯 Gesees

格施旺德 Geschwand

格斯特霍芬 Gersthofen

格斯滕斯豪森 Gestungshausen

葛斯维因斯坦 Gößweinstein

根茨堡 Günzburg

根德尔金根 Genderkingen

贡岑海姆 Gunzenheim

贡岑豪森 Gunzenhausen

贡德尔芬根畔克雷姆斯 Gundelfingen an der Donau

贡德尔斯多夫 Gundelsdorf

贡德尔斯海姆（奥博弗兰肯） Gundelsheim (Oberfranken)

古比斯 Kups

哈德尔 Häder

古登堡（上奥斯滕多夫） Gutenberg (Oberostendorf)

古滕贝格 Guttenberg

国王湖 Konigssee

贡德尔斯海姆（特罗伊赫特林根） Gundelsheim (Treuchtlingen)

哈恩巴赫 Hahnbach

哈尔 Haar

哈尔巴赫 Haarbach

哈尔堡（施瓦本） Harburg (Schwaben)

哈尔森巴赫 Halsbach

哈尔斯（帕绍） Hals (Passau)

哈芬诺特 Hafenreut

哈芬普雷帕赫 Hafenpreppach

哈格 Haag

哈伦多夫 Hallerndorf

哈默尔（诺伊塞斯） Hammel (Neusäss)

哈默尔堡 Hammelburg

哈塞尔贝格 Hassenberg

哈斯多夫 Harsdorf

哈斯富尔特 Hassfurt

哈斯拉赫北克罗纳赫 Haßlach bei Kronach

哈斯拉赫城堡 Burghaslach

哈斯拉赫托伊施尼茨 Haßlach bei Teuschnitz

哈斯兰格凯瑞特 Haslangkreit

哈特基兴（波金格） Hartkirchen (Pocking)

哈万根 Hawangen

哈泽尔巴赫（埃皮斯豪森） Haselbach (Eppishausen)

海巴赫 Haibach

海德芬 Haidlfing

海德克 Heideck

海登海姆 Heidelheim

海登海姆 Heidenheim

海登克芬 Haidenkofen

海丁斯费尔德 Heidingsfeld

海恩布亨塔尔 Heimbuchenthal

海恩霍芬 Hainhofen

海恩里希斯塔尔 Heinrichsthal

海尔芬 Halfing

海尔斯布龙 Heilsbronn

海尔斯塔特 Hallstadt

海根布吕肯 Heiligenbrücken

海克多夫艾姆皮林森希 Hechendorf am Pilsensee

海默廷根 Heimertingen

海内尔斯罗伊特 Heinersreuth

海因斯贝格 Heinersberg

豪岑贝格 Hauzenberg

豪恩施泰滕 Haunstetten

豪森（北福希海姆） Hausen (bei Forchheim)

豪森（伦山） Hausen (Rhön)

豪斯哈姆 Hausham

豪斯米林 Hausmehring

赫恩海姆 Hürnheim

赫恩斯多夫 Herrnsdorf

赫尔克海姆 Herkheim

赫尔姆斯泰（弗兰肯） Helmstadt (Unterfranken)

赫斯尔旺 Höslwang

赫泰兹罗斯 Hetzlos

赫希斯塔迪安德艾施 Höchstadt an der Aisch

黑茨莱斯 Hetzles

黑措根奥拉赫 Herzogenaurach

黑尔布斯塔特 Herbstadt

黑尔登斯泰因 Heldenstein

黑尔恩布雷希茨 Helmbrechts

黑尔加茨 Hergatz

黑尔斯布鲁克 Hersbruck

黑根斯韦勒 Hergensweiler

黑里登 Herrieden

黑罗尔茨巴赫 Heroldsbach

黑罗尔茨贝格 Heroldsberg

黑默霍夫 Hemhof

黑姆奥 Hemau

黑普贝格 Hepberg

黑塞尔巴赫 Hesselbach

黑滕斯豪森 Hettenshausen

亨德绍普腾 Hundshaupten

亨敦根 Hendungen

亨芬费尔德 Henfenfeld

亨格尔斯贝格 Hengersberg

亨斯海姆 Herrnsheim

莫赫恩 Mohren

胡梅尔塔尔 Hummeltal

胡图尔姆 Hutthurm

湖畔埃京 Eging am See

霍贝格（欧廷根） Heuberg (Oettingen)

霍恩堡 Hohenburg

霍恩费尔斯（奥贝尔普法茨） Hohenfels (Oberpfalz)

霍恩派森贝格 Hohenpeissenberg

霍恩瑟尔根 Honsolgen

霍恩瓦尔特 HohenwarthHohenwarth

霍尔茨金茨 Holzgunz

霍尔费尔德 Hollfeld

霍尔高 Horgau

霍尔格尔格特 Horgauergreut

霍尔海姆（多瑙河畔迪林根） Holzheim

霍尔海姆 Holheim

霍尔施塔特 Hollstadt

霍尔斯泰因 Hörstein

霍费勒斯 Hofles

霍伊斯特罗伊 Heustreu

霍夫卡兴（多瑙河） Hofkirch

霍赫贝格 Höchberg

霍赫海姆 Höchheim

霍赫林 Heuchling

霍赫旺 Hochwang

霍亨罗特 Hohenrototh

泽尔 Zell1

霍亨瓦尔特（上巴伐利亚） Hohenwart (oberbayern)

霍伦伯恩 Holenbrunn

霍普费劳 Hopferau

霍斯巴赫 Hösbach

霍伊赫海姆（施尔鲁斯勒菲尔德） Heuchelheim (Schlüsselfeld)

霍夫 Hof

基尔夏斯拉 Kirchhaslach

基弗斯费尔登 Kiefersfelden

基姆湖 Chiemsee

基姆湖畔贝尔瑙 Bernau am Chiemsee

基姆湖畔布赖特布伦 Breitbrunn am Chiemsee

基姆湖畔格施塔特 Gstadt am Chiemsee

基普芬贝格 Kipfenberg

基青根 Kitzinge

基希埃伦巴赫 Kirchehrenbach

基希采尔 Kirchzell

基希劳特 Kirchlauter

基希罗特 Kirchroth

基希塞翁 Kirchseeon

基辛 Kissing

基兴代门罗伊特 Kirchendemenreuth

基兴拉米茨 Kirchenlamitz

基兴平加滕 Kirchenpingarten

基兴通巴赫 Kirchenthumbach

吉尔兴 Gilching

加布林根 Gablingen

加滕多夫 Gattendorf

金察 Günzach

金茨河畔埃格 Egg an der Günz

旧拜因特 Altenbaindt

卡茨旺 Katzwang

卡多尔茨堡 Cadolzburg

卡尔明茨 Kallmunz

卡尔施塔特 Karlstadt

卡尔施泰因 Karlsteinbr

卡尔斯费尔德 Karlsfeld

卡尔滕布伦（魏黑拉梅尔） Kaltenbrunn(Weiherhammer)

卡尔滕塔尔（施瓦） Kaltental(Schwaben)

卡莱多夫 Kraisdorf

卡梅尔河畔诺伊堡 Neuburg an der Kammel

卡姆拉赫 Kammlach

卡森多夫 Kasendorf

卡斯特朗海姆 Klosterlangheim

卡斯特利 Castell

凯尔海姆 Kelheim

凯默恩 Kemmern

凯姆纳特 Kemnath

凯斯海姆 Kaisheim

凯特斯豪森 Kettershausen

康尔巴斯多夫 Korbersd

康尔堡 Kornburg

康普巴赫 Koppenbach

康庭根毕尔斯巴赫 Kothigen

考夫博伊伦 Kaufbeuren

柯尼希斯布伦 Konigsbrunn

柯尼希斯多夫 Konigsdorf

科堡附近埃伯斯多夫 Ebersdorf bei Coburg

科堡附近诺伊斯塔特 Neustadt bei Coburg

科尔贝格 Kohlberg

科尔伯莫尔 Kolbenmo

科尔姆贝格 Colmberg

克德尼茨 Kodnitz

克迪茨（下弗兰肯行政区） Koditz

克莱诺斯泰姆 Kleinostheim

克赖灵 Kraillin

克雷德茨 Creidlitz

克里斯加滕 Christgarten

克龙堡 Kronburg

克隆巴赫（弗兰肯） Krombacha (unterfranken)

克鲁格采尔 Krugzell

克伦（士瓦本）
Krumbach

克罗纳赫
Kronach

克罗伊茨韦特海姆
Kreuzwertheim

克罗伊森
Creussen

克罗伊特
Kreuth

克兴
Kosching

肯普滕
Kempten

孔拉茨罗伊特
Konradsreuth

孔讷斯罗伊特
Konnersreuth

库岑豪森（施瓦）
Kutzenhausen

库登
Kuhbach

库尔迈恩
Kulmain

库尔姆巴赫
Kulmbach

库尔姆山麓诺伊施塔特
Neustadt am Kulm

库普弗贝格
Kupferberg

昆罗伊特
Kunreuth

拉本岑德尔
Laubenzendel

拉伯河
Laaber

拉登巴赫
（卡尔施塔特）
Laudenbachk

拉赫恩（施瓦本）
Lachen
（schwaben）

拉梅尔丁根
Lamerdingen

拉明根（拜仁）
Rammingen

拉默贝格
Ramerberg

拉姆
Lahm

拉姆
Lam

拉姆绍贝贝希特斯加登
Ramsau bei
Berchtesgaden

拉姆斯塔尔
Ramsthal

拉农根
Rannungen

拉特尔斯多夫
Rattelsdorf

拉滕基兴
Rattenkirchen

拉希
Rasch

拉因（莱希）
Rainlech

莱昂贝格（上普法尔茨）
Leonberg(oberpfalz)

莱茨里德
Aretsried

莱尔贝格
Lehrberg

莱高
Legau

莱赫的明斯特
Munsterr

莱普海姆
Leipheim

莱契
Reitsch

莱特海姆
Leitheim

莱特肖芬
Leitershofen

莱希河畔兰茨贝格
Landsberg am lech

莱茵豪森
Reinhausen

赖芬贝格（魏勒斯巴赫）
Reifenberg(Weilersbach)

赖森堡
Reisensburg

赖斯巴赫
Reisbach

赖斯哈赫
（上巴伐利亚）
Reischach

赖滕巴赫
Reitenbuch

赖希埃尔德
Reicholzried

赖歇尔茨海姆 Reichertsheim
赖歇尔茨豪森 Reichertshausen
赖歇尔茨霍芬 Reichertshofen
赖歇尔斯博伊埃尔恩 Reichersbeuern
赖兴巴赫（上弗兰肯） Reichenbach
赖兴巴赫（上普法尔茨） Reichenbach(Oberpfalz)
赖因哈特豪森 Reinhartshausen

兰茨胡特 Landshut
兰根（特陶） Langenau(tettau)
兰根森德尔巴赫 Langensendelbach
兰普特豪森 Lempertshausen
朗根岑 Langenze
朗根多夫（埃尔费尔斯豪森） Langendorf
朗库艾德 Langquaid

朗魏德阿姆莱希 Langweid am lech
劳布灵 Raubling
劳恩斯泰因（路德维希施塔特） Lauenstein
劳尔法兰克福 Lohr am main
劳法 Laufach
劳芬 Laufen
劳黑内布拉 Rauhenebrach

劳特（上弗兰肯） Lauter
劳特拉赫 Lautrach
劳特罗芬 Lauterhofen
劳特塔尔 Lautertal
劳英根 Lauingen
老埃尔丁 Altenerding
勒登塔尔 Rodental

勒赫尔恩巴赫 Rohrnbach
勒明根 Lehmingen
雷奥 Rehau
雷茨巴赫 Retzbach
雷多夫 Reundorf
雷格尼茨洛绍 Regnitzlosau
雷根 Regen

雷根斯堡 Regensburg
雷根斯陶夫 Regenstauf
雷肯多夫 Reckendorf
雷姆林根（弗兰肯） Remlingen
雷内尔茨霍芬 Rennertshofen
雷滕贝格 Rettenberg
雷希特梅灵 Rechtmehring

里德（莫海姆） Ried (monheim)
里德 Ried
里德巴赫 Riedbach
里德林根 Riedlingen
里德灵 Riedering
里登 Rieden (oberpfalz)
里登堡 Riedenburg

里登贝格 Riedenberg

里姆斯廷 Rimsting

里内克 Rieneck

里斯伯格 Lisberg

利贝雷茨（普法尔基尔兴） Reichenberg(pfarrkirchen)

利贝雷茨 Reichenberg

利岑多夫 Litzendorf

利达（丁克尔舍尔本） Lindach(Dinkelscherben)

利德 Leeder

利莱斯 Lienlas

利希滕贝格（上弗兰肯） Lichtenberg (oberfranken)

利希滕费尔斯 Lichtenfels

劳本（上阿尔高县） Lauben (oberallgau)

劳本（外阿尔高县） Lauben

林登哈特 Lindenhardt

林区格鲁布 Grub am Forst

卢黑 Luhe

龙斯贝格 Ronsberg

卢普堡 Lupburg

鲁波尔丁 Ruhpolding

鲁德尔梅尔 Rodelmaier

鲁德拉茨霍芬 Ruderatshofen

鲁德廷 Ruderting

鲁根多夫 Rugendorf

鲁曼斯费尔登 Ruhmannsfeldden

路德维希绍尔加斯特 Ludwigschorgast

路德维希斯施塔特 Ludwigsstadt

伦丁 Runding

伦费尔德（维尔茨堡） Lengfeld(wurzburg)

伦格里斯 Lenggries

伦根旺 Lengenwang

伦克海姆 Lenkersh

伦山前奥斯特海姆 Ostheim

伦山前比绍夫斯海姆 Bischofsheim an der Rhön

伦特韦恩斯多夫 Rentweinsdorf

伦廷 Lenting

罗达赫河畔雷德维茨 Redwitz an der Rodach

罗丁 Roding

罗顿 Reuten

罗恩海姆 Ronheim

伊尔姆河畔罗尔巴赫 Rohrbach an der IIm

罗尔多夫 Rohrdorf

下巴伐利亚的罗尔 Rohr in niederbayern

罗根堡 Roggenburg

罗马斯瑞德 Rommelsried

罗萨赫 Rossach

罗森伯格（苏尔茨巴赫－罗森贝格） Rosenberg

罗森海姆 Rosenheim

罗斯 Roth

罗斯菲尔德 Rossfeld

罗斯豪岑 Rossholzen

罗斯豪普滕 Rosshaupten

罗斯豪森 Rothhausen

罗斯劳 Roslau

罗斯伦 Rothlein

罗斯塔尔 Rosstal

罗塔尔明斯特尔 Rotthalmunster

罗塔赫 - 埃根 Rottach-Egern

罗特巴赫 Rottbach

罗特茨 Rotz

罗特河畔鲁斯托夫 Ruhstorf an der Rott

罗特河畔普法芬霍芬 Pfaffen an der Roth

罗腾堡上劳西茨 Rothenburg

罗滕巴赫（阿尔高） Rothenbach

罗滕巴赫 Rothenbach

罗滕巴赫贝圣沃尔夫冈 Rothenbach bei sankt wolfgang

罗滕伯格 Rottenberg

罗滕布赫 Rothenbuch

罗滕费尔斯 Rothenfels

拉伯河畔罗滕堡 Rottenburg an der Laaber

罗滕基兴 Rothenkirchen

洛基兴 Lohkirchen

马尔克泰登费尔德附近埃尔伦巴赫 Erlenbach bei Marktheidenfeld

洛贝格 Lohberg

罗滕施塔特 Rothenstadt

洛伦茨罗伊特 Lorenzre

洛内尔斯塔特 Lonnerstadt

洛普斯根 Lopsingen

洛伊波尔茨格林 Leupoldsgrun

洛伊特尔斯豪森 Leutershausen

洛伊特斯多夫 Leutendorf

洛伊希滕贝格 Leuchtenberg

洛伊兴 Loiching

吕登豪森 Rudenhausen

吕克尔斯多夫（纽伦堡县） Ruckersdorf

吕特茨伯格 Lutzelburg

马措尔 Marzoll

马尔克茨特夫特 Marktsteft

马尔克茨肖尔加斯特 Marktschorgast

马尔克措伊尔恩 Marktzeu

马尔克泰登费尔德 Marktheidenfeld

罗伊特 Reuth

马尔克特 埃尔巴赫 Markt erlbach

马尔克特 艾内尔斯海姆 Markt einersheim

马尔克特 瓦尔德 Markt wald

马尔克特格赖茨 Marktgraitz

马尔克特洛伊加斯特 Marktleugast

马尔克特洛伊滕 Marktletleuthen

马尔克托贝尔多尔夫 Marktoberdorf
马尔洛夫斯塔因 Marloffstein
马根特豪森 Margertshausen
马克莎森 Machtilshausen
马克斯格里 Marxgrun
马克斯许特－海德霍夫 Maxhutte-Haidhof
马克特 比巴特 Markt bibart

马克特 拉滕贝格 Markt rettenbach
马克特 诺德海姆 Markt nordheim
马克特 施瓦本 Markt schwaben
马克特 因德斯多夫 Markt indersdorf
马克特贝格尔 Marktbergel
马克特－贝罗尔茨海姆 Markt-be
马克特布赖特 Marktbreit

马克特谢伦贝格 Marktschellenberg
马克特尔 Marktl
马勒斯多夫－普法芬贝格 Mallersdorf-pfaffenberg
马勒斯多夫 Mallersdorf
马罗尔茨魏萨 Maroldsweisach
马瑞 Mahring
马斯巴赫 Massbach

马斯曼肖芬 Muthmannshofen
马特意斯 Mattsies
马辛 Massing
玛丽・罗斯 Marienroth
玛丽亚・施泰因巴赫 Maria steinbach
迈埃勒芬 Maierhofen
迈行 Malching

迈纳沙夫 Mainaschaff
迈萨赫 Maisach
迈滕贝特 Maitenbeth
迈耶霍夫 Meierhof
迈因堡 Mainburg
迈因贝尔恩海姆 Mainbernheum
迈因洛伊斯 Mainleus

麦克特尔的维茨 Marktredwitz
曼萨拉格特 Manslagt
曼特尔 Mantel
曼兴 Manching
毛埃尔斯特滕 Mauerstetten
梅德 Meeder
梅尔肯多夫 Merkendorf

梅尔里希斯塔特 Mellrichstadt
梅尔迈塞尔 Mehlmeisel
梅灵 Mering
梅梅豪茨 Memholz
梅明格贝格 Memmingberg
梅明根 Memminge
梅默尔斯多夫 Memmelsdorf

梅斯珀尔布伦
Mespelbrunn

梅滕
Metten

梅滕海姆
Mettenheim

美因布劳
Mainbullau

美因河畔埃尔伦巴赫
Erlenbach am Main

美因河畔奥伯恩堡
Obernburg am Main

美因河畔蔡尔
Zeil

美因河畔策尔
Zellm

美因河畔弗里肯豪森
Frickenhausen am Main

美因河畔格明登
Gemünden am Main

美因河畔洪堡
Homburg am Main

美因河畔霍斯塔特
Hochstadt am Main

美因河畔卡尔
Kahl am ,Main

美因河畔卡尔施泰因
Karlstein am Main

美因河畔克林根贝格
Klingenberg am main

美因河畔沃尔斯
Wörth am Main

门布里斯
Mombris

门希贝格
Monchberg

蒙海姆（施瓦）
Monheim

蒙卡尔顿
Monchrod

米尔豪森（多瑙河畔诺伊施塔特）
Muhlhausen
（Neustadt an der donau）

米尔豪森（上普法尔茨）
Muhlhausen（Oberpfalz）

米尔滕贝格
Miltenberg

米卢豪森
Muhlhause

米森－维尔哈姆斯
Missen-wilhams

米斯巴赫
Miesbach

米斯特尔高
Mistelga

米特尔施泰滕
Mittelstetten

米特泰希
Mitterteich

米特维茨
Mitwitz

米滕瓦尔德
Mittenwald

明德尔海姆
Mindelheim

明德尔施泰滕
Mindelstetten

明斯特劳森
Munsterhausen

明希贝格
Munchber

明希斯明斯特尔
Munchsmunster

明辛格
Munsing

摩根布伦
Moggenbrunn

莫斯巴赫
Moosbach

莫斯堡
Moosburg

莫斯特宁格
Moosthenning

莫滕
Motten

默尔恩斯海姆
Mornsheim

默廷根
Mottingen

慕尼黑附近格拉芬
Grafing bei München

慕尼黑
Munchen

穆尔巴赫（卡尔士达特）
Muhlbach（karlstadt）

穆根多夫
Muggendorf

穆纳斯塔特
Munnerstadt

穆瑞德 Muhlried

纳布堡 Nabburg

纳厄穆明根 Nahermemmingen

纳格尔 Nagel

纳森费尔斯 Nassenfels

纳斯尔巴赫 Nesslbach

纳斯尔旺 Nesselwang

纳特尔考芬 Nettelkofen

奈拉 Naila

奈斯（克罗纳赫） Neuses(Kronach)

奈斯的伯格 Neuses am berg

内恩格伦 Neuengrun

内尔辛根 Nersinge

嫩斯林根 Nennslin

尼德埃多夫 Niederaudorf

尼德里登 Niederrieden

尼德罗芬（奥廷根） Niederhofen

尼特瑙 Nittenau

尼廷根 Nittingen

纽德林根 Nudlingen

纽豪斯（奥夫塞斯） Neuhausb (Aufsess)

佩格尼茨河畔纽豪斯 Neuhaus an der Pegnitz

纽伦堡 Nurnberg

纽因堡 Neuburg

诺德海姆（多瑙沃特） Nordheim

诺德林根 Nordlingen

诺德斯 Neudes

诺尔德海姆福尔德尔伦 Nordheim vor der Rhon

诺坊 Neufang

诺嫩霍尔恩 Nonnenhorn

诺伊阿尔本罗伊特 Neualbenreuth

诺伊德罗森费尔德 Neudrossenfeld

诺伊厄廷格 Neuotting

诺伊恩德特尔绍 Neuendettelsau

诺伊基尔兴－巴尔比尼 Neukirchen-balbini

诺伊基兴湖西姆斯 Neukirchen am simssee

诺伊马克特 Neumarkt der Oberpfalz

诺伊马克特－圣法伊特 Neumarkt-Sankt Veit

诺伊塞斯 Neusass

诺伊施塔特多瑙河 Neustad an der Donau

诺因布尔格福尔姆瓦尔德 Neunburg vorm Wald

诺因多夫 Neundorf

欧波哈赫 Oberhaching

莱尔霍芬 Zeilhofen

帕尔克斯泰因 Parkstein

帕尔克斯特滕 Parkstetten

帕尔斯贝里 Parsberg

帕绍 Passau

帕坦 Partenkirchen

帕特茨菲尔德
Pautzfeld

派森贝格
Peissenberg

派森贝格附近奥伯豪森
Oberhausen bei Peissenberg

派因滕
Painten

潘培廷
Peiting

庞镇
Pang

佩茨塔特
Pettstadt

佩尔海姆
Pellheim

佩尔莱斯罗伊特
Perlesreut

佩格尼茨
Pegnitz

佩格尼茨河畔劳夫
Lauf

佩格尼茨河畔勒滕巴赫
Rothenbach an der pegnitz

彭茨贝格
Penzberg

彭清
Penzing

皮尔鲍姆
Putzbrunn

皮尔克
Pirk

皮尔斯廷格
Pilsting

皮格穆斯
Pilgrams

皮特兴
Pietzing

皮歇尔斯罗伊特
Puchersreuth

平茨贝格
Pinzberg

珀尔恩巴赫
Pornbach

珀特梅斯
Pottmes

普法尔基尔兴
Pfarrkirchen

普法尔魏萨
Pfarrweisach

普法芬
Pfaffing

普法芬豪森
Pfaffenhausen

普法芬山
Pfaffenberg

普法若多夫
Pfraundorf

普费芬豪森
Pfeffenhausen

普费拉姆菲尔德
Pflaumfeld

普夫赖姆德
Pfreimd

普大龙滕
Pfronten

普弗灵
Pforring

普富尔
Pfuhl

普拉内格
Planegg

普拉特灵
Plattlin

普莱斯泰因
Pleystein

普莱希
Plech

普莱因费尔德
Pleinfel

普兰廷
Pleintin

普勒斯
Pless

普勒斯贝格
Plossberg

普雷茨费尔德
Pretzfeld

普雷萨特
Pressath

普雷塞克
Presseck

普雷西希
Pressig

普里恩基姆湖
Prien am chiemsee

普里森多夫
Priesendorf

普申多夫 Puschendorf

普里希森斯塔特 Prichsenstadt

齐姆密门 Zimmernm

齐尔泰姆 Ziertheim

齐恩多夫 Zirndorf

齐格斯海姆 Zirgesheim

齐梅茨豪森 Ziemetsh

上阿斯巴赫 Oberasba

上阿默高 Oberammergau

乔治贝格 Georgenberg

瓦尔多（阿尔高） Waldo

萨勒河畔巴特诺伊施塔特 Bad Neustadt an der Saale

萨勒河畔乌尔佛豪森 Wülferhausen an der Saale

瑞思 Reith

上埃亨巴赫 Oberehrenbach

上埃尔斯巴赫 Oberelsbach

上埃申巴赫 Obereschenbach

上奥斯滕多夫 Oberstendorf

上巴尔丁根 Oberbechingen

上拜恩地区哈格 SHaag in Oberbayern

上阿斯巴赫 Oberasbach (Gunzenhausen)

上多灵 Oberdolling

上恩布赖特 Obernbreit

上拜恩魏尔海姆 Weilheim in Oberbayern

上比尔伯赫 Oberbibrach

上贝格基兴 Oberbergkirchen

上贝若恩 Oberbeuren

上迪尔巴赫 Oberdurrbach

上哈特茨考芬 Oberhatzkofen

上弗兰肯地区海利根施塔特 Heiligenstadt in Oberfranken

上恩策尔 Obernzell

上弗兰肯地区米歇劳 Michelau in Oberfranken

上格尔马亨根 Obergermaringen

上菲希塔赫 Oberviechtach

上费尔巴赫 Oberfull

上劳特尔 Oberlauter

上卡姆拉赫 Oberkammlach

上朗根斯塔特 Oberlangenstadt

上科曹 Oberkotz

上莱希特尔斯巴赫 Oberleichtersbach

上豪希斯塔德特（维森堡） Oberhochst

上金茨堡 Obergunzburg

上屈本巴赫 Obertrubenbach

上普法尔茨－魏登 Weiden in der Oberpfalz

上普法尔茨地区埃申巴赫 Eschenbach in der Oberpfalz

上米歇尔巴赫 Obermichelbach

上罗伊特 Oberreute

上若林 Oberroning

上若达希 Oberrodach

上沙因费尔德 Oberscheinfeld

上舍恩贝格 Oberschoneberg

上舍内格 Oberschonegg

上施莱斯海姆 Oberschleissheim

上斯坦姆 Oberstimm

上斯特罗伊 Oberstreu

上苏尔茨巴赫（莱尔贝格） Obersulzbach

上陶夫基兴 Obertaufkirchen

上特鲁巴赫 Obertrubach

上图尔巴 Oberthulba

上辛恩 Obersinn

深施托克海姆 Tiefenstockheim

圣塔玛丽亚 Aufkirchen

施塔弗尔湖畔穆尔瑙 Murnau

施陶芬 Oberstaufen

施瓦本地区基希海姆 Kirchheim in Schwaben

塔尔梅兴 Thalmass

塔费廷根 Tafertingen

塔普夫海姆 Tapfheim

塔森尔特 Theisenort

塔斯灵 Tussling

泰尔斯坦因 Thierste

泰根湖畔格蒙德 Gmund am Tegernsee

泰赛尔 Theisseil

泰森多夫 Teisendorf

泰斯巴赫 Teisbach

泰陶 Tettau

泰兴 Teising

坦豪森 Thannhausen

唐菲尔德 Thungfel

唐斯特（施托尔曼县） Tann(niederbayern)

陶伯河上游罗滕堡 Rothenburg der tauber

陶夫基兴 Taufkirchen

特格尔恩 Tegernsee

特拉比茨 Trabitz

特拉普斯塔特 Trappstadt

特劳恩施泰因 Traunstein

特雷布加斯特 Trebgast

特里芬斯泰因 Triefenstein

特里夫滕 Triftern

特伦克尔斯贝格 Trunkelsberg

特伦施塔特 Trunstadt

特罗多夫 Trosdorf

特罗根 Trogen

特罗肯 Trockau

特罗斯特贝格 Trostberg

特罗斯托 Trostau

特罗伊希林根 Treuchtlingen

特罗因罗伊特 Traunreut

特姆贝格 Trimberg

特内斯贝格 Tannesberg

特滕魏斯 Tettenweis

特希巴赫 Tuchenbach

滕恩菲尔德 Trennfeld

滕弗特 Trennfur

廷格尔斯海姆 Thungersheim

通滕豪森 Tuntenhausen

图尔巴河 Thulba

图尔瑙 Thurnau

图青 Tutzing

图森豪森 Tussenhausen

图斯包恩 Thuisbrunn

托彭 Topen

托瑞因 Torring

托伊布利茨 Teublitz

托伊施尼茨 Teuschnitz

瓦德克莱堡 Waldkraiburg

瓦尔 Waal

瓦尔达沙夫 Waldaschaff

瓦尔德 Waldg

瓦尔德比特尔布伦 Waldbuttelbrunn

瓦尔德尔斯霍夫 Waldershof

瓦尔德基尔兴 Waldkirchen

瓦尔德克（凯姆纳特） Waldeck (Kemnath)

瓦尔德慕兴 Waldmünchen

瓦尔德纳布河畔诺伊施塔特 Neustadt an der Waldnaab

瓦尔德萨森 Waldsassen

瓦尔德施泰滕（冈兹堡） Waldstetten (Günzburg)

瓦尔德图恩 Waldthurn

瓦尔科赛奇 Walkersaich

瓦尔斯多尔夫（上弗兰肯） Walsdorf (Oberfranken)

瓦尔特曼斯罗特 Wartmannsroth

瓦尔腾霍芬 Waltenhofen

瓦尔滕贝格（巴伐利亚） Wartenberg (Bayern)

瓦尔廷 Walting

瓦亨罗特 Wachenroth

瓦克斯贝格 Wackersberg

瓦勒斯多夫 Wallersdorf

瓦伦费尔斯 Wallenfels

瓦门施泰纳赫 Warmensteinach

瓦曲 Vach

瓦塞堡（博登湖） Wasserburg (Bodensee)

瓦塞尔特吕丁根 Wassertrüdingen

瓦瑟洛森 Wasserlosen

瓦腾弗尔斯 Wartenfels

瓦腾威勒 Wattenweiler

威登海姆（沃特曼斯罗斯） Windheim (Wartmannsroth)

瓦滕多夫 Wattendorf

威丁 Weiding

威尔登（施瓦本） Welden (Schwaben)

威尔登沃特 Wildenwart

威尔洛夫斯 Willofs

威尔士豪森 Willishausen

威勒挨姆奥加 Weiler im Allgäu

威勒－西梅尔贝格 Weiler-Simmerberg

威廉斯塔尔 Wilhelmsthal

威莫斯泰尔 Wirmsthal

威瑟罗斯 Wasserlos

威斯滕多夫圣彼得 Westerndorf St. Peter

韦臣里德 Weichenried

韦恩巴赫 Waizenbach

韦尔策 Wörthsee

韦尔登 Velden

韦尔登河畔法尔斯 Velden an vils

韦尔恩贝尔格－克布利茨 Wernberg-Köblitz

韦尔海姆 Wellheim

韦尔尼茨施泰因 Wörnitzstein

韦尔塔赫 Wertach

韦尔廷根 Wertingen

韦格沙伊德 Wegscheid

韦克斯勒尔 Völkersleier

韦利奇 Welitsch

韦姆丁 Wemding

韦斯林格 Weßling

韦斯泰姆北奥格斯堡 Westheim bei Augsburg

韦斯特尔恩格伦德 Westerngrund

韦斯特海姆（哈默尔堡） Westheim (Hammelburg)

韦特施泰滕 Wettstetten

韦特尔斯海姆 Wettelsheim

韦斯特赖姆（外阿尔高） Westerheim (Unterallgäu)

韦欣根 Weisingen

韦亚恩 Weyarn

维茨 Marktredwitz

维恩菲尔德 Wernfeld

维尔茨堡 Würzburg

维尔德波尔茨里德 Wildpoldsried

维尔德弗莱肯 Wildflecken

维尔德哥廷根 Wiedergeltingen

维尔登罗伊特 Wildenreuth

维尔黑姆斯多夫 Wilhermsdorf

维尔马尔斯 Willmars

维尔斯贝格 Wirsberg

维尔斯玛特霍芬 Willmatshofen

维根斯巴赫 Wiggensbach

维兰茨海姆 Willanzheim

维森塔尔 Wiesenttal

维森陶 Wiesenthau

维森特海德 Wiesentheid
维绍 Wiesau
维特斯多夫 Weitersdorf
维特斯灵根 Wittislingen
维希塔赫巴 Viechtach
魏伯斯布伦 Weibersbrunn
北科堡的魏德豪森 Weidhausen bei Coburg

魏德豪斯 Waidhaus
魏登贝格 Weidenberg
魏恩贝格 Wernberg
魏恩泽尔莱恩 Weinzierlein
魏尔哈默 Weiherhammer
魏勒斯巴赫（上普法尔茨） Weilersbach (Oberpfalz)
魏尔廷根 Weiltingen

魏塞诺黑 Weissenohe
魏森（下弗兰肯） Wiesen (Unterfranken)
魏森布伦 Weißenbrunn
魏森布伦埃姆福斯特 Weißenbrunn am Forst
魏森多夫 Weisendorf
魏森菲尔德 Wiesenfeld
魏森霍恩 Weissenhorn

魏森施塔特 Weissenstadt
魏森斯贝格 Weissensberg
魏申费尔德 Waischenfeld
魏斯多夫 Weissdorf
魏斯美因 Weismain
魏特拉姆斯多夫 Weitramsdorf
魏特曼斯贝格 Witzmannsberg

魏特瑙 Weitnau
魏兹巴赫 Waizenbach
温德海姆（米内尔斯塔特） Windheim (Münnerstadt)
温茨巴赫 Windsbach
温德海姆（林山麓施泰因巴赫） Windheim (Steinbach am Wald)
温策尔 Winzer
温迪施埃申巴赫 Windischeschenbach

温迪施彻巴赫 Windischhausen
温多夫 Windorf
温克尔海德 Winkelhaid
温克拉恩（普法尔茨） Winklarn (Oberpfalz)
温特豪森 Winterhausen
温特莱登 Winterrieden
文德尔施泰因 Wendelstein

文森霍尔 Winzenhohl
文西德尔 Wunsiedel
翁格劳森 Ungerhausen
翁塞斯 Wonfurt
翁塞斯 Wonsees
翁斯莱本 Unsleben
翁塔埃斯巴赫 Unterasbach

翁塔毕斯兴根 Unterbissingen | 翁特尔格拉斯瑟 Untergrasensee | 翁特尔莱因莱特尔 Unterleinleiter | 翁特尔罗达赫 Unterrodach | 翁特尔梅尔茨巴赫 Untermerzbach | 翁特尔廷高 Unterthingau | 翁特尔乌姆巴赫 Unterwurmbach

翁特尔西莫 Untersiemau | 翁特赖特 Unterreit | 米特翁特雷格 Untereggua Mitte | 翁特罗特 Unterroth | 翁特施莱斯海姆 Unterschleissheim | 沃尔巴赫（施瓦本） Wollbach (Schwaben) | 沃尔巴赫（下弗兰肯） Wollbach (Unterfranken)

沃尔伯格 Waldberg | 沃尔德（东阿尔高） Wald (Ostallgäu) | 沃尔德（贡岑豪森） Wald (Gunzenhausen) | 沃尔德邦（下弗兰肯） Waldbrunn (Unterfranken) | 沃尔恩察赫 Wolnzach | 沃尔夫厄斯文登 Wolfertschwenden | 沃尔夫拉茨豪森 Wolfratshausen

沃林根 Woringen | 沃尔夫斯贝格（上特鲁巴赫） Wolfsberg (Obertrubach) | 沃尔夫斯格伦 Wolfersgrün | 沃尔克斯多夫 Wolkersdorf | 沃尔莱施瓦格 Wörleschwang | 沃尔姆斯特霍芬 Wollmetshofen | 沃尔斯奥尔海默 Wölsauerhammer

沃尔斯豪森 Wollishausen | 沃格滕多夫 Vogtendorf | 沃勒斯坦 Wallerstein | 沃尔夫拉姆斯－埃申巴赫 Wolframs-Eschenbach | 沃塞鸥 Wölsau | 沃森里德 Warzenried | 沃特埃尔斯多夫 Wötzelsdorf

乌尔菲斯豪森 Wülfershausen | 乌芬海姆 Uffenheim | 乌姆罗斯豪森 Umratshausen | 乌萨哈恩 Unsernherrn | 乌斯特尔斯巴赫 Ustersbach | 乌特尔穆巴赫 Unterumbach | 乌滕罗伊特 Uttenreuth

伍伦施泰滕 Wullenstetten | 武尔曼斯奎克 Wurmannsquick | 希茨霍芬 Hitzhofen | 希尔波尔特施泰因 Hilpoltstein | 希尔布林根 Hirblingen | 希尔德巴赫 Hildenbach | 希尔赫策尔 Hirschzell

希尔沙伊德 Hirschaid

希尔绍（上普法尔茨）Hirschau (Oberpfalz)

希尔特波尔茨泰因 Hiltpoltstein

希默尔克龙 Himmelkron

希滕克莱赫恩 Hittenkirchen

希因斯贝格 Hirnsberg

下埃萨尔 NiedrAschau

下贝格基兴 Niederbergkirchen

下菲尔巴赫 Niederfullbach

下弗兰肯通多夫 Thundorf in unterfranken

下哈兴 Unterhaching

下拉梅茨 Niederlamitz

下劳埃尔 Niederlauer

下劳特 Unterlaut

下门兴 Untermenzing

下米尔豪森 Untermuhlhausen

下普法芬豪芬 Unterpfaffenhofen

下舍嫩费尔德 Niederschonenfeld

下施泰纳赫 Untersteinach

下施瓦宁根 Unterschwaningen

下松特霍芬 Niedersonthofen

下陶夫基兴 Niedertaufkirchen

克莱因霍伊巴赫 Kleinheubach

克莱因卡尔 Kleinkahl

克莱因朗海姆 Kleinlangheim

克莱因森德尔巴赫 Kleinsendelbach

克莱因瓦尔施塔特 Kleinwallstadt

新博伊恩 Neubeuern

新布伦 Neubrunn

新明斯特 Donaumünster

新乌尔姆 Neuulm

亚亨奥 Jachenau

延根 Jengen

耶岑多夫 Jetzendorf

耶滕巴赫 Jettenbach

耶廷根 - 舍帕 Jettingen-scheppach

耶廷根（耶廷根 - 舍帕）Jettinge

伊茨格伦德 Itzgrund

伊尔明斯特尔 Illmunster

伊尔姆河畔普法芬霍芬 Pfaffen an der 1lm

伊尔塞 Irsee

伊尔申贝格 Irschenberg

伊尔兴里特 Irchenrieth

伊弗尔多夫 Effeldorf

伊福芬 Iphofen

伊根斯多夫 Igensdorf

伊勒贝格 Illerberg

伊勒蒂森 Illertissen

伊勒河畔凯尔明茨 Kellmünz an der Iller

伊萨尔河谷普拉赫
Pullach im
lsartal

伊萨尔河畔兰道
Landau an der
lsar

伊萨尔河畔沃尔斯
Wörth an der Isar

伊森
Isen

伊斯曼宁
Ismaning

伊西高
Issigau

伊兴豪森
Ichenhausen

伊因兴
Irnsing

以德伊勒
Ay an der Iller

因戈尔施塔特
Ingolstadt

因河畔阿绍
Aschau am Inn

因河畔努斯多夫
Nussdorfi

因河畔诺伊堡
Neuburg

因河畔诺伊豪斯
Neuhaus am Inn

因河畔诺伊基兴
Neukirchen am
inn

因河畔特金格
Toging am Inn

因河畔瓦塞尔布
尔格

因兴霍芬
Inchenhofen

尤德茨
JoditzJoditz

于巴赫
Überbach

于尔费尔德
Uehlfeld

约翰内斯贝格
Johannesberg

北莱茵－威斯特法伦州
Nordrhein-Westfalen

阿尔梅
Alme

阿恩斯贝格
Arnsberg

阿尔彭
Alpen

埃尔普（埃尔夫特施塔特）
Erp (Erftstadt)

阿尔特纳
Altena

阿尔滕贝格
Altenberge

阿尔滕贝肯
Altenbeken

阿尔滕多夫
Altendorf

阿费尔德
Afferde

阿费尔恩
Affeln

阿豪斯
Ahaus

阿诺德哈姆雷特
Arnoldsweiler

阿斯贝克
Arsbeck

阿斯贝克
Asbeck 1969

阿滕多尔恩
Attendorn

埃尔伯费尔德
Elberfeld

埃尔恩特布吕克
Erndtebrück

埃尔夫特施塔特
Erftstadt

埃尔克伦茨
Erkelenz

埃尔斯多夫
Elsdorf

埃尔滕
Elten

埃尔维特
Erwitte

埃费尔斯温克尔
Everswinkel

埃格斯特
Ergste

埃赫施尔特
Eicherscheidt

埃克拉斯
Erkrath

埃克斯特塔尔
Extertal
埃克逊（克罗伊茨塔尔）
Eichen (Kreuztal)
埃勒
Erle
埃利茨豪森
Eilshausen
埃林根福德
Eringerfeld
埃灵斯豪森
Ehringhausen
埃伦费尔德
Ehrenfeld

埃蒙特
Elmpt
埃姆斯代滕
Emsdetten
埃姆斯的格雷文莱斯特
Greven rechts der Ems
埃纳
Rheine
埃尼格尔洛
Ennigerloh
埃佩（格罗瑙）
Epe (Gronau)
埃斯贝克
Esbeck

埃森菲尔德
Eiserfeld
埃森－福格尔海姆
Essen-Vogelheim
埃森－施塔特凯恩
Essen-Stadtkern
埃施韦勒
Eschweiler
埃森
Essen
埃斯洛黑
Eslohe
埃斯珀尔坎普
Espelkamp

埃文斯贝格
Eversberg
埃西格
Essig
埃希特豪森
Echthausen
艾贝格
Eiberg
艾比斯罗
Ebbesloh
艾克霍斯特
Eickhorst
艾克沃姆
Eickum

艾琳豪森
Erlinghausen
艾默里奇
Emmerich
艾姆瑟昂姆
Emmelsum
艾托夫
Eitorf
爱伦多夫（亚琛）
Eilendorf (Aachen)
安格蒙德
Angermund
安霍尔特
Anholt

安勒希特
Anröchte
特维斯特埃登
Twisteden
奥埃尔－埃尔肯施维克
Oer-erkenschwick
奥埃特
Oedt
奥伯恩图多夫
Oberntudorf
奥伯豪森
Oberhausen
奥登多夫
Odendorf

奥登基兴
Odenkirc
奥登塔尔
Odenthal
奥丁
Oeding
奥丁根
Oedingen
奥尔芬
Olfen
奥尔珀兰德
Olpeland
奥尔索伊
Orsoy

奥弗蒂克 Opherdicke	奥弗拉特 Overath	奥古斯多夫 Augustdorf	奥克 Ork	奥勒 Ohle	奥坡登 Opladen	奥普斯普格 Upsprunge

奥斯博 Olsberg	奥斯特费尔德（奥伯豪森） Osterfeld(Oberhausen)	奥斯特费尔施 Osterflierich	奥斯特格 Ostwig	奥斯特赫尔德 Osthelde	奥斯特卡韦尔 Ostkilver	奥斯特琪 Osterath

奥斯特韦赫 Osterwiehe	奥特鲁普 Ochtrup	奥滕斯泰因 （阿豪斯） Ottenstein	奥伊斯基 Euskirchen	巴本豪森（比勒费尔德） Babenhausen (Bielefeld)	巴德 － 萨尔佐夫伦 Bad Salzuflen	巴德 － 萨森多夫 Bad Sassendorf

巴登贝格 Bardenberg	巴尔恩特鲁普 Barntrup	巴尔夫 Balve	巴克河 Bockenbach	巴门 Barmen	巴门（利希） Barmen (Jülich)	巴斯韦勒 Baesweiler

巴特贝勒堡 Bad Berleburg	巴特德里堡 Bad Driburg	巴特恩豪森 Bad Oeynhausen	巴特洪内夫 Bad Honnef	巴特拉斯菲 Bad Laasphe	巴特利普斯普林格 Bad Lippspringe	巴特迈恩贝格 Bad Meinberg

巴特明斯特艾弗尔 Bad Münstereifel	巴特温嫩贝格 Bad Wünnenberg	柏科（德尔布吕克） Boke (Delbrück)	柏斯特（特尼 斯福尔斯特） Vorst	拜德哥德斯堡 Bad Godesberg	北基兴 Nordkirchen	贝德堡 Bedburg

贝德堡豪 Bedburg-Hau	贝顿多夫（阿尔斯多夫） Bettendorf (Alsdorf)	贝尔吉施 － 诺伊基 Bergisch Neukirchen	贝尔吉施格拉德巴赫 Bergisch Gladbach	贝费龙根 Beverungen	贝格（安勒希特） Berge (Anröchte)	贝格海姆 Bergheim

贝格海姆 Bogheim | 贝格卡门 Bergkamen | 贝格诺伊施塔特 Bergneustadt | 贝克 Becke | 贝克 Beeck | 贝克（杜伊斯堡） Beeck (Duisburg) | 贝库姆 Beckum

贝库姆 Neubecku | 贝莱克 Belecke | 贝勒 Beller | 贝勒斯庭 Bielstein | 贝伦 Beelen | 贝伦森 Bellersen | 贝斯特维希 Bestwig

本多夫 Bentorf | 本拉特 Benrath | 本宁豪森 Benninghausen | 本斯堡 Bensberg | 本特费尔德 Bentfeld | 本特勒尔 Benteler | 比尔滕 Birten

比勒贝克（科埃斯费尔德） Billerbeck (Coesfeld) | 比勒费尔德 Bielefeld | 比勒梅尔瑞茨 Billmerich | 比嫩 Bienen | 比瑞恩 Bieren | 比斯利希 Bislich | 比特根 Büttgen

彼得·哈根 Petershagen | 波恩 Bonn | 波塔韦斯特法利卡 Porta westfalica | 伯克 Berk | 伯嫩 Bönen | 博登基兴 Bontkirchen | 博恩海姆 Bornheim

博恩霍尔姆 Bornholte | 博尔贝克 Borbeck | 博尔格霍尔茨豪森 Borgholzhausen | 博尔根特赖希 Borgentreich | 博尔特 Borth | 博尔兴 Borchen | 博格河畔武佩尔 Burg an der Wupper

博霍尔特 Bocholt | 博肯 Borken | 博瑞赫姆 Bourheim | 博斯帕德 Bösperde | 博特罗普 Bottrop | 博伊尔 Beuel | 布德贝格 Budberg

布尔巴赫（席根兰）
Burbach
(Siegerland)

布尔德拉
Bredelar

布尔沙伊德
Burscheid

布肯（锡根）
Buchen
(Siegen)

布拉茨海姆
Blasiwald

布拉赫伦
Brachelen

布拉赫特
Bracht

布拉克尔（威斯特法伦）
Brakel (Westfalen)

布拉克韦德
Brackwede

布兰德（亚琛）
Brand (Aachen)

布兰肯贝格
Blankenberg

布兰肯海姆
Blankenheim

布兰肯斯泰因
Blankenstein

布雷登
Bredeny

布雷登布朗
Bredenborn

布雷克尔费尔德
Breckerfeld

布里隆
Brilon

布里曼（苏斯特）
Bremen (Soest)

布隆贝格
Blomberg

布鲁根（菲尔森）
Brüggen
(Viersen)

布鲁豪森（阿恩斯贝格）
Bruchhausen
(Arnsberg)

布鲁威尔（普尔海姆）
Brauweiler
(Pulheim)

布伦（威斯特法伦）
Büren (Westfalen)

布罗赫特贝克
Brochterbeck

布吕尔
Brühl

布施豪森
Buschhausen

刺山
Kirchdornberg

达布林赫森
Dabringhausen

达勒
Dahle

达勒姆
Dahlem

达特尔恩
Datteln

大雷肯
Groß Reken

戴林霍芬
Deilinghofen

德尔布吕克
Delbrück

德尔肯
Dülken

德莱尔瓦德
Dreierwalde

德雷维娜
Drevenack

德里克斯魏勒
Derichsweiler

德林根贝格
Dringenberg

德鲁费尔
Druffel

德伦斯泰
因富尔特
Drensteinfurt

德伦特鲁普
Dörentrup

德罗尔斯哈根
Drolshagen

德特莫尔德
Detmold

迪尔门
Dülmen

迪根德
Dingden

迪伦
Düren

迪思特尼茨
Disternich

迪斯福特
Diersfordt

东贝沃恩
Ostbevern

杜伦维斯
Dürwiss

杜纳恩
Dünne

杜斯缇克温
Dünstekoven

杜伊斯堡
Duisburg

多尔马根
Dormagen

多尔斯滕
Dorsten

多芬
Drove

多普
Dorp

多特蒙德
Dortmund

厄贝克
Rebbeke

厄尔德
Oelde

厄灵豪森
Oerlinghausen

厄斯班
Oesbern

厄温托夫
Oeventrop

恩多夫
Endorf

恩格
Enger

恩格斯多夫
Engelsdorf

恩格斯基兴
Engelskirchen

恩克豪森
Enkhausen

恩讷珀塔尔
Ennepetal

恩宁洛赫
Ennigloh

恩瑟
Ense

尔斯佩
Elspe

法恩豪茨
Varenholz

法尔伯特
Valbert

法尔米德
Velmede

法拉尔
Verlar

法伦赛尔
Varensell

凡尔纳
Verne

菲尔森
Viersen

菲林豪森
Fellinghausen

菲斯贝克
Visbeck

腓特烈斯多夫（居特斯洛）
Friedrichsdorf
(Gütersloh)

腓特烈斯费尔德
Friedrichsfeld

费恩多夫
Ferndorf

费尔
Verl

费尔贝特
Velbert

费尔登（马林明斯特）
Vörden
(Marienmünster)

费尔劳姆
Vernum

费尔斯莫尔德
Versmold

费林豪森
Vollinghausen

费灵恩
Vynen

费施莱肯
Fischlaken

费侍魏斯
Vettweiss

芬嫩特罗普
Finnentrop

弗尔特
Veert

弗莱艾登霍芬
Freialdenhoven

弗莱尔斯布鲁赫
Freisenbruch

弗赖恩奥尔 Freienohl | 弗兰肯贝格 Fleckenberg | 弗雷德堡 Fredeburg | 弗雷肯霍斯特 Freckenhorst | 弗雷兴 Frechen | 弗里斯海姆 Friesheim | 弗林 Vluyn

弗卢岑 Flüren | 弗伦茨贝格 Frönsberg | 弗伦登贝格 Fröndenberg | 弗罗茨海姆 Froitzheim | 弗罗伊登贝格 Freudenberg | 弗洛托 Vlotho | 弗森尼赫 Füssenich

弗维克尔 Vohwinkel | 福埃尔德 Voerde | 福斯特（亚琛） Forst (Aachen) | 福斯温克尔 Vosswinkel | 盖尔森基兴 Gelsenkirchen | 盖伦基兴 Geilenkirchen | 盖舍 Gescher

盖沃尔斯贝格 Gevelsberg | 甘格尔特 Gangelt | 戈尔 Gohr | 戈赫 Goch | 戈特斯维克汉姆 Götterswickerhamm | 哥斯特鲁普 Göstrup | 格德瑞坦 Gerderath

格尔贝克 Garbeck | 格尔德恩 Geldern | 格哈登（布拉克尔） Gehrden (Brakel) | 格哈伦 Gahlen | 格拉德巴赫（费特魏斯） Gladbach (Vettweiss) | 格拉德贝克 Gladbeck | 格拉夫拉特 Gräfrath

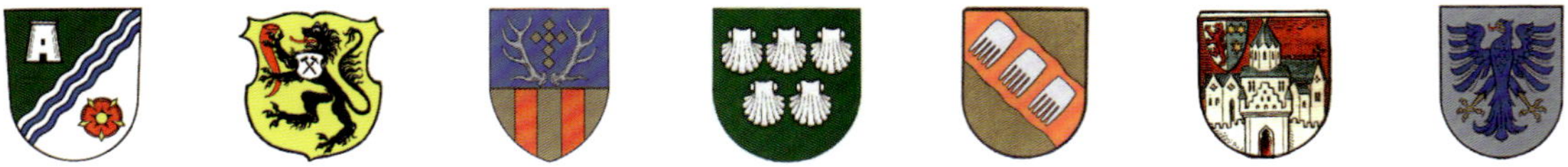

格莱斯特 Greste | 格莱森尼赫 Gressenich | 格拉芙绍夫特（施马伦贝格） Grafschaft (Schmallenberg) | 格兰因 Groin | 格雷芬 Greffen | 格雷斯海姆 Gerresheim | 格雷温斯坦 Grevenstein

格雷文 Greven | 格雷文布鲁克 Grevenbrück | 格雷文布洛伊 Grevenbroich | 格雷文林克达尔埃姆斯 Greven links der Ems | 格里斯 Graes | 格里斯 Grieth | 格列福拉 Grefrath

格林姆林豪森 Grimlinghausen
格罗瑙（博肯） Gronau(Borken)
格罗斯的恩贝格 Großdornberg
格洛伊滕 Gruiten
格蒙德 Gemünd
格韦林豪森 Gevelinghausen
古默斯巴赫 Gummersbach

古斯滕（利希） Güsten(Jülich)
哈恩 Haan
哈恩（亚琛） Haaren(Aachen)
哈尔塞温克尔 Harsewinkel
哈尔滕 Haltern am See
哈菲克斯贝克 Havixbeck
哈芬 - 梅尔 Haffen-Mehr

哈根（城） Hagen (city)
哈根（孙登） Hagen(Sundern)
哈郝森 IHolzhausen
哈亨 Hachen
哈雷（威斯特法伦） Halle (Westfalen)
哈伦贝格 Hallenberg
哈明克尔恩 Hamminkeln

哈姆 Hamm
哈斯波 Haspe
哈特姆 Hartum
哈廷根（鲁尔） Hattingen(Ruhr)
哈维尔 Häver
哈佐普夫 Haarzopf
海德尔勒巴克 Heidelbeck

海德诺尔的多夫 Heidenoldendorf
海登 Heiden
海尔德恩 Haldern
海尔林根 Halingen
海利根豪斯 Heiligenhaus
海利根开尔兴 Heiligek
海伦塔尔 Hellenthal

海默茨海姆 Heimerzheim
海姆巴赫（埃菲尔） Heimbach (Eifel)
海辛根 Heisingen
汉博恩 Hamborn
豪斯贝格（波塔韦斯特法利卡） Hausberge (Porta Westfalica)
豪尔 Hau
汗布 Hamb

浩伦（居特斯洛） Hollen(Gütersloh)
荷贝克 HoppeckeHoppecke
赫贝德 Herbede
赫德克 Herdecke
赫德林根 Herdringen
赫恩（鲁尔） Herne (Ruhr)
赫尔福德 Herford

赫尔霍尔斯特 Hüllhorst

赫尔斯 Hüls

赫尔斯特尔 Hörstel

赫费尔霍夫 Hövelhof

赫根瓦尔德 Hürtgenwald

赫克塞 Hünxe

赫克斯特尔 Höxter

赫克斯旺根 Hückeswagen

赫林根 Herringen

赫隆根 Herongen

赫彭恩多夫 Heppendorf

赫塞尔 Hersel

赫赛尔 Hösel

赫斯 Hürth

赫斯希尔德 Hülscheid

赫韦斯特 Hervest

赫沃尔（孙登） Hövel (Sundern)

赫兹布鲁克 Herzebrock

黑策布罗克－克拉霍尔茨 Herzebrock-Clarholz

黑尔措根拉特 Herzogenrath

黑尔德（阿滕多尔恩） Helden (Attendorn)

黑尔恩－黑尔肯 Heeren-Herken

黑尔恩－威尔沃 Heeren-Werve

黑尔沙伊德 Herscheid

黑尔特 Heerdt

黑尔滕（雷克林豪森） Herten (Recklinghausen)

黑克 Heek

黑勒菲尔德 Hellefeld

黑灵豪森 Heringhausen

黑默德 Hemmerde

黑默尔 Hemer

黑瑟恩 Heessen

亨根 Hoengen

亨利赫恩堡 Henrichenburg

亨内夫（西格） Hennef (Sieg)

胡伯尔拉特 Hubbelrath

胡芬 Hüffen

霍恩（霍恩－贝德美茵多夫） Horn (Horn-Bad Meindorf)

胡斯滕 Hüsten

胡腾塔尔 Hüttental

霍贝尔格－乌恩特鲁普 Hoberge-Uerentrup

胡纳布鲁克 Hunnebrock

霍恩堡（达特尔恩） Horneburg (Datteln)

霍恩－贝德美茵多夫 Horn-Bad Meindorf

霍恩豪森 Hohenhausen

霍恩林堡 Hohenlimburg

霍恩－米林豪森 Horn-Millinghausen

霍尔岑（阿恩斯贝格） Holzen (Arnsberg)

霍尔茨维克德 Holzwickede

霍尔德 Hörde

霍尔顿（奥伯豪森） Holten

霍尔弗 Halver

霍尔根 Hoingen

霍尔森 Holsen

霍尔斯特（利普施塔特） Hörste (Lippstadt)

霍尔索森（杜塞尔多夫） Holthausen (Düsseldorf)

霍尔索森 Holthausen

霍芬（蒙绍） Hofenachau

霍赫达尔 Hochdahl

霍勒拉特 Hollerath

霍勒姆 Horrem

霍斯特马尔 Horstmar

霍特海姆 Holtheim

霍特姆 Hoetmar

基尔斯珀 Kierspe

基希贝格（利希） Kirchberg (Jülich)

基希洪德姆 Kirchhundem

吉尔斯哈根 Giershagen

吉姆贝特 Gimbte

金德里希 Ginderich

京尼克 Ginnick

旧盖瑟克 Altengeseke

居特斯洛 Gütersloh

巨谌 Juchen

卡迪尔 Karken

卡尔 Kall

卡尔登基兴 Kaldenkirchen

卡尔卡尔 Kalkar

卡尔斯特 Kaarst

卡莱渃尔 Kalletal

卡伦贝格 Calenberg

卡伦哈特 Kallenhardt

卡门 Kamen

卡佩伦（默尔斯） Kapellem

卡斯特 Kaster

卡斯特罗 Castrop

凯尔茨 Kelz

凯尔肯 Kerken

凯尔彭 Kerpen

凯撒斯韦特 Kaiserswerth

凯斯特尼希 Kesternich

凯特维希 Kettwig

凯沃拉尔 Kevelaer

坎普杯特福特 Kamp-lintfort

坎施泰因 Canstein

康汉根 Kohlhage

柯南伯格 Cronenberg

科埃斯费尔德 Coesfeld

科尔沙伊德
Kohlscheid

科隆
Koln

科隆巴赫
（克罗伊茨塔尔）
Krombach

科尼斯温特
Konigswnteri

科斯拉尔
Koslar

克贝罗德
Cobbenrode

克拉嫩堡
（克莱沃）
Kranenburg

克莱嫩贝格
Kleinenberg

克莱沃（克里夫）
Kleve(kleve)

克雷德恩巴赫
Kredenba

克雷菲尔德
Krefeld

克罗嫩堡
Kronenburg

克罗伊茨贝格
Kreuzberg

克罗伊茨特尔
Kreuztal

克桑滕
Xanten

肯彭
Kempen

奎德若希齐多夫
Quadrath-
Ichendorf

奎恩海姆
Quernheim

奎尔
Quelle

拉贝克
Labbeck

拉德
Rhade

拉德
Rheda

拉德福尔姆瓦尔德
Radevormwald

拉丁豪森
Radlinghausen

拉尔
Laar

拉尔
Laer

拉尔巴赫
Rahrbach

拉斐尔德
Laffeld

拉米斯多夫
Lammersdorf

拉姆斯贝克
Ramsbeck

拉廷根
Ratingen

莱格登
Legden

莱姆戈
Lemgo

莱特
（厄尔德）
Lette

莱特
Rheydt

莱特马瑟
Letmathe

莱希林根
Leichlingen

莱茵巴赫
Rheinbach

莱茵贝格
Rheinberg

莱茵达伦
Rheindahlen

莱茵豪森（杜伊斯堡）
Rheinhausen(Duiburg)

莱茵河畔林茨蒙海姆
Monheim

赖科斯瓦尔德
Reichswalde

赖林豪森
Rellinghausen

赖斯特
Reiste

赖希斯霍夫
Reichshof

赖因卡普
Rheinkamp

兰德
Ledde

兰德瑞森
Lendringsen

兰格尔韦黑 Langerwehe | 兰根埃克 Langeneicke | 兰根伯格（居特斯洛） Langenberg | 兰根伯格（莱茵兰） Langenberg(Rheinland) | 兰哈森 Lanhause | 朗根费尔德 Langenfeld | 朗沙伊德（孙登） Langscheid

劳伦茨伯格 Laurenzb | 劳伦斯贝格 Laurensberg | 乐儿（霍斯特马尔） Leer | 勒丁豪森 Rodinghausen | 勒沃库森 Leverkusen | 雷岑 Retzen | 雷达－维登布吕克 Rheda-Wiedenbruck

雷德 Rhede | 雷克 Recke | 雷克林豪森 Recklinghausen | 雷肯 Reken | 雷明豪森 Remmighausen | 雷姆宾林豪森 Remblinghausen | 雷姆尔诺 Rehmerloh

雷姆沙伊德 Remscheid | 雷斯本 Liesborn | 雷斯费尔德 Raesfeld | 礼顿 Leeden | 里克森 Rixen | 里森贝克 Riesenbeck | 里斯 Rees

里特贝格 Rietberg | 里希劳 Rischenau | 里希特尔希 Richteri | 利德贝里 Liedberg | 利嫩 Lienen | 利尼希 Linnich | 利佩塔尔 Lippetal

利珀罗德 Lipperode | 利普德施 Leopoldshohe | 利普施塔特 Lippstadt | 利泰克 Lettec | 利希顿－威斯特法伦 Lichtenau | 林道（卡特伦布尔格－林道） Lindau | 林德拉尔 Lindlar

林登 Lindern | 林多夫 Lintorf | 林根贝格 Ringenbe | 林内佩 Linnepe | 林普巴赫 Lipperbruch | 林特尔 Lintel | 龙斯多夫 Ronsdorf

卢克斯海姆 Luxheim
鲁德罗斯 Runderoth
鲁尔 Ruhrort
鲁尔河畔米尔海姆 Mulheim an der Ruhr
鲁皮希特罗特 Ruppichteroth
鲁特哥廷根 Luttingen
鲁特瑞根 Luttringen

鲁廷豪森 Luttringh
鲁希廷根 Luchtringen
陆德罗尔斯哈根 Drolshagen-Land
伦贝克 Lembeck
伦格里希－威斯特法伦 Lengerich-westfalen
伦讷施塔特 Lennestadt
伦内普 Lennep

伦斯 Leuth
罗埃特根 Roetgen
罗德岛（奥尔珀）Rhode(Olpe)
罗登基兴（科隆）Rodenkirchen
罗丁根 Rodingen
罗恩 Lohnen
罗恩萨尔 Ronsahl

罗尔伦 Rohren
罗尔斯包赫 Rollersbroich
罗梅尔斯基兴 Rommerskirchen
罗纳恩 Rhynern
罗森贝克 Rosenbec
罗森达尔 Rosendahl
罗斯拉斯 Rosrath

罗伊尔特 Rheurdt
洛比诺希 Lobberic
洛恩 Lohn
洛尔森多夫 Louisendorf
洛克姆 Loikum
洛马尔 Lohmar
洛默苏姆 Lommersum

洛温斯坦 Lowenste
吕伯克 Lubbecke
吕登沙伊德 Ludenscheid
吕登希德－兰德 Ludenscheid-land
吕丁豪森 Ludingha
吕格德 Lugde
吕嫩 Lunen

吕滕 Ruthen
马尔（雷克林豪森）Marl
马尔马根 Marmagen
马林鲍姆 Marienba
马林费尔德 Marienfeld
马林海德 Marienhe
马林明斯特 Marienmunster

马森 Massen | 马斯贝格 Marsberg | 马斯号特 Mastholte | 马特博恩 Materborn | 蒂尔加滕 Tiergarten | 迈讷茨哈根 Meinerzhagen | 瓦特贝格 Wachtberg

曼廷豪森 Mantinghausen | 芒茨 Muntz | 梅策尼希（迪伦） Merzenich(Duren) | 梅德巴赫 Medebach | 梅德里奇 Meideric | 梅尔布施 Meerbusch | 梅尔岑豪森 Merzenhausen

梅尔瑞克 Mellrich | 梅尔施（利希） Merschj | 梅后格 Mehrhoog | 梅克斯坦因 Merkstein | 梅肯海姆（莱茵） Meckenheim | 梅伦 Mehrum | 梅森豪森 Messinghausen

梅舍德 Meschede | 梅舍德－兰德 Meschede-land | 梅斯梅尔德 Mesmerode | 梅特伦 Metelen | 梅特曼 Mettmann | 梅廷根 Mettingen | 梅谢尼希 Mechernich

梅兹勒 Methler | 美瀚 Manheim | 门策伦 Menzelen | 门登 Menden | 门兴格拉德巴赫 Monchengladbach | 蒙宁豪森 Monningh | 蒙绍 Monschau

米策尼希（蒙绍） Mutzenich | 米尔海姆（瓦尔斯泰因） Mulheim | 米尔海姆莱茵河畔 Mulheim am Rhein | 米尔特 Milte | 明登 Minden | 明斯特（威斯特法伦） Munster (Westfalen) | 莫库姆 Muckum

莫伦 Mollen | 莫伦霍文 Morenhoven | 莫纳斯瑞 Mohnesee | 莫斯巴赫 Morsbach | 默尔斯 Moers | 穆德尔斯海姆 Muddersh | 穆赫 Much

穆希德 Muschede
纳恩海瑟 Neuenheerse
纳赫罗特 － 维布灵韦德 Nachrodt-Wiblingwerde
纳希贝格 Nothberg
奈特甸 Nettetal
内尔费尼希 Norvenich
内哈顿 Nehden

内海姆 Neheim
内海姆－胡斯滕 Neheimh
内特芬 Netphen
内特斯海姆 Nettersheim
内维格斯 Neviges
尼德根 Nideggen
尼德图多夫 Niederntudorf

尼尔斯瓦德 Nierswalde
尼海姆 Nieheim
涅尔森 Neersen
涅豪斯特 Niehorst
宁博格 Nienborg
宁布雷希特 Numbrecht
宁恩海姆 Nievenheim

努特拉尔 Nuttlar
诺德海姆恩 Nordhemmern
诺德瓦尔德 Nordwalde
诺福克 Norf
诺图尔恩 Nottuln
诺伊恩拉德 Neuenrade
诺伊基兴弗林 Neukirchen-vluyn

诺伊斯 Neuss
诺因基兴 － 塞尔沙伊德 Neunkirchen-Seelscheid
彭特 Pont
诺因基兴（施泰因富特） Neuenkirchen
诺因基兴 Neunkirchen
帕德贝格 Padberg
帕德博恩 Paderborn

帕尔默海姆 Palmersheim
派库姆 Pelkum
潘特尔恩（利希） Pattern
佩克尔斯海姆 Peckelsheim
诺因基兴（里特贝格） Neuenkirchen
珀尔茨 Porz
普尔海姆 Pulheim

普法茨多夫 Pfalzdor
普利登堡 Plettenberg
普利登堡陆 Plettenberg-land
普罗伊西施奥尔登多夫 Preussisch Oldendorf
祖恩斯 Zons
曲尔皮希 Zulpich
上埃顿 Oberaden

上卡尔辰 Oberkirchen | 上马斯贝格 Obermarsberg | 上莫尔穆特 Obermormter | 塔尔 Traar | 泰尔格特 Telgte | 泰尔 - 莫兰德 Till-Moyland | 泰克伦堡 Tecklenburg

特弗伦 Teveren | 特罗斯多夫 Troisdorf | 特尼斯福尔斯特 Tonisvorst | 特尼希 Turnich | 图乐 Thule | 图伦 Thulen | 图姆（克罗伊曹）Thum

托恩斯贝格 Tonisberg | 瓦德斯洛 Wadersloh | 瓦登豪森 Waddenhausen | 瓦尔堡 Warburg | 瓦尔贝克 Walbeck | 波鸿 Bochum | 瓦尔德布勒尔 Waldbröl

瓦尔德福伊赫特 Waldfeucht | 瓦尔德豪森（瓦尔施泰因）Waldhausen (Warstein) | 瓦尔德尼尔 Waldniel | 瓦尔海姆（亚琛）Walheim (Aachen) | 瓦尔沙伊德 Wahlscheid | 瓦尔施泰因 Warstein | 瓦尔特 Wardt

瓦尔特罗普 Waltrop | 瓦赫滕东克 Wachtendonk | 瓦伦多夫 Warendorf | 瓦森贝格 Wassenberg | 瓦特贝格 Wachtberg | 瓦滕沙伊德 Wattenscheid | 万纳艾克尔 Wanne-Eickel

威登（克罗伊茨奥）Winden (Kreuzau) | 威丁霍芬 Weddinghofen | 威尔登布鲁克 Wiedenbrück | 威尔登拉斯 Wildenrath | 威尔莫伯恩 Wimbern | 威克霍温 Weckhoven | 威克拉斯 Wickrath

威斯多夫 Wiesdorf | 威斯林 Wesseling | 威斯特埃斯科 Westick | 威斯特霍芬（施韦特）Westhofen (Schwerte) | 威斯特卡珀尔恩 Westerkappeln | 威斯特凯沃 Westkilver | 威斯特维厄 Westerwiehe

威特（鲁尔）
Wetter (Ruhr)

威滕（凯沃拉尔）
Wetten
(Kevelaer)

威沃琳霍温
Wevelinghoven

韦策
Weeze

韦尔
Werl

韦尔道
Werdohl

韦尔讷
Werne

韦尔沃
Welver

韦格贝格
Wegberg

韦梅尔斯基兴
Wermelskirchen

韦塞尔
Wesel

韦斯特罗尔特
Westerholt

韦斯滕费尔德（桑德恩）
Westenfeld (Sundern)

韦特林根
Wettringen

维恩（阿尔卑斯山）
Veen(Alpen)

维尔
Wiehl

维尔德威斯
Wildewiese

维尔恩斯多夫
Wilnsdorf

维尔芬（宾德）
Werfen (Bünde)

维克德
Wickede

维勒巴德森
Willebadessen

维利希
Willich

维伦
Velen

维佩菲尔特
Wipperfürth

维特
Werther

维特布如赫
Wertherbruch

维特莱尔
Wittlaer

维滕
Witten

维泽雷登
Witzhelden

魏尔多夫
Welldorf

魏勒斯维斯特
Weilerswist

魏斯韦勒
Weisweiler

魏特拉姆斯多夫
Ramsdorf

温德克
Windeck

温德乌尔
Weidenau

温萨姆
Wessum

温特贝格
Winterberg

文登（绍尔兰）
Wenden (Sauerland)

文霍尔特豪森
Wenholthausen

文内肯冬克
Winnekendonk

文尼格洛
Wennigloh

沃登米尔海姆市
Werden an der
Ruhr

沃尔巴克
Wolbeck

沃尔贝克
Walbeck

沃尔德（索林根）
Wald
(Solingen)

沃尔夫特
Wülfte

沃尔海姆
Ollheim

沃尔萨姆
Walsum

沃伦
Wüllen

沃姆（格林克钦）
Würm
(Geilenkirchen)

沃姆巴赫
Wormbach

沃斯
Werth

沃特登哈
Waddenha

乌埃德姆
Uedem

乌丁根
Uerdingen

乌尔法耶
Wülfrath

乌尔芬（多尔斯滕）
Wulfen (Dorsten)

乌尔森勒
Würselen

乌克拉特
Uckerath

乌纳
Unna

伍珀塔尔
Wuppertal

武斯腾
Wüsten

希登豪森
Hiddenhausen

希尔德森
Hiddesen

希尔登
Hilden

希尔施贝格（瓦尔斯泰因）
Hirschberg (Warstein)

希斯菲尔德
Hiesfeld

希尔特鲁普
Hiltrup

希尔兴巴赫
Hilchenbach

希勒
Hille

希特多夫
Hitdorf

下埃顿
Niederaden

下埃姆尔
Niedereimer

下奥森姆
Niederaussem

下德恩贝格－德彭多夫
Niederdornberg-
Deppendorf

下恩瑟
Niederense

下卡瑟尔
Niederkassel

下卡斯滕豪茨
Niederkastenholz

下克吕希滕
Niederkruchten

下马茨
Niedermerz

下马斯贝格
Niedermarsberg

下莫巴赫
Untermaubach

小布罗赫
Kleinenbroich

欣斯贝克
Hinsbeck

新帕德恩
Neu pattern

许克尔霍芬（海因斯贝格）
Hückelhoven (Heinsberg)

许斯贝登
Huisberden

亚琛
Aachen

亚克布乌尔斯海姆
Jakobwullesheim

伊本比伦任
Ibbenburen

伊玛特
Ihmert

伊梅多夫
（盖伦基兴）
Immendorf

伊姆根布罗赫
Imgenbroich

伊瑟尔霍斯特
Isselhorst

伊瑟隆
Iserlohn

伊苏姆
Issum

伊威因森
Evingsen

因登
Inden

尤丁根 Udingen

尤肯多夫 Ückendorf

于巴赫 - 帕伦贝格 Übach-Palenberg

于德斯海姆 Uedesheim

于利希 Julich

于特罗普 Uentrop

勃兰登堡州 Brandenburg

埃伯斯瓦尔德 Eberswalde

埃尔克纳 Erkner

埃尔斯特韦达 Elsterwerda

艾森许滕施塔特 Eisenhüttenstadt

艾希瓦尔德 Eichwalde

奥德尔贝格 Oderberg

奥拉宁堡 Oranienburg

奥特兰德 Ortrand

巴鲁什 马克 Baruth Mark

巴斯多夫（万德利茨） Basdorf (Wandlitz)

巴特贝尔齐希 Bad Belzig

巴特弗赖恩瓦尔德 Bad Freienwalde

巴特利本韦达 Bad Liebenwerda

巴特维尔斯纳克 Bad Wilsnack

柏林附近贝尔瑙 Bernau bei Berlin

贝利茨 Beelitz

贝斯科 Beeskow

比森塔尔 Biesenthal

波茨坦 Potsdam

布雷丁 Breddin

布隆伯格（阿伦斯费尔德） Blumberg (Ahrensfelde)

布鲁克（勃兰登堡） Brück (Brandenburg)

布吕索 Brüssow

布森多夫 Busendorf

布塔泽尔 Bützer

采珀尼克 Zepernick

策德尼克 Zehdeni

措森 Zossenl

措伊滕 Zeuthen

达默马克 Dahme Mark

大雷申 Großräschen

大潘科 Groß Pankow

大沙克斯多夫 - 西默斯多夫 Groß Schacksdorf-Simmersdorf

大沙肯多夫 Groß Schacksdorf

德贝尔恩 Döbern

德拉豪森 Drachhausen

德雷布考 Drebkau

德雷茨 Dreetz

多贝尔卢格 - 基尔夏因 Doberlug-Kirchhain

多贝尔卢格 Doberlug

法尔肯贝里 埃尔斯特 Falkenberg Elster

法尔肯塞 Falkensee

法兰克福（奥德） Frankfurt (Oder)

菲尔斯滕瓦尔德 Fürstenwerder

菲尔斯滕瓦尔德 施普雷 Fürstenwalde Spree

菲拉登 Vierraden

费茨肖 施普雷瓦尔德 Vetschau Spreewald

费尔贝林 Fehrbellin

费尔特茨 Vieritz

费尔滕 Velten

费赫特瓦尔德 Fichtenwalde

芬斯特尔瓦尔德 Finsterwalde

弗赖恩施泰因 Freyenstein

弗兰肯赞赫林 Flecken Zechlin

加尔茨（奥德） Gartz (Oder)

弗里岑 Wriezen

弗里德兰（劳西茨） Friedland (Niederlausitz)

弗里萨克 Friesack

弗斯滕伯格奥德 Fürstenberg Oder

弗斯滕伯格哈维尔 Fürstenberg Havel

福斯特（劳齐茨） Forst (Lausitz)

戈尔森 Golssen

格赖芬贝格 Greiffenberg

格兰塞 Gransee

格鲁诺－达门多夫 Grunow-Dammendorf

格罗森乌迪克 Großwudicke

古索沃－普拉特科沃 Gusow-Platkow

哈弗尔河畔勃兰登堡 Brandenburg an der Havel

海内尔斯布吕克 Heinersbrück

赫兹菲德 Herzfelde

黑尔茨贝格（艾力斯特尔） Herzberg (Elster)

黑尼格斯多夫 Hennigsdorf

亨尼肯多夫 Hennickendorf

霍瑟纳 Hosena

弗雷德尔斯多夫－福格尔斯多夫 Fredersdorf-Vogelsdorf

旧鲁平 Alt Ruppin

卡劳 Calau

卡塞科 Casekow

凯钦 Ketzin

柯克维茨 Kolkwitz

柯尼希斯武斯特豪森 Konigswusterhausen

科特布斯 Cottbus

克雷门 Kremmen

克洛斯莱宁 Kloster lehnin

拉多希 Raddusch

拉明根（符腾堡） Rammingen

拉特诺夫 Rathenow

莱布斯 Lebus

莱宁 Lehnin

莱茵贝格 Rheinsberg

雷费尔德 Rehfelde

里诺夫 Rhinow | 利贝罗塞 Lieberos | 利本瓦尔德 Liebenwalde | 利诚 Lychen | 林德诺 Lindenau | 林登贝格（艾伦斯夫德） Lindenberga | 林多（马克） Lindow

卢考 Luckau | 卢肯瓦尔德 Luckenwalde | 鲁本瑙 Lubbenau | 鲁兰 Ruhland | 路德维希斯菲尔德 Ludwigsfelde | 伦岑 Lenzen | 吕本（施普雷瓦尔德） Lubben

迈恩堡 Meyenburg | 梅诺 Mehrow | 米尔贝格－易北河 Muhlberg | 米尔罗塞 Mullrose | 米赫伦贝克尔兰 Muhlenbeckerland | 米克斯多夫 Mixdorf | 米洛 Milow

米洛韦尔兰 Milowerland | 米滕瓦尔德 Mittenwalde | 明歇贝格 Muncheberg | 莫希利茨 Mothlitz | 瑙恩 Nauen | 尼茨恩 Nitzahn | 尼梅克 Niemegk

诺尔德韦斯图克尔马尔克 Nordwestuckermark | 诺瓦斯 Nowawes | 诺伊豪森－施普雷 Neuhausen-spree | 诺伊鲁平 Neuruppin | 派茨 Peitz | 潘克塔尔 Panketal | 佩尔莱贝格 Perleberg

佩特尔斯哈根 Petershageneggersdorf | 普雷姆尼茨 Premnitz | 普里茨埃伯 Pritzerbe | 普里茨瓦尔克 Pritzwalk | 普伦茨劳 Prenzlau | 普特利茨 Putlitz | 齐萨尔 Ziesar2

屈里茨 Kyritz | 塔尔 Tauer | 塔萨 Theisa | 泰尔托 Teltow | 泰希兰 Teichland | 特劳－普雷拉克 Turnow-preilack | 特罗伊恩布里岑 Treuenbrietzen

特陶（勃兰登堡）Tettau

托伊皮茨 Teupitz

佐尔朝 Zollchow

瓦伦布鲁克 Wahrenbrück

万德利茨 Wandlitz

韦尔措 Welzow

韦尔诺伊亨 Werneuchen

维尔德（哈韦尔）Werder（Havel）

维特施托克 Wittstock

维滕贝格 Wittenberge

温迪施巴克霍尔兹 Wendisch Buchholz

伍斯特豪森 Wusterhausen

希姆斯塔尔 Joachimsthal

下菲诺 Niederfinow

耶尔（米洛韦尔兰）Jerchel

尤毕高 Uebigau

尤特伯格 Juterbog

黑森州 Hessen

阿尔斯巴－黑恩莱因 Alsbach-Hähnlein

阿布茨泰纳 Abtsteinach

阿尔斯巴赫 Alsbach

阿尔滕海因 Altenhain

阿尔滕施塔特 Altenstadt

阿尔泽特（陶努斯）Esch（Taunus）

阿亨巴赫 Achenbach

阿森海姆 Assenheim

阿斯巴赫（莫道塔尔）Asbach（Modautal）

阿斯曼斯豪森 Assmannshausen

埃本海姆 Erbenheim

埃宾根 Eibingen

泰格尔 Tegel

埃布斯多弗格伦德 Ebsdorfergrund

埃布斯塔特 Erbstadt

埃德斯海姆 Eddersheim

埃恩斯廷霍芬（莫道塔尔）Ernsthofen（Modautal）

埃尔巴赫（奥登瓦尔德）Erbach（Odenwald）

埃尔巴赫（莱茵高）Erbach（Rheingau）

埃尔巴赫（陶努斯）Erbach（Taunus）

埃尔布塔尔 Elbtal

埃尔茨 Elz

埃尔茨豪森 Erzhausen

埃尔夫特 Arfurt

埃尔伦塞 Erlensee

埃尔姆豪森 Elmshausen

埃尔斯滕 Ehrsten

埃费尔登 Erfelden

埃格尔斯巴赫 Egelsbach

埃根汉恩 Engenhahn

埃卡茨豪森 Eckartshausen

埃克尔斯豪森 Eckelshausen

埃克逊（尼德劳） Eichen (Nidderau)

埃拉 Ellar

埃灵斯豪森 Ehringshausen

埃伦伯格（伦山） Ehrenberg (Rhön)

埃佩尔茨豪森 Eppertshausen

埃瑟斯豪森 Essershausen

埃申堡 Eschenburg

埃施巴赫（乌辛根） Eschbach (Usingen)

埃施伯恩 Eschborn

埃施霍芬 Eschhofen

埃施克尔布鲁肯 Escholbrücken

埃斯帕 Espa

埃斯彭席德 Espenschied

埃廷斯豪森 Ettingshausen

埃希策尔 Echzell

埃因豪森 Einhausen

艾克恩海姆 Eckenheim

艾拉克尔豪森 Elkerhausen

艾玛斯豪森 Emmershausen

艾森巴赫（陶努斯） Eisenbach (Taunus)

艾施河畔赫希施塔特 Hochstadt

艾歇瑙（格罗森吕德） Eichenau (Großenlüder)

爱泼斯坦（陶努斯） Eppstein (Taunus)

安曼尼弗勒斯海姆 Flörsheim am Main

安斯堡 Arnsburg

安斯波 Anspach

安特里夫塔尔 Antrifttal

奥贝拉德 Oberrad

奥贝赖因 Obernhain

奥伯 - 阿布茨泰纳 Ober abtsteinach

奥伯 - 艾伦巴赫 Ober erlenbach

奥伯 - 罗登 Ober-roden

奥伯 - 门达河 Obermoda

奥伯 - 默尔伦 Obermorl

奥伯 - 韦尔斯塔特 Ober-wollstadt

奥伯多夫（索尔姆斯） Oberndorf(Solms)

奥伯韦达赫 Oberweidach

奥伯韦尔夫 Oberwaluf

奥伯乌尔泽尔 Oberursel

奥博茨豪森 Obertshausen

奥茨贝格 Otzberg

奥登豪森 Odenhausen

奥多夫 Oberauroff

奥尔巴赫 Auerbach

奥芬德恩 Offdilln

奥克费特尔 Okriftel

奥克斯塔特 Ockstadt

奥普肖芬 Oppershofen

奥瑞格 Auringen
奥森海姆 Ossenheim
奥特劳 Ottrau
奥滕贝格 Ortenberg
巴本豪森 Babenhausen
巴德洪布尔格福尔德尔赫黑 Bad Homburg vor der Höhe
巴德卡尔斯哈芬 Bad Karlshafen

巴德萨尔茨豪森 Bad Salzhausen
巴德索登 Bad Soden
巴德索登陶努斯 Bad Soden am Taunus
巴特阿罗尔森 Bad Arolsen
巴特恩德巴赫 Bad Endbach
巴特菲尔伯尔 Bad Vilbel
巴特赫尔斯费尔德 Bad Hersfeld

巴特坎贝格 Bad Camberg
巴特柯尼希 Bad König
巴特瑙海姆 Bad Nauheim
巴特欧波 Bad Orb
巴特萨尔茨施利夫 Bad Salzschlirf
巴特施瓦尔巴赫 Bad Schwalbach
巴特索登 - 阿伦多夫 Bad Sooden-Allendorf

巴特索登 - 萨尔明斯特 Bad Soden-Salmünster
巴特索登 Bad Sooden
巴特维尔东根 Bad Wildungen
巴滕伯格 Battenberg
包娜塔尔 Baunatal
贝布拉 Bebra
贝恩海姆 Beienheim

贝尔城 Bärstadt
贝尔达肯斯特恩 Beedenkirchen
贝尔恩巴赫 Bermbach
贝尔费尔登 Beerfelden
贝尔根 - 恩克海姆 Bergen-Enkheim
贝尔斯坦（格赖芬斯泰因） Beilstein (Greifenstein)
贝克斯巴赫 Dexbach

贝塞利希 Beselich
贝松根 Bessungen
本斯海姆 Bensheim
比贝尔格明德 Biebergemünd
比伯（奥芬巴赫） Bieber (Offenbach)
比伯（比贝尔格明德） Bieber (Biebergemünd)
比布利斯 Biblis

比登科普夫 Biedenkopf
比尔施塔特 Bürstadt
比尔史伯特 Bierstadt
比尔斯泰因 Birstein
比克瑙 Birkenau
比绍芬 Bischoffen
比绍夫斯海姆 Bischofsheim

比特尔博恩
Büttelborn

彼得堡
Petersberg

波尔海姆
Pohlheim

波那梅斯
Bonames

波彭豪森（瓦瑟库普）
Poppenhausen

伯恩（海恩斯坦）
Born (Hohenstein)

博恩海姆（法兰克福）
Bornheim (Frankfurt)

博恩霍芬
Obbornhofen

博肯（黑森）
Borken (Hessen)

博肯海姆（法兰克福）
Bockenheim
(Frankfurt)

博伊尔巴赫
Beuerbach

布茨巴赫
Butzbach

布菲
Berfa

布格霍拉兹华森
Burgholzhausen

布赫瑙（道特弗塔尔）
Buchenau
(Dautphetal)

布赫施拉格
Buchschlag

布赖滕巴阿姆黑尔茨贝尔格
Breitenbach am Herzberg

布拉赫
Braach

布莱登施塔特
Bleidenstadt

布赖登巴赫（黑森州）
Breidenbach
(Hessen)

布赖登施泰因
Breidenstein

布赖特哈特
Breithardt

布克恩
Bicken

布赖滕布伦（奥登瓦尔德）
Breitenbrunn (Odenwald)

布兰道
Brandau

布兰德贝诺夫
Brandobernorf

布劳恩费尔斯
Braunfels

布劳恩哈特
Braunshardt

布雷肯海姆
Breckenheim

布雷兴
Brechen

布里希（威斯巴登）
Biebrich
(Wiesbaden)

布龙巴塔尔
Brombachtal

布隆巴赫（施米滕）
Brombach
(Schmitten)

布鲁克贝尔
Bruchköbel

布伦斯巴赫
Brensbach

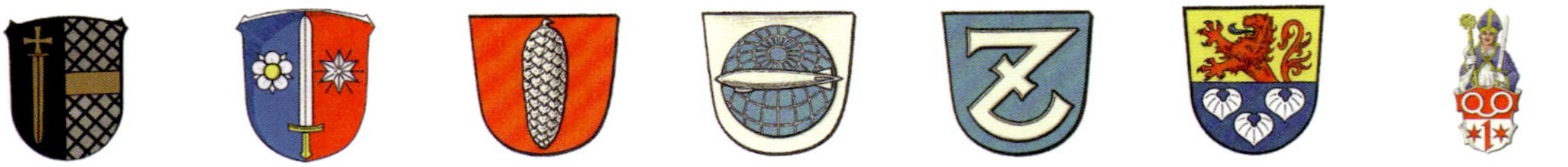

布罗姆斯基兴
Bromskirchen

布罗伊贝格
Breuberg

采尔豪森
Zellhaus

齐柏林
Zeppelin

蔡尔沙伊姆
Zeilshei

茨温根贝格
（格斯特拉斯）
Zwingenb

阿赫尔根
Arheilgen

达姆施塔特
Darmstadt

达姆西奥森
Damshausen

达斯巴茨
Dasbach

达湾海姆
Dauernheim

大比贝劳
Groß-Bieberau

大盖劳
Groß-Gerau

大克罗岑堡
Großkrotzenburg

大雷希滕巴赫
Groß-Rechtenbach

大罗赖姆
Groß-Rohrheim

大乌姆斯塔特
Groß-Umstadt

代尔肯海姆
Delkenheim

德恩巴赫（巴特恩德巴赫）
Dernbach（Bad Endbach）

道特费塔尔
Dautphetal

戴尔特曾巴奇
Dietzenbach

德恩贝格（大盖劳）
Dornberg
（Groß-Gerau）

德莱艾希
Dreieich

德莱奇纳海恩
Dreieichenhain

德里多夫
Driedorf

德罗莫斯豪森
Drommershausen

迪堡
Dieburg

迪茨赫尔茨塔尔
Dietzhölztal

迪赫恩
Dehrn

迪伦堡
Dillenburg

迪梅尔斯塔特
Diemelstadt

迪佩尔茨
Dipperz

迪特基兴
Dietkirchen

杜伯恩
Dauborn

杜登霍芬（路德高）
Dudenhofen
（Rodgau）

多恩－艾森海姆
Dorn-Assenheim

多恩伯格
Dornburg

多尔恩海姆（大盖劳）
Dornheim（Groß-Gerau）

多夫古尔
Dorf-Güll

多夫韦尔
Dorfweil

多海姆
Dorheim

多姆巴赫
Dombach

多宁格海姆
Dörnigheim

多特尔维尔
Dortelweil

多特芬
Dautphe

多兹海姆
Dotzheim

厄德尔斯海姆
Oedelsheim

厄斯特里希
Oestrich

恩格尔巴赫
Engelbach

恩格尔黑姆斯
Engelhelms

恩格尔塔尔
Engelthal

法尔肯施泰因（陶诺斯库尼斯坦）
Falkenstein
（Königstein im Taunus）

菲岑海姆
Fechenheim

法兰克斯－克鲁巴赫
Fränkisch-Crumbach

菲恩海姆
Viernheim

菲尔马尔
Villmar

菲尔特（奥登瓦尔德）
Fürth（Odenwald）

菲利普斯塔尔
Philippsthal

菲林根（洪根）
Villingen
（Hungen）

菲施巴赫（凯尔克海姆）
Fischbach（Kelkheim）

菲施巴塔尔
Fischbachtal

腓特烈斯多夫
Friedrichsdorf

费尔达塔尔
Feldatal

费尔姆登
Viermunden

费尔斯贝格
Felsberg

费肯豪森
Vockenhausen

芬斯塔姆泰尔
Finsternthal

弗尔马茨
Vollmerz

弗赫尔
Vohl

弗赖恩哈根（瓦尔德克）
Freienhagen (Waldeck)

弗赖格里希特
Freigericht

弗兰克瑙
Frankenau

弗兰肯伯格
Frankenberg

弗兰肯豪森
Frankenhausen

弗劳恩施泰因（威斯巴登）
Frauenstein
(Wiesbaden)

弗勒尔斯巴塔尔
Flörsbachtal

弗雷恩萨恩
Freienseen

弗雷克霍芬
Frickhofen

弗里茨拉尔
Fritzlar

弗里德伯格
Friedberg

弗里德瓦尔德
Friedewald

弗里伦多夫
Frielendorf

弗龙豪森
Fronhausen

弗洛舍豪森
Froschhausen

富尔达塔尔
Fuldatal

弗斯滕伯格（利希滕费尔斯）
Fürstenberg (Lichtenfels)

弗斯茵根
Fussingen

福尔克马尔森
Volkmarsen

富尔达
Fulda

弗瑞登斯多夫（道特费塔尔）
Friedensdorf (Dautphetal)

伽本特艾赫
Garbenteich

盖恩斯海姆
Gernsheim

盖姆巴赫（明岑贝格）
Gambach
(Münzenberg)

盖森海姆
Geisenheim

岗责海姆
Gonzenheim

戈本海姆
Garbenheim

戈茨海恩
Görzhain

戈洛森－林登
Großen-Linden

戈莫尔登（费达）
Gemünden
(Felda)

戈斯霍特
Görsroth

哥德劳尔
Goddelau

哥尼斯堡
Konigsbh

格策纳恩
Götzenhain

格德恩
Gedern

格登纳海姆
Gadernheim

格尔斯费尔德
Gersfeld

格拉登巴赫
Gladenbach

格拉芬豪森（威特史丹特）
Gräfenhausen
(Weiterstadt)

格拉塞伦巴赫
Grasellenbach

格拉塞伦巴赫
Gras-Ellenbach

格拉斯许滕（陶努斯）
Glashütten (Taunus)

格赖芬施泰因
Greifenstein

格劳堡 Glauburg | 格雷贝瑙 Grebenau | 格雷本海恩 Grebenhain | 格雷本罗森 Grebenroth | 格雷本施泰因 Grebenstein | 格雷芬维斯巴赫 Grävenwiesbach | 格里德尔 Griedel

格里斯海姆 Griesheim | 格里斯海姆（法兰克福） Griesheim (Frankfurt) | 格林贝格 Grünberg | 格林道 Gründau | 格伦豪森 Gelnhausen | 格罗瑙（巴特菲尔伯尔） Gronau (Bad Vilbel) | 格罗森吕德 Großenlüder

格罗斯阿尔梅罗德 Grossalmerode | 格罗斯－齐门 Gross-Zimmern | 格罗索海姆 Großauheim | 格吕宁根（波尔海姆） Grüningen (Pohlheim) | 格蒙登（陶努斯） Gemünden (Taunus) | 格蒙登（沃哈） Gemünden (Wohra) | 格瑞瑙 Gönnern

格滕瑙 Gettenau | 根索恩根 Gensungen | 贡德恩豪森 Gundernhausen | 贡特斯基兴 Gonterskirchen | 古登斯贝格 Gudensberg | 哈贝赫茨沃尔德 Habichtswald | 哈比茨海姆 Habitzheim

哈茨费尔德 Hatzfeld | 哈达马尔 Hadamar | 哈恩（普丰斯塔特） Hahn (Pfungstadt) | 哈恩（上拉姆斯塔特） Hahn (Ober-Ramstadt) | 哈恩（陶努斯施泰因） Hahn (Taunusstein) | 哈恩勒尼 Hähnlein | 哈尔加滕 Hallgarten

哈默尔巴赫 Hammelbach | 哈默尔斯巴赫 Hammersbach | 哈瑙 Hanau | 哈塞尔巴赫（陶努斯） Hasselbach (Taunus) | 哈塞尔伯恩 Hasselborn | 哈斯罗赫（吕塞尔斯海姆） Hassloch (Rüsselsheim) | 哈滕多夫 Hattendorf

哈滕海姆 Hattenheim | 哈滕罗德 Hartenrod | 海德恩海姆 Heddernheim | 海登罗德 Heidenrod | 海恩堡 Hainburg | 海恩岑贝格（格雷芬维斯巴赫） Heinzenberg (Grävenwiesbach) | 海恩豪森 Hainhausen

海恩斯塔特（布罗伊贝格）
Hainstadt (Breuberg)

海恩斯塔特（海恩堡）
Hainstadt
(Hainburg)

海恩斯坦
Hohenstein

海尔海姆
Harheim

海讷巴赫
Heinebach

汉巴赫（黑彭海姆）
Hambach
(Heppenheim)

汉巴赫（陶努斯施泰因）
Hambach (Taunusstein)

汉诺德斯塔尔
Hunoldstal

豪内克
Hauneck

豪内塔尔
Haunetal

豪森（奥博茨豪森）
Hausen
(Obertshausen)

豪森（波尔海姆）
Hausen (Pohlheim)

豪森（法兰克福）
Hausen
(Frankfurt)

豪森－安斯巴赫
Hausen-
Arnsbach

豪森尤伯杯阿勒
Hausen über Aar

赫伯恩
Herborn

赫恩费尔德
Hünfeld

赫恩瑙
Hornau

赫费尔登
Hünfelden

赫根
Hungen

赫基纳恩
Herchenhain

赫林
Hering

赫曼恩斯坦
Hermannstein

赫塞诺瓦
Hessenaue

赫斯洛赫（威斯巴登）
Hessloch
(Wiesbaden)

赫斯特滕
Hünstetten

赫希斯特安曼尼
Höchst am Main

赫兹豪森（道特费塔尔）
Herzhausen
(Dautphetal)

黑尔布斯泰因
Herbstein

黑尔登贝根
Heldenbergen

黑尔马斯豪森
Helmarshausen

黑尔萨
Helsaw

黑弗特里希
Heftrich

黑格
Haiger

黑林根
Heringen

黑林根（威拉）
Heringen (Werra)

黑彭海姆
Heppenheim

黑塞内克
Hesseneck

黑西施利希特瑙
Hessisch
Lichtenau

亨德施塔特
Hundstadt

亨尼泰尔
Hennethal

胡腾
Hutten

霍巴赫（弗赖格里希特）
Horbach (Freigericht)

霍茨堡
Holzburg

霍尔茨海姆（波尔海姆）
Holzheim (Pohlheim)

霍夫海姆在里德
Hofheim im Ried

霍赫斯特安德尼德尔
Höchst an der
Nidder

霍亨罗达
Hohenroda

霍克－维塞尔
Hoch-Weisel

霍姆伯格（欧姆） Homberg (Ohm)

霍姆伯格（伊法茨） Homberg

霍斯特滕（本斯海姆） Hochstädten (Bensheim)

基里安斯特 Kilianst

霍伊黑尔海姆 Heuchelheim

霍伊黑尔海姆（赖歇尔斯海姆） Heuchelheim (Reichelsheim)

霍伊森斯塔姆 Heusenstamm

基德里希 Kiedrich

基尔贝格 Kirberg

基尔托夫 Kirtorf

霍伊巴赫（大乌姆斯塔特） Heubach (Gross-Umstadt)

基施豪森 Kirschhausen

基希海恩 Kirchhain

基希海姆 Kirchheim

吉尔泽贝格 Gilserberg

吉瑟尔韦德 Gieselwerder

吉森 Giessen

金策尔 Kunzell

金海姆 Ginnheim

金斯海姆－古斯塔斯堡 Ginsheim-Gustavsburg

卡岑巴赫 Cratzenbach

卡尔巴赫 Kalbach

卡尔本 Karben

卡尔登 Calden

卡佩尔 Cappel

卡塞尔 Kassel

卡斯特尔 Kastel

凯晨 Kaichen

凯尔斯特巴赫 Kelsterbach

凯芬罗德 Kefenrod

凯梅尔 Kemel

康姆巴赫 Kombach

考丰根 Kaufungen

科恩贝格 Cornberg

科尔巴赫 Korbach

科尔贝 Cölbe

科里夫特尔 Kroftel

科斯泰姆 Kostheim

克莱恩韦尔茨海姆 Klein welzheim

克莱恩溪 Klein auheim

克莱姆斯塔特 Crumstadt

克莱施塔特 Kleestadt

克莱因－卡尔本 Klein-karben

克莱因盖劳 Klein gerau

克兰伯格 Kransber

克兰菲尔德 Crainfeld

克里夫特尔 Kriftel

克洛彭海姆 Kloppenheim

克尼格斯瓦尔德 Konigswalde

克斯费尔德 Lixfeld | 克滕巴赫 Kettenbach | 库尔（法兰克福）Kalbach(frankfurt) | 奎斯豪森 Quotshausen | 拉巴赫 Raibach | 拉本瑙 Rabenau | 拉－布赖滕巴赫 Rai-breitenbach

拉恩塔尔 Lahntal | 拉瑙 Lahnau | 莱尔 Leer | 莱海姆 Leeheim | 莱沙 Treysa | 莱茵河畔埃尔特维勒 Eltville am Rhein | 莱茵河畔比贝斯海姆 Biebesheim am Rhein

莱茵河畔戈因斯海姆 Geinsheim am Rhein | 莱茵河上的吕德斯海姆 Rudesheim am Rhein | 赖恩海姆 Reinheim | 赖瑟尔 Ransel | 赖斯基兴 Reiskirchen | 赖歇尔斯海姆 Reichelsheim | 赖歇尔斯海姆在奥登瓦尔德 Reichelsheim im Odenwald

赖欣巴哈 Reichbach | 赖兴巴赫（瓦尔德姆斯）Reichenbach(waldems) | 赖因哈茨哈根 Reinhardshagen | 兰巴赫 Rambach | 兰根代巴赫 Langendi | 兰根斯 Langgons | 兰河畔林堡 Limburg an der Lahn

兰佩尔泰姆 Lampertheim | 兰斯塔特 Ranstadt | 朗道（巴特阿罗尔森）Landau | 朗德 Langd | 朗根海恩 Langenhain | 朗根塞尔博德 Langenselbold | 朗斯多夫 Langsdorf

朗斯塔特 Langstadt | 朗瓦德恩 Langwade | 劳巴克（格雷芬维斯巴赫）Laubach (gravebwiesbach) | 劳巴克 Laubach | 劳恩海姆 Raunheim | 劳恩塔尔 Rauenthal | 劳尔德 Naurod

劳尔塔尔（奥登瓦尔德）Lautertal (odenwald) | 劳赫豪森镇 Lorchhau | 劳特巴赫 Lauterbach | 雷姆布若肯 Rembruck | 里伯尔斯多夫 Riebelsdorf | 里茨塔特 Riedstadt | 里德巴恩 Riedbahn

里德罗德
Riedrode

里姆巴赫
（奥登瓦尔德）
Rimbach(Odenwald)

利伯瑙
Liebenau

利梅斯海恩
Limeshain

利斯伯格
Lissberg

利希
Lich

利希滕贝格
（菲施巴塔尔）
Lichtenberg

利希滕费尔斯
Lichtenfels

林巴赫
（欣斯特滕）
Limbachh

林登
Linden

林登费尔斯
Lindenfels

林登海姆
Lindheim

林登霍尔茨豪森
Lindenholzhausen

林森格里希特
Linsengericht

林斯彭豪森
Lispenha

林希德
Lindschi

龙斯豪森
Ronshausen

鲁彭海姆
Rumpenhe

伦贝格
Lohnberg

伦茨恩
Lenzhahn

伦德尔
Rendel

伦费尔德（奥茨贝格）
Lengfeld(otzberg)

伦克尔
Runkel

罗道河
Rodau

罗德高
Rodgau

罗德根
Rodgen

罗德海姆
Rodelheim

罗德河畔威尔
Rod an der Weil

罗德马克
Rodermark

罗登
Rhoden

罗登巴赫
Roderbach

罗丁海姆
Rudigheim

罗恩堡
Ronneburg

罗尔巴赫
（上拉姆斯塔特）
Rohrbach

罗尔斯豪森
Rollshau

罗肯贝格
Rockenberg

罗马尔斯哈根
Romershausen

罗姆罗德
Romrod

罗森伯格
Rauschenberg

罗森塔尔
Rosenthal

罗斯多夫
Rossdorf

罗滕堡富尔达
Rotenburg an der fulda

罗滕伯格
Rothenberg

洛尔豪普滕
Lohrhaupten

洛尔施
Lorsch

洛尔斯巴赫
Lorsbach

洛费尔登
Lohfelde

洛拉
Lohra

洛拉尔
Lollar

洛奇（莱茵）Lorch

洛因 Leun

吕茨尔－韦伯巴赫 Lutzel-wiebelsbach

吕克尔斯豪森 Ruckersh

吕清根 Ruckingen

吕塞尔斯海姆 Russelsheim

马丁斯坦尔 Martinst

马尔堡 Marburg

马菲林根 Mainflin

马克本 Markobel

马克斯海姆 Marxheim

马拉夫 Mauloff

迈因豪森 Mainhausen

迈因塔尔 Maintal

梅尔茨豪森（维灵斯豪森）Merzhausen

梅尔茨豪森（乌辛根）Merzhausen

梅尔松根 Melsunge

梅伦贝格 Merenberg

梅瑟尔 Messel

梅森豪森 Messenhausen

梅斯伯格 Mengsberg

梅希尔巴赫（乌辛根）Michelbach

美因茨 － 阿默内堡 Amoneburg

美因河畔奥芬巴赫 Offenbach am Main

美因河畔法兰克福 Frankfurt am Main

美因河畔哈特尔斯海姆 Hattersheim am Main

美因河畔霍赫海姆 Hochheim am Main

美因河畔米赫尔海姆 Muhlheim am Main

门格尔斯基兴 Mengerskirchen

门格林豪森 Mengeringhausen

门斯菲尔德 Mensfeld

蒙斯坦特 Monstadt

孟乔森 Munchhausen

米尔贺兹 Meerholz

米特尔布亨 Mittelbuchen

明斯特 Munster

米滕阿尔 Mittenaar

米歇尔施塔特 Michelstadt

密顿巴赫 Medenbac

明岑贝格 Munzenberg

米特尔海姆（奥埃斯特里希 － 温克尔）Mittelhe

莫道塔尔 Modautal

莫恩斯豪森 Mornshausen

莫尔申 Morschen

莫伦巴赫 Morlenbach

莫绍塔尔 Mossautal

莫特茨菲尔德 Motzfeld

穆斯根海姆 Muschenheim

穆特尔斯塔特 Butterstadt

纳本 Nauborn | 纳恩海因 Neuenhain | 纳海姆（欣费尔登） Nauheimlw | 纳斯坦特 Naunstadt | 瑙姆堡 Naumburg | 内卡尔斯泰纳 Neckarst | 嫩特尔斯豪森 Nentershausen

尼达 Nidda | 尼达塔尔 Niddatal | 尼德 Nied | 尼德埃芬伯格 Niederreifenberg | 尼德巴赫 Riedelbach | 尼德豪夫海姆 Niederhofheiml | 尼德豪伦 Niederhorlen

尼德克伦 Niederkleen | 尼德劳 Nidderau | 尼德劳森（菲施巴塔尔） Niedernhausen | 尼德诺德 Niederrad | 尼德若顿巴赫 Niederrodenbach | 尼登豪森 Niedernhausen | 尼登斯泰因 Niedenstein

涅斯巴赫 Neesbach | 纽伯格 Neuberg | 纽韦尔纳 Neuweilnau | 诺丹斯塔德 Nordenstadt | 诺德海姆（比布利斯） Nordheim(Biblis) | 诺恩穆尔 Neuenmar | 诺恩斯坦因 Neuenstein

诺伊霍夫（北富尔达） Neuhof | 诺伊基兴（克努尔） Neukirchen(knull) | 诺伊奇 Neutsch | 诺伊施塔特（奥登瓦尔德） Neustadt(Odenwald) | 诺伊施塔特 Neustadt | 诺因基兴（莫道塔尔） Neunkirchen(modautal) | 普劳海姆 Praunheim

欧隆 Orlen | 潘尔德 Panrod | 皮特维尔 Petterweil | 普法芬维斯巴赫 Pfaffenwiesbach | 普丰斯塔特 Pfungstadt | 欧登瓦德山麓的赫斯特 Höchst im Odenwald | 普雷斯贝格 Presberg

普瑞根海姆 Preungesheim | 齐根海恩 Ziegenha | 齐伦贝格 Zierenbe | 日辰（大乌姆斯塔特） Richen | 上埃兴海姆 Oberissigheim | 上艾森豪森 Obereisenhausen | 上奥尔姆 Ober-morlen

上奥拉 Oberaula
上奥斯奥斯巴赫 Ober rosbach
上布瑞辰 Oberbrec
上迪恩 Oberdieten
上多夫菲尔顿 Oberdorfelden
上格拉德巴赫 Obergladbach
上海伦 Oberhorlen

上豪希斯塔特 Oberhochstadt
上卡斯巴赫 Oberkainsbch
上克林 Oberkleen
上拉姆斯塔特 Ober ramstadt
上兰登巴赫 Oberlaudenbach
上劳肯 Oberlauken
上列德巴赫 Oberliederbach

上罗斯巴赫 Oberrossbach
上若顿巴赫 Oberrodenbach
上若芬贝格 Oberreifenberg
上斯特尔斯 Oberselt
上斯特滕 Oberstedten
上随尔巴赫 Oberseelbach
上韦塞尔 Oberweser

泰萨 Traisa
泰斯贝格 Treisberg
坦恩（伦山）Tann
坦克城 Kesselst
陶努斯山麓霍夫海姆 Hofheim am Taunus
陶努斯山麓凯尔克海姆 Kelkheim
陶努斯山麓利德尔巴赫 Liederbach am Taunus

陶努斯山区柯尼希施泰因 Konigstein im taunus
特雷布尔 Trebur
陶努斯施泰因 Taunusstein
陶努斯山区克龙贝格 Kronberg im taunus
特里根斯坦 Tringens
特伦德尔堡 Trendelburg
瓦伯恩 Wabern

瓦城布 Wachenbu
瓦尔巴赫（欣斯特滕）Wallbach (Hünstetten)
瓦尔措尔姆斯 Waldsolms
瓦尔德布伦（西部森林）Waldbrunn (Westerwald)
瓦尔德卡佩尔 Waldkappel
瓦尔德克 Waldeck
瓦尔德－米歇尔巴赫 Wald-Michelbach

瓦尔德姆斯 Waldems
瓦尔滕贝格 Wartenberg
瓦尔罗特 Wallroth
瓦尔斯堡 Wahlsburg
瓦尔斯多尔夫（伊德施泰因）Walsdorf (Idstein)
瓦尔拉本斯泰因 Wallrabenstein
瓦劳（比登科普夫）Wallau (Biedenkopf)

瓦劳（霍夫海姆－陶努斯）
Wallau
(Hofheim am Taunus)

瓦洛浮
Walluf

瓦特布士
Wachtersbach1

万弗里德
Wanfried

威登（魏尔罗德）
Winden (Weilrod)

威登豪森
Weidenhausen

威丁肯
Windecken

威尔堡
Weilburg

威尔登萨克森
Wildsachsen

威尔罗德
Wellerode

威尔斯莱斯海姆
Wisselsheim

威灵根（阿普兰）
Willingen (Upland)

威森瑙
Weisenau

威斯巴登
Wiesbaden

威斯克辛（罗德高）
Weiskirchen
(Rodgau)

威斯玛尔
Wißmar

威斯丘
Werschau

威特
Wetter

威滕贝格
Wettenberg

韦茨拉尔
Wetzlar

韦恩
Wehen

韦尔费尔斯海姆
Wölfersheim

韦尔海姆
Wehrheim

维克尔
Wicker

沃尔多夫
（默尔费尔登－瓦尔多尔夫）
Walldorf (Mörfelden-Walldorf)

韦宁斯
Wenings

韦希特尔斯巴赫
Wächtersbach

韦因巴赫
Weinbach

维岑豪森
Witzenhausen

维尔黑姆思多夫（乌辛根）
Wilhelmsdorf (Usingen)

韦尔斯塔特
Wöllstadt

维灵斯豪森
Willingshausen

魏尔巴赫
Weilbach

魏尔多夫
Werdorf

魏尔罗德
Weilrod

魏尔明斯特尔
Weilmünster

魏芬巴赫
Weifenbach

魏玛（拉恩河）
Weimar (Lahn)

魏诺尔斯海姆
Weinolsheim

魏珀菲尔顿
Weiperfelden

魏森巴赫（布雷登巴赫）
Wiesenbach
(Breidenbach)

魏斯基兴
Weißkirchen

魏特施塔特
Weiterstadt

温克尔（奥斯特利希温克尔）
Winkel (Oestrich-Winkel)

文巴赫－哈恩
Wembach-Hahn

韦斯特费德
Westerfeld

翁登海姆
Undenheim

文斯巴赫
Wingsbach

沃尔夫哥鲁本
Wolfgruben

沃尔夫根
Wolfhagen

沃尔夫斯凯伦
Wolfskehlen

沃尔弗斯豪森
Wolfershausen

沃尔姆斯切特
Wollmerschied

沃尔斯多夫
Wörsdorf

沃费尔登
Worfelden

沃亨巴赫
Wohnbach

沃肯巴根
Wachenbuchen

沃拉塔尔
Wohratal

沃勒斯塔滕
Wallerstädten

沃纳伯恩
Wernborn

沃腾波恩－斯坦伯格
Watzenborn-Steinberg

沃腾汉
Watzhahn

乌贝尔赫
Urberach

乌尔格斯
Würges

乌尔里希施泰因
Ulrichstein

乌尔姆
（格赖芬斯泰因）
Ulm (Greifenstein)

乌法
Ulfa

乌斯特姆斯
Wüstems

乌辛根
Usingen

伍兹豪森
Wolzhausen

希尔岑海恩
Hirzenhain

希尔德尔斯
Hilders

希尔施霍恩（内卡）
Hirschhorn (Neckar)

下埃伦巴赫
Nieder erlenbach

下埃施巴赫
Nieder eschbach

下奥尔门
Nieder-ohmen

下奥拉
Niederaula

下－比尔巴赫
Niederbeerbach

下布雷兴
Niederbrechen

下茨此海姆
Niederze

特雷普托
Treptow

下戈门顿
Ngemunden

下戈瑞达
Niedergrundau

下格拉德巴赫
Niedergladbach

下海达马尔
Niederhadamar

下豪希斯塔德特
Niederhochstadt

下拉姆施塔特
Nieder-ramstadt

下劳肯
Niederlauken

下里贝尔斯巴赫
Nieder-liebersbach

下里比巴赫
Niederlibbach

下列德巴赫
Unterliederbach

下罗登
Nieder-roden

下罗斯巴赫
Nrossbach

下梅林根
Niedermeilingen

下莫达
Nieder-modau

下默尔伦
Nieder-morlenl

下塞尔特斯
Niederselters

下赛尔巴赫
Niederseelbach

下瓦洛夫
Niederwalluf

下韦尔斯塔特
Nwollstad

下维尔萨
Nieder-weisel

下兴海姆
Niederisigheim

下伊姆斯
Niederems

下尤赛尔
Niederursel

下尤斯巴赫
Niederjosbach

小克罗岑堡
Klein-krotzemburg

新安斯帕赫
Neu-anspach

新伊森堡
Neu isenburg

许滕贝格
Hüttenberg

伊德施泰因
Idstein

伊尔本施塔特
Ilbenstadt

伊尔伯斯豪森
Ilbeshausen

伊格斯塔特
Igstadt

伊梅兴海因
Immichen

伊门豪森
Immenhausen

伊文斯巴赫
Ewersbach

尤格斯海姆
Jugesheim

尤根海姆河畔贝格施特拉瑟
Jugenheim an der
Bergstrasse

尤斯巴赫
Oberjosbach

约翰尼斯贝格
Johannisberg

朱斯奈塔迪
Zuschen

佐曾仕巴
Zotzenba

佐恩
Zorn

莱茵兰 - 普法尔茨州
Rheinland-Pfalz

阿本海姆
Abenheim

阿本托伊埃尔
Abentheuer

阿布桑
Gabsheim

阿策尔吉夫特
Atzelgift

阿茨巴赫
Arzbach

阿德瑙
Adenau

阿登巴赫
Adenbach

阿尔伯斯海姆
Ilbesheim

阿尔茨巴赫
Arzbach

阿尔姆斯海姆
Armsheim

阿尔彭罗德
Alpenrod

阿尔森博恩
Alsenborn

阿尔森茨
Alsenz

阿尔森茨河畔明希韦勒
Munchweiler an der
Alsenz

阿尔斯巴赫
Alsbach

阿尔斯多夫
Alsdorf

阿尔斯海姆
Alsheim

阿尔斯海姆 - 格罗瑙
Alsheim-Gronau

阿尔特多夫
Altdorf

阿尔特纳尔
Altenahr

阿尔滕班贝尔格
Altenbamberg

阿尔滕迪茨
Altendiez

阿尔滕格兰
Altenglan

阿尔滕基兴 Altenkirchen | 阿尔托尔恩巴赫 Althornbach | 阿珀尔河畔奥伯豪森 Oberhausen an der Appel | 阿森海姆 Assenheim | 阿斯巴赫（洪斯吕克） Asbach (Hunsrück) | 埃尔登 Erden | 阿斯巴赫（韦斯特瓦） Asbach (Westerwald)

阿斯皮斯海姆 Aspisheim | 阿滕豪森 Attenhausen | 埃贝尔茨海姆 Ebertsheim | 埃贝尔茨豪森 Ebertshausen | 埃贝尔恩哈恩 Ebernhahn | 埃贝尔桑（美因茨） Ebersheim (Mainz) | 埃茨巴赫 Etzbach

埃德斯海姆 Edesheim | 埃登科本 Edenkoben | 埃尔贝斯 - 比德斯海姆 Erbes-Büdesheim | 埃尔本 Elben | 埃尔波尔茨海姆 Erpolzheim | 埃尔岑豪森 Erzenhausen | 埃尔茨韦勒 Elzweiler

埃尔德斯巴赫 Erdesbach | 阿珀尔河畔下豪森 Niederhausen an der Appel | 埃尔夫韦勒 Erfweiler | 埃尔肯罗特 Elkenroth | 埃尔姆施泰因 Elmstein | 埃尔索夫 Elsoff | 埃尔韦勒 Ellweiler

埃尔希韦勒 Elchweiler | 埃格斯豪森 Ergeshausen | 埃根海姆 Rheingonheim | 埃克尔斯海姆 Eckelsheim | 埃克斯韦勒 Eckersweiler | 埃莱尔恩 Ellern | 埃莱尔斯塔特 Ellerstadt

埃伦布赖特施泰因 Ehrenbreitstein | 埃伦茨 Ehlenz | 埃彭布伦 Eppenbrunn | 埃彭罗德 Eppenrod | 埃珀尔 Erpel | 埃珀尔斯海姆 Eppelsheim | 埃奇贝格 Etschberg

埃塞尔博尔恩 Esselborn | 埃森海姆 Essenheim | 埃施海姆 Elsheim | 埃斯林根 Eßlingen | 埃斯塔尔 Esthal | 埃斯韦勒 Eßweiler | 埃特格尔特 Etgert

埃韦勒
Ehweiler

埃希特尔纳
黑尔布吕克
Echternacherbrück

埃希特尔斯豪森
Echtershausen

埃因塞尔图姆
Einselthum

艾迪格海姆
Edigheim

艾尔伦伯恩
Erlenbrunn

艾尔旺
Ehrang

艾芬巴赫
Erfenbach

艾克维勒
Eckweiler

艾伦巴赫（凯泽斯劳滕）
Erlenbach
(Kaiserslautern)

艾姆斯海姆
Eimsheim

艾莫瑞茨海恩
Emmerichenhain

艾伦贝格（比肯费尔德）
Ellenberg (Birkenfeld)

艾纳森
Ernzen

艾内伦
Einöllen

艾普斯泰恩
（弗兰肯塔尔）
Eppstein (Frankenthal)

艾森巴赫（马岑巴赫）
Eisenbach
(Matzenbach)

艾森巴赫
Eschbach

艾森伯格
Eisenberg

艾施河畔赫希施塔特
Hochstadt (Pfalz)

艾西希霍芬
Eisighofen

艾希（莱茵黑森）
Eich
(Rheinhessen)

爱伯恩堡
Ebernburg

爱森纳赫（埃菲尔）
Eisenach (Eifel)

安热南
Ingenheim

奥埃尔伦巴赫
Orlenbach

奥巴尔考斯滕茨
Ober kostenz

奥堡
Oppau

奥贝拉尔本
Oberalben

奥贝拉尔恩巴赫
Oberarnbach

奥贝雷尔巴赫
（瓦尔梅罗德）
Obererbach(Wallmerod)

奥贝罗特尔巴赫
Oberotteebach

奥贝雷尔茨
Oberelz

奥贝雷尔巴赫（韦斯特瓦）
Obererbach(Westerwald)

奥本海姆
Oppenhei

奥比斯
Orbis

奥伯 － 绍尔海姆
Obersaulheim

奥伯多夫
Oberndorf

奥茨韦勒
Otzweiler

奥伯豪森（南路）
Oberhausen(suw)

奥伯韦勒 － 蒂芬巴赫
Obertieiler-
Tiefenbach

奥伯韦斯
Oberwiesems

奥伯温特
Oberwinter

奥布里格海姆
Obrigheim

奥布韦斯
Oberweis

奥伯恩海姆－基兴阿恩巴赫
Obernheim-Kirchenarnbach

奥恩巴赫
Ohmbach

奥尔茨海姆
Olzheim

奥尔斯布吕肯
Olsbrucken

奥尔斯多夫（埃菲尔）
Olsdorf (Eifel)

奥芬巴 - 洪德海姆
Offenbach-Hundheim

奥芬巴赫
（库塞尔）
Offenbach

奥芬巴赫格兰
Odenbach am
Glan

奥芬海姆
（阿尔蔡蠕虫）
Offenheim

奥格斯海姆
Oggersheim

奥肯海姆
Ockenheim

奥斯多夫
（埃菲尔）
Olsdorf

奥斯特尔斯派
Osterspai

奥斯托芬
Osthofen

奥特巴赫
Otterbach

奥特贝格
Otterberg

奥特尔斯海姆
Ottersheim

奥特尔斯塔特
Otterstadt

奥伊伦比斯
Eulenbis

奥伊塞尔塔尔
Eusserthal

巴本海姆
Appenheim

巴德诺伊埃纳尔
Bad Neuenahr-Ahrweiler

巴登海姆
Badenheim

巴尔贝尔罗特
Barbelroth

巴尔杜因斯泰因
Balduinstein

巴尔韦勒
Bärweiler

巴哈拉赫
Bacharach

巴特埃姆斯
Bad Ems

巴特贝格察伯恩
Bad Bergzabern

巴特布赖西希
Bad Breisig

巴特迪克海姆
Bad Dürkheim

巴特亨宁根
Bad Hönningen

巴特克罗伊茨纳赫
Bad Kreuznach

巴特马林贝格
Bad Marienberg

巴特诺因阿尔
Bad Neuenahr

巴特索伯恩海姆
Bad Sobernheim

巴特韦勒
Battweiler

巴特扎尔齐希
Bad Salzig

巴滕伯格
Battenberg

拜因德尔斯海姆
Beindersheim

拜因豪森
Beinhausen

班伯沙伊德
Bannberscheid

班恩
Bann

邦加德
Bongard

鲍斯特尔特
Baustert

卑尔根（贝基恩）
Bergen (bei Kirn)

贝茨多夫
Betzdorf

贝德斯巴赫
Bedesbach

贝德斯赫姆
Biedesheim

贝恩德罗特
Berndroth

贝恩卡斯特尔 - 库斯
Bernkastel-Kues

贝尔
Bell

贝尔茨哈恩
Berzhahn

贝尔海姆 Bellheim

贝尔梅尔斯海姆 Bermersheim

贝尔斯坦（摩泽尔） Beilstein (Mosel)

贝格 Belg

贝格豪森（罗梅尔博格） Berghausen (Römerberg)

贝格兰根巴赫 Berglangenbach

贝格利希特 Berglicht

贝雷博尔恩 Bereborn

贝伦巴赫 Bärenbach

贝伦巴赫 Berenbach

贝伦巴赫（洪斯吕克） Bärenbach (Hunsrück)

贝廷恩（埃菲尔） Bettingen (Eifel)

贝泽维拉尔 Berzweiler

贝托尔斯海姆 Bechtolsheim

贝希泰姆 Bechtheim

贝肖芬 Bechhofen

贝肖芬 Bechhofen

贝谢巴赫 Becherbach

贝兴海姆 Bechenheim

贝滕豪森（格兰 - 明希韦勒） Bettenhausen (Glan-Münchweiler)

本登巴赫 Bundenbach

本登塔尔 Bundenthal

本多夫（马延 - 科布伦茨） Bendorf (Mayen-Koblenz)

本豪森 Bennhausen

比贝尔恩 Biebern

比贝尔恩海姆 Biebelnheim

比贝尔斯海姆 Biebelsheim

比德斯豪森 Biedershausen

比尔肯海德 Birkenheide

比尔肯赫尔特 Birkenhördt

比尔伦巴赫（莱茵拉恩克瑞斯） Birlenbach (Rhein-Lahn Kreis)

比尔特林根 Birtlingen

比克韦勒 Birkweiler

比肯巴赫（洪斯吕克） Bickenbach (Hunsrück)

比斯特尔席德 Bisterschied

比肯费尔德（纳赫） Birkenfeld (Nahe)

比利格海姆 - 因根海姆 Billigheim-Ingenheim

比肯多夫 Bickendorf

比塞尔斯海姆 Bissersheim

波尔（拿骚） Pohl(nassau)

比斯桑（当纳斯贝格县） Bischheim (Donnersbergkreis)

比特堡 Bitburg

比兴博伊伦 Büchenbeuren

彼得伯格 Petersberg

彬德斯巴茨 Bindersbach

波尔希 Polch

比利格海姆（因根海姆） Billigheim (Ingenheim)

波尔巴赫 Porrbach

滨湖比尔斯多夫 Biersdorf am See

伯尔芬克 Börfink

伯尔斯博尔恩 Börsborn

伯尔斯塔特 Börrstadt

伯格（格尔斯海姆） Berg (Germersheim)

伯格拿骚绍伊埃尔恩 Bergnassau-Scheuern

伯伦博尔恩 Böllenborn

博登巴赫 Bodenbach

博登海姆 Bodenheim

博恩霍芬 Kamp-bornhofen

博尔莱尔 Borler

博尔尼希 Bornich

博克斯贝格（埃菲尔） Boxberg (Eifel)

博兰登 Bolanden

博伦多夫 Bollendorf

博罗德 Borod

布本海姆 Bubenheim

博森巴赫 Bosenbach

布雷岑海姆（美因茨） Bretzenheim (Mainz)

博伊利希 Beulich

布本海姆（莱茵黑森） Bubenheim (Rheinhessen)

博帕德 Boppard

布博尔恩 Buborn

布尔格布罗尔 Burgbrohl

布尔格施瓦尔巴赫 Burgschwalbach

布莱阿尔夫 Bleialf

布莱希特（埃菲尔） Brecht (Eifel)

布赖特沙伊德 Breitscheid

布赖滕巴赫 Breitenbach

布赖滕塔尔（洪斯吕克） Breitenthal (Hunsrück)

布兰茨夏伊德 Brandscheid

布劳巴赫 Blaubach

布劳巴赫 Braubach

布雷岑海姆（凯泽斯劳滕） Bretzenheim (Bad Kreuznach)

博滕巴赫 Bottenbach

布里奇斯（北比肯费尔德） Brücken (bei Birkenfeld)

布里明根 Brimingen

布里奇斯 Brücken

策莱尔塔尔 Zellerta

布鲁赫韦勒 Bruchweiler

布鲁米赫尔巴－米绍 Bruchmühlbach-Miesau

布伦贝里 Bremberg

布鲁威尔 Brauweiler

蔡斯卡姆 Zeiskam

布罗伊尼希韦勒 Breunigweiler

布吕克塔尔 Brücktal

布森贝格 Busenberg

采尔廷根－拉赫蒂希 Zeltinge

布罗尔 Brohl

布里希（莱茵拉恩克瑞斯） Biebrich (Rhein-Lahn Kreis)

茨魏布吕肯 Zweibruc

措尔恩海姆 Zornheim

达巴茨（洪斯吕克）Daubach (Hunsrück)

达恩 Dahn

达恩附近埃尔伦巴赫 Erlenbach bei Dahn

达恩附近菲施巴赫 Fischbach bei Dahn

达尔海姆 Dahlheim

达尔斯海姆 Dalsheim

达尔斯泰因 Darstein

达勒姆（比特堡）Dahlem (bei Bitburg)

达嫩 Dahnen

达嫩费尔斯 Dannenfels

达森豪森 Dachsenhausen

大本登巴赫 Großbundenbach

大博肯海姆 Großbockenheim

大卡尔巴赫 Grosskarlbach

德雷斯 Drees

代德斯海姆附近下基兴 Niederkirchen bei Deidesheim

戴因贝格 Deimberg

丹森伯格 Dansenberg

丹斯塔特 - 绍埃尔恩海姆 Dannstadt-Schauernheim

丹斯塔特 Dannstadt

当巴克（比肯费尔德）Dambach (Birkenfeld)

道恩 Daun

大斯泰因豪森 Großsteinhausen

德戴德斯汉姆 Deidesheim

德恩巴赫 Dernbach

德恩巴赫（韦斯特瓦）Dernbach (Westerwald)

德恩贝格（拉恩）Dörnberg (Lahn)

德尔费尔德 Dellfeld

德尔莫舍尔 Dörrmoschel

德尔沙伊德 Dörscheid

德赫罗内肯 Dhronecken

德克斯海姆 Dexheim

德赖费尔登 Dreifelden

德赖森 Dreisen

德伦巴赫 Dörrenbach

德罗默舍姆 Dromersheim

德斯多夫 Dörsdorf

登韦勒 - 弗罗恩巴赫 Dennweiler-Frohnbach

迪茨 Diez

迪茨附近汉巴赫 Hambach bei Diez

迪戴尔考夫 Diedelkopf

迪德斯菲尔德 Diedesfeld

迪尔 Dill

迪尔巴赫 Dierbach

迪尔多夫 Dierdorf

迪尔菲尔德 Dierfeld

迪尔基尔兴 Dielkirchen

迪尔姆斯泰因
Dirmstein

迪克斯巴赫
Dickesbach

迪肯席德
Dickenschied

迪伦多夫（洪斯吕克）
Dillendorf (Hunsrück)

迪内塔尔
Dienethal

迪塔尔特
Diethardt

迪特尔斯海姆 - 黑斯洛
Dittelsheim-Heßloch

迪特尔斯海姆
Dittelsheim

迪特尔斯海姆（宾根）
Dietersheim (Bingen)

迪特里欣根
Dietrichingen

迪特韦勒
Dittweiler

底特尔巴赫
Deuselbach

蒂芬塔尔
Tiefenthal

蒂芬塔尔
Tiefenthal

丁巴赫
Dimbach

丁海姆
Dienheim

丁斯特韦勒
Dienstweiler

栋西德尔斯
Donsieders

杜德尔多夫
Dudeldorf

杜登霍芬
Dudenhofen

杜罗特
Duchroth

杜特维勒
Duttweiler

敦茨韦勒
Dunzweiler

多茨
Dörth

多恩巴赫
Dörnbach

多尔恩 - 迪尔克海姆
Dorn-Dürkheim

多尔斯海姆
Dorsheim

多肯多夫
Dockendorf

多特海姆
Dautenheim

厄尔斯贝格
Oelsberg

法伊尔斯多夫
Feilsdorf

恩茨魏勒
Enzweiler

恩格尔施塔特
Engelstadt

恩格尔斯
Engers

恩基尔希
Enkirch

恩肯巴赫
Enkenbach

恩肯巴赫 - 阿尔森伯恩
Enkenbach-Alsenborn

法尔（诺韦德）
Fahr (Neuwied)

恩泽（艾弗尔）
Enzen (Eifel)

恩斯海姆（阿尔蔡 - 沃姆斯）
Ensheim (Alzey-Worms)

法尔多夫
Fahrdorf

法尔肯施泰因
Falkenstein

法伦达尔
Vallendar

法伊茨布龙
Veitsrodt

法伊尔宾格尔特
Feilbingert

厄钦根
Otzingen

菲尔费尔德（巴德克罗茨纳赫）
Fürfeld (Bad Kreuznach)

菲宁根
Vinningen

菲施巴赫（北奥伯施泰因）
Fischbach
(bei Idar-Oberstein)

菲施巴赫（凯泽斯劳滕）
Fischbach (Kaiserslautern)

费尔登茨
Veldenz

费尔德基兴（莱茵）
Feldkirchen (Rhein)

费尔森
Filsen

费非格海姆
Pfiffligheim

费施韦勒
Ferschweiler

芬德尔斯海姆
Vendersheim

芬肯巴赫－盖斯韦勒
Finkenbach-Gersweiler

芬腾
Finthen

弗奥肯贝格－林巴赫
Fockenberg-Limbach

弗尔克斯韦勒
Volkersweiler

弗尔马斯巴赫
Vollmersbach

弗克尔贝格
Föckelberg

弗拉梅尔
斯费尔德
Flammersfeld

弗拉梅尔斯海姆
Framersheim

弗拉特
Flacht

弗莱蒂茨
Freiendiez

弗莱尔斯巴赫
Freisbach

弗莱姆林根
Flemlingen

弗莱威海姆
Frei Weinheim

弗赖恩海姆
Freinsheim

弗赖－劳贝尔斯海姆
Frei-Laubersheim

弗赖梅尔斯海姆
Freimersheim

弗兰克尔巴赫
Frankelbach

弗劳恩贝格（纳赫）
Frauenberg (Nahe)

弗兰克韦勒
Frankweiler

弗兰肯斯坦
Frankenstein

弗兰肯塔尔
Frankenthal

弗兰肯塔尔附近霍伊黑尔海姆
Heuchelheim bei
Frankenthal

弗兰克内克
Frankeneck

弗勒尔斯海姆－达尔斯海姆
Flörsheim-Dalsheim

弗雷尔林根
Fleringen

弗雷肯费尔德
Freckenfeld

弗雷滕海姆
Frettenheim

弗里德尔斯海姆
Friedelsheim

弗里森海姆（莱茵黑森）
Friesenheim (Rheinhessen)

弗隆海姆
Flonheim

弗利瑟姆
Fliessem

弗隆博尔恩
Flomborn

弗里森海姆（路德维希港）
Friesenheim (Ludwigshafen)

弗罗恩霍芬
Frohnhofen

弗洛默斯海姆
Flomersheim

弗宁根
Venninge

弗瑞登豪森
Friedelhausen

弗瑞施特
Frücht

福尔德尔魏登塔尔
Vorderweidenthal

福尔克尔岑
Volkerzen

福尔克斯费尔德
Volkesfeld

福尔克斯海姆
Volxheim

福尔默斯韦勒
Vollmersweiler

福伦 - 林登
Fohren-Linden

福伊埃尔沙伊德
Feuerscheid

富斯根海姆
Fussgönheim

盖尔瑙
Geilnau

盖拉赫（在伊达尔 - 奥伯施泰因）
Gerach (bei Idar-Oberstein)

盖拉特
Gielert

盖勒特
Gehlert

盖罗尔施泰因
Gerolstein

盖瑟尔贝格
Geiselberg

盖斯巴赫（皮尔马森斯）
Gersbach (Pirmasens)

格拉芬豪森
Grevenhausen

高 - 阿尔格斯海姆
Gau-Algesheim

高埃尔斯海姆
Gauersheim

高奥登海姆
Gau-Odernheim

高 - 比克尔海姆
Gau-Bickelheim

高比绍夫斯海姆
Gau-Bischofsheim

高尔斯海姆
Gaulsheim

高格雷韦勒
Gaugrehweiler

高 - 黑彭海姆
Gau-Heppenheim

高 - 魏因海姆
Gau-Weinheim

戈德拉姆斯坦
Godramstein

戈尔恩豪森
Gornhausen

戈克林根
Göcklingen

戈伦贝格
Gollenberg

戈梅尔斯海姆
Gommersheim

戈塞尔斯维勒
Gossersweiler

戈瑟尔斯韦勒 - 施泰因
Gossersweiler-Stein

戈特斯希德
Göttschied

戈因斯海姆（新城）
Geinsheim
(Neustadt)

哥德尔豪森
Godelhausen

格奥尔威尔巴赫
Georgweierbach

格尔巴赫
Gerbach

格莱斯策伦 - 格莱斯霍尔巴赫
Gleiszellen-Gleishorbach

格尔海姆
Göllheim

格尔斯海姆
Germersheim

格尔韦勒
Gehlweiler

格哈弗维勒
Gehrweiler

格拉尔茨布伦
Gerhardsbrunn

盖西希
Geisig

格拉芬豪森
（特里费尔斯山麓安韦勒）
Gräfenhausen

格雷唐
Grethen

格莱斯韦勒
Gleisweiler

格兰布吕肯
Glanbrücken

格兰河畔奥登海姆
Odernheim am glan

格兰河畔鲁茨韦勒
Rutsweiler am Glan

格兰 - 明希韦勒
Glan-Münchweiler

格雷芬德赫龙
Gräfendhron

格尔巴赫
Vogelbach

格里贝尔席德 Griebelschied
格里斯 Glees
格里斯 Gries
格伦巴赫（格兰） Grumbach (Glan)
格伦贝格 Gelenberg
格伦茨豪森 Grenzhausen
格伦斯塔德 Grünstadt

格罗尔斯海姆 Gerolsheim
格罗尔斯海姆 Grolsheim
格罗森尼德兹海姆 Grossniedersheim
格罗森温腾海姆 Großwinternheim
格罗斯费施林根 Grossfischlingen
格蒙登（洪斯吕克） Gemünden (Hunsrück)
格蒙登（韦斯特瓦） Gemünden (Westerwald)

根海姆 Gönnheim
根讷斯多夫 Gönnersdorf
根辛根 Gensingen
哈尔克斯海姆（莱茵黑森） Harxheim (Rheinhessen)
贡布斯海姆 Gumbsheim
贡程海姆 Gonsenheim
贡德尔斯海姆 Gundersheim

贡德尔斯豪森 Gondershausen
贡德海姆 Gundheim
贡德拉特 Gunderath
贡德斯韦勒 Gundersweiler
贡登布雷特 Gondenbrett
贡多夫 Gondorf
贡特尔斯布卢姆 Guntersblum

古尔 Güls
古尔登塔尔 Guldental
古特纳克尔 Gutenacker
上魏勒伊姆塔尔 Oberweiler im Tal
哈布沙伊德 Habscheid
哈岑比赫尔 Hatzenbühl
哈恩（洪斯吕克） Hahn (Hunsrück)

哈恩巴赫 Hahnenbach
哈恩海姆 Hahnheim
哈恩韦勒 Hahnweiler
哈尔登堡 Hardenburg
哈尔克斯海姆（策勒塔尔） Harxheim (Zellertal)
贡巴赫 Gonbach
哈尔森巴赫 Halsenbach

哈尔斯多夫 Halsdorf
哈尔斯泰滕 Hahnstätten
哈尔滕费尔斯 Hartenfels
哈根巴赫（格尔斯海姆） Hagenbach (Germersheim)
哈亨巴赫 Hachenbach
哈亨堡 Hachenburg
哈肯海姆 Hackenheim

哈勒加滕
Hallgarten

哈姆（埃菲尔）
Hamm（Eifel）

哈斯罗赫（巴特迪克海姆）
Hassloch（Bad Dürkheim）

哈特尔特
Hattert

哈特根斯泰因
Hattgenstein

哈特豪森
Harthausen

海德地区霍尔茨豪森
Holzhausen an der Haide

海登堡
Heidenburg

海恩博尔恩
Heimborn

海恩岑巴赫
Heinzenbach

海肯菲尔德
Heckfeld

海利根莫舍尔
Heiligenmoschel

海利根斯泰因（罗梅贝格）
Heiligenstein（Römerberg）

海伦巴赫
Heilenbach

海默斯海姆（阿尔蔡）
Heimersheim（Alzey）

海纳村
Hayna

海姆巴赫（纳赫）
Heimbach（Nahe）

海姆凯尔赫恩
Heimkirchen

海姆韦勒
Heimweiler

海默斯海姆（巴特诺因阿尔）
Heimersheim（Bad Neuenahr-Ahrweiler）

海斯滕巴赫
Heistenbach

海因岑豪森
Heinzenhausen

汉巴赫安德尔韦恩斯塔斯
Hambach an der Weinstrasse

汉霍芬
Hanhofen

汉根 - 魏斯海姆
Hangen-Weisheim

汉菲尔德
Hainfeld

汉默斯坦（莱茵河畔）
Hammerstein（am Rhein）

汉默斯坦
（伊达尔 - 奥伯施泰因）
Hammerstein

豪普茨图尔
Hauptstuhl

豪森斯坦
Hauenstein

豪斯拜 Hausbay

豪斯韦勒
Hausweiler

赫伯恩
（在伊达尔 - 奥伯施泰因）
Herborn（bei Idar-Oberstein）

赫恩斯海姆
Herrnsheim

赫恩斯坦
Herrstein

赫尔 - 格伦茨豪森
Höhr-Grenzhausen

赫尔绍森
Hörschhausen

赫尔特林斯豪森
Hertlingshausen

赫赫夫勒申
Höhfröschen

赫林根
Höringen

赫伦贝格
Hüllenberg

赫罗尔德
Herold

赫奇斯（洪斯吕克）
Hecken（Hunsrück）

赫塞豪恩
Hirschhorn

赫施巴赫
Herschbach

赫斯洛赫
（迪特尔斯海姆 - 黑斯洛）
Hessloch

赫希斯特贝格
Höchstberg

赫希菲尔德（洪斯吕克）
Hirschfeld（Hunsrück）

赫希斯滕巴赫
Höchstenbach

黑尔多夫 Herdorf

黑尔费尔斯基尔兴 Helferskirchen

黑尔格斯韦勒 Hergersweiler

黑尔根罗特 Hergenroth

黑尔克斯海姆 Herxheim

黑尔克斯海姆魏黑尔 Herxheimweyer

黑尔施贝格 Herschberg

黑尔施韦勒－佩特斯海姆 Herschweiler-Pettersheim

黑尔特斯贝格 Heltersberg

黑弗尔斯韦勒 Hefersweiler

黑伦－苏尔茨巴赫 Herren-Sulzbach

黑默斯贝格 Hermersberg

黑瑙 Henau

黑彭海姆（沃姆斯） Heppenheim (Worms)

黑斯海姆 Hessheim

黑滕豪森 Hettenhausen

黑滕莱德尔海姆 Hettenleidelheim

黑滕罗特 Hettenrodt

黑希韦勒 Herchweiler

亨德灿根 Hundsangen

亨根罗特 Hungenroth

亨施塔尔 Henschtal

亨斯特巴赫 Hengstbach

后魏登塔尔 Hinterweidenthal

胡琛豪森 Hütschenhausen

胡夫莱尔 Hüffler

霍巴赫 Horbach

霍巴赫 Horbach

霍德 Hördt

霍恩－乌尔多夫 Höhn-Urdorf

霍恩 Hoehn

霍恩埃肯 Hohenecken

霍恩巴赫 Hornbach

霍恩－苏尔岑 Hohen-Sülzen

霍尔察佩尔 Holzappel

霍尔豪森（拿骚） Horhausen (Nassau)

霍尔佩拉特 Horperath

霍尔施巴赫 Horschbach

霍尔斯图姆 Holsthum

霍赫多夫－阿森海姆 Hochdorf-Assenheim

霍尔希海姆 Horchheim

霍海恩奥德 Hoheinod

霍海斯希韦勒 Höheischweiler

瓦尔达尔格斯海姆 Waldalgesheim

霍赫博恩 Hochborn

霍赫多夫（霍赫多夫－阿森海姆） Hochdorf (Hochdorf-Assenheim)

霍尔威勒 Horrweiler

霍赫海姆（沃姆斯） Hochheim (Worms)

霍赫沙伊德 Hochscheid

霍黑内伦
Hohenollen

霍亨洛伊本
Hohenleuben

霍克斯坦
Hochstein

霍拉特
Horath

霍普斯特滕（比肯费尔德）
Hoppstädten (Birkenfeld)

基尔堡
Kyllburg

霍斯特滕－德豪恩
Hochstetten-dhaun

基恩
Kirn

霍伊黑尔海姆
（霍伊黑尔海姆－凯林根）
Heuchelheim (Heuchelheim-Klingen)

霍伊策尔特
Heuzert

霍伊黑尔海姆－卡灵根
Heuchelheim-Klingen

霍斯特滕
Hochstatten

基恩附近贝歇尔巴赫
Becherbach bei Kirn

霍普斯特滕（库塞尔）
Hoppstädten (Kusel)

基尔恩附近奥贝劳森
Oberhausen bei kirn

基尔河畔许廷根
Hüttingen an der Kyll

基尔斯巴赫
Kirsbach

基尔韦勒
Kirrweil

基尔韦勒
Kirrweiler

基尔夏因博兰登
Kirchheimbolanden

基施罗特
Kirschroth

基施韦勒
Kirschweiler

基希贝格（洪斯吕克）
Kirchberg (Hunsrück)

基希海姆
Queichheim

基兴博伦巴赫
kirchenbollenbach

吉尔策姆
Gilzem

吉梅尔丁根
Gimmeldingen

吉姆斯巴赫
Gimsbach

吉森豪森
Giesenhausen

加伦贝格
Galenberg

嘉士伯
Carlsberg

金布斯海姆
Gimbsheim

金布韦勒
Gimbweiler

金茨巴赫
Kindsbach

金登海姆
Kindenheim

金斯韦勒
Ginsweiler

居金根
Gückingen

卡岑埃尔恩博根
Katzenelnbogen

卡岑巴赫（当纳斯贝格县）
Katzenbach (Donnersbergkreis)

卡茨温克尔
Katzwinkel

卡茨韦勒
Katzweil

卡岑巴赫（许茨兴豪森）
Katzenbach (Hütschenhausen)

卡尔科芬
Kalkofen

卡尔斯塔特
Kallstadt

卡尔滕霍尔茨豪森
Kaltenholzhausen

卡佩尔恩
Kappeln

卡佩里希
Kaperich

卡佩伦－德鲁斯韦勒
Kapellen-drusweiler

卡普尔（洪斯吕克）
Kappel(Hunsruck)

卡普斯魏埃尔 Kapsweyer

卡申巴赫 Kaschenbach

卡斯特劳恩 Kastellaun

凯尔贝格 Kelberg

凯伦巴赫 Kellenbach

凯撒斯埃施 Kaisersesch

凯撒斯劳滕 Kaiserslautern

凯斯滕 Kesten

凯滕海姆 Kettenheim

坎德尔 Kandel

坎德尔附近埃伦巴赫 Erlenbach bei Kandel

坎普顿 Kempten

康茨 Konz

康肯 Konken

考布 Kaub

考尔巴赫 Kaulbach

柯南伯格 Cronenberg

科布伦次 Koblenz

科尔费拉特 Kolverath

科尔根斯坦－海登海姆 Colgenstein-Heidesheim

科尔韦勒 Kollweil

科赫姆 Cochem

科特韦勒 Kottweil

克尔博尔恩 Korborn

克尔岑海姆 Kerzenhe

克尔多夫 Kordorf

克豪森（艾恩里希）Berghausen (Einrich)

克拉岑堡 Kratzenburg

克莱恩博肯海姆 Kleinbockenheim

克莱尼德斯海姆 Kleinniedersheim

克赖因巴赫 Kreikaul

克兰贝格 Cramberg

克劳森 Clausen

克勒夫 Krov

克勒彭 Kroppen

克雷贝斯维尔 Krebsweiler

克雷亨贝格 Krahenberg

克雷姆巴赫 Kreimbach

克里夫特尔 Kriftel

克里格斯费尔德 Kriegsfeld

克里肯巴赫 Krickenbach

克里耶格桑 Kriegsheim

克林格 Klingen

克林格尔巴赫 Klingelbach

克林根明斯特 Klingenmunster

克灵巴赫河畔明希韦勒 Munchweiler am klingbach

克龙韦勒 Kronweiler

克卢登巴赫 Kludenbach

克鲁夫特 Kruft

克罗巴赫 Kroppach	克罗特尔巴赫 Krottelbach	克内林根 Knoringen	克尼格绍 Konigsau	克尼特尔斯海姆 Knittelsheim	克诺普－拉巴赫 Knopp-labach	克斯霍芬 Kashofen

克特里兴 Kotterichen	肯格尔恩海姆 Kongernheim	肯普费尔德 Kempfeld	孔特维希 Contwig	库艾德尔斯巴赫 Queidersbach	库艾希河畔奥芬巴赫 Offenbach an der Queich	库比拜尔 Kubelber

库哈尔特 Kuhardt	库塞尔 Kusel	库伊尔恩巴赫 Quirnbach	库伊尔恩海姆 Quirnheim	奎克博恩 （迪特马尔申） Quickborn	奎希哈姆巴赫 Queichhambach	昆德特 Kundert

拉巴赫 Labach	拉茨基尔兴 Rathskirchen	拉茨韦勒 Rathswei	拉恩斯坦 Lahnstein	拉费尔斯博伊伦 Raversbeuren	拉亨施派尔多夫 Lachenspenyerdorf	拉梅尔斯巴赫 Rammelsbach

拉姆巴尔特 Lambrecht pfalz	拉姆贝格 Amberg	拉姆施泰因 Ramstein	拉姆施泰因 Ramsmies	拉塞尔 Lasel	莱茨韦勒 Leitzweiler	莱恩斯韦勒 Leinsweiler

莱梅尔斯海姆 Leimersheim	莱门 Leimenp	莱瑟尔 Leisel	莱特韦勒 Lettweiler	莱茵察贝恩 Rheinzabern	莱茵达克海姆 Rheindurkheim	莱茵河畔宾根 Bingen am Rhein

莱茵河畔海德斯海姆 Heidesheim am Rhein	莱茵河畔林茨 Linz am rhein	莱茵河畔韦尔特 Wörth am Rhein	莱茵河畔因格尔海姆 Ingelheim am Rheim	赖波尔茨基尔兴 Reipoltskirchen	赖岑海恩 Reitzenhain	赖费尔巴赫 Reiffelbach

赖芬贝格
（西南普法尔茨）
Reifenberg

赖梅拉特
Reimerath

赖斯特尔
Reichsth

赖希韦勒
Reichweiler

赖兴巴赫斯特特根
Reichenbachsteegen

赖兴巴赫 - 斯特根
Reichenbach-steegen

赖兴巴赫
（鲍姆霍尔德尔）
Reichenbach

赖兴巴赫
Reichenbach

赖因布罗尔
Rheinbrohl

兰布斯博尔恩
Lambsborn

兰布斯海姆
Lambshei

兰道附近奥特尔斯海姆
Ottersheim bei
Landau

兰根巴赫
Langenbac

兰姆森
Ramsen

兰施巴赫
Ranschbach

兰施图尔
Landstuhl

朗韦勒（伊达尔 - 奥伯施泰因）
Langweiler(bei idar-oberstein

兰斯韦勒
Ransweiler

朗根隆斯海姆
Langenlonsheim

朗韦勒
Langweiler

兰斯巴赫
Ransbach

朗维登
Langwieden

劳本海姆
（美因茨）
Laubenhe

劳本海姆
Laubenheim

劳岑豪森
Lautzenhausen

劳弗斯维尔
Laufersweiler

劳伦堡
Laurenburg

劳梅尔斯海姆
Laumersheim

劳特尔河畔鲁茨韦勒
Rutsweiler an der
Lauter

劳特尔斯海姆
Lautersheim

劳特雷肯
Lauterecken

劳席德
Lauschied

勒茨韦勒 - 诺肯塔尔
Rotsweiler-
Nocjenthal

勒德尔豪森
Rodelhausen

勒德尔斯海姆 - 格罗瑙
Rodersheim-Gronau

勒尔茨韦勒
Lorzweiler

勒斯塔特
Leistadt

雷巴赫
Rehbach

雷博尔恩
Rehborn

雷尔斯贝格
Relsberg

雷格尔斯豪森
Regulshausen

雷克尔斯豪森
Reckershausen

雷肯罗特
Reckenroth

雷马根
Remagen

雷米吉乌斯贝格山麓哈施巴赫
Haschbach an Remigiusberg

雷内罗德
Rennerod

雷斯海姆
Leiselhem

雷特尔特
Rettert

雷特拉特
Retterath

雷韦勒
Rehweiler

雷希巴赫
Reuschbach

雷希滕巴赫
Rechtenbach

里登 - 埃菲尔
Rieden-eiffel

里芬海姆
Niefernheim

里姆斯贝格
Rimsberg

里姆希韦勒
Rimschweiler

里施韦勒 - 米尔巴赫
Riesmuhweiler-Muhlbach

里特尔斯海姆
Rittersheim

里特斯多夫
（埃菲尔）
Rittersdorf

利贝雷茨
Reichenberg

利本沙伊德
Liebenscheid

利波尔恩
Lipporn

利尔斯塔尔
Lirstal

利尔席德
Lierschied

利克尔斯豪森
Lykershausen

林巴赫
Limbach

利塞姆
（埃菲尔）
Liessem

林巴赫
（韦斯特瓦）
Limbach westerwald

林布尔格霍夫
Limburgerhof

林岑贝格
Rinzenberg

林登
Linden

林登（西部森林）
Linden (westerwald)

林登贝格
Lindenberg

林登席德
Lindenschied

林根费尔德
Lingenfeld

林根汉
Lingerhahn

林塔尔
Rinnthal

隆斯海姆
Lonsheim

卢德维格
斯温克尔
Ludwigswinkel

卢肯巴赫
Luckenbach

鲁帕希
Ruppach

鲁佩茨贝格
Ruppertsberg

鲁珀茨韦勒
Ruppertsweiler

鲁普特赫芬
（莱茵拉恩克瑞斯）
Ruppertshofen

鲁斯海姆
Russingen

鲁斯希贝格
Ruschber

鲁特韦勒
Ruthweiler

路德维希港
Ludwigshafen

路格
Lug

伦巴赫
Rumbach

伦贝格
Homberg

伦贝格
Lemberg

伦斯
Rhens

伦特诺德
Leuterod

罗本厄赫
Rubenach

罗达尔本
Rodalben

罗达尔布河畔明希韦勒
Munchweiler an der Rodalb

罗代尔恩（洪斯吕克）
Rodern(Hunsruck)

罗德斯海姆 Rodershem

罗德特 Rorodt

罗登巴赫（埃贝尔茨海姆）Rodenbach

罗登巴赫 Rodenbach

罗尔 Rohl

罗尔巴赫（鲍姆霍尔德尔）Rohrbach

罗尔巴赫（洪斯吕克）Rohrbach

罗尔巴赫（南魏恩斯特拉瑟）Rohrbach

罗赫海姆 Ruchheim

罗克斯海姆 Roxheim

罗肯费尔德 Rockenfeld

罗肯豪森 Rockenhausen

罗梅尔斯海姆 Rommersheim

罗姆贝格 Romerberg

罗森海姆（韦斯特瓦）Rosenheim

罗森科普夫 Rosenkopf

罗施巴赫 Roschbach

罗斯（莱茵拉恩克瑞斯）Roth

罗斯巴赫（韦斯特瓦）Rossbach

罗斯巴赫 Rossbach

罗特 Rhodt

罗特瑟尔贝格 Rothselberg

罗滕海恩 Rotenhain

洛布罗赫 Lobloch

洛恩斯费尔德 Lohnsfeld

洛恩韦勒 Lohnweil

洛尔席德 Lollschied

洛胡姆 Lochum

洛赖姆 Lohrheim

洛伊特斯多夫 Leutesdorf

吕尔茨海姆 Rulzheim

吕克罗特 Ruckeroth

吕克韦勒 Ruckweiler

吕肯堡 Luckenburg

吕梅尔斯海姆 Rummelsheim

马岑巴赫（旧）Matzenbach

马岑巴赫（库塞尔）Matzenbach

马丁斯坦 Martinstein

马尔贝格 Malberg

马尔博恩 Malborn

马尔茨豪森 Marzhausen

马尔洛夫斯泰因 Offstein

马尔廷斯赫黑 Martinshohe

马克斯多夫 Maxdorf

马克斯密联萨 Maximili

马克斯赛恩 Maxsain

马肯巴赫 Mackenbach

马肯罗特 Mackenrodt

马林博恩（美因兹）Marienborn(mainz)

马林费尔斯 Marienfels | 马林拉赫多夫 Marienrachdorf | 马林塔尔 Marienthal | 马斯韦勒 Massweiler | 马延 Mayen | 迈茨博尔恩 Maitzborn | 迈卡梅尔 Maikammer

迈森海姆 Meisenhe | 迈斯博尔恩 Maisborn | 麦克尔 Meckel | 曼德沙伊德 Manderscheid | 曼海姆 Dammheim | 曼海姆 Marnheim | 曼讷巴赫 Mannebach

曼斯费尔德 Mannweiler-colln | 曼沃尔德 Mannweil | 毛亨海姆 Mauchenheim | 毛施巴赫 Mauschba | 梅岑豪森 Metzenhausen | 梅达德（格兰）Medard | 梅德尔斯海姆 Meddersheim

梅尔巴赫 Mehlbach | 梅尔察尔本 Merzalben | 梅尔茨韦勒 Merzweiler | 梅尔克斯海姆 Merxheim | 梅尔穆特 Mermuth | 梅尔特斯海姆 Merteshem | 梅尔希巴赫 Merschbach

梅肯巴赫（比肯费尔德）Meckenbach | 梅肯巴赫 Meckenbach | 梅肯海姆 Meckenheim | 梅林根 Mehlinge | 梅宁根（上普鲁姆）Menningen | 梅斯瑞希 Messerich | 梅特涅 Metterich

梅特韦勒 Mettweiler | 梅滕海姆（莱茵黑森）Mettenhem(Rheinhessen) | 梅兹特海姆 Mechtersheim | 美因茨 Mainz | 门迪希 Mendig | 门斯海姆 Monsheim | 蒙巴赫 Mombach

蒙策尔恩海姆 Monzernheim | 蒙钦根 Monzingen | 蒙塔鲍尔 Montabaur | 米尔伦巴赫 Murlenbach | 米赫尔普法德 Muhlpfad | 米伦 Miehlen | 米伦贝格 Buhlenberg

米萨 Miesau	米森巴赫 Miesenbach	米申巴赫 Muschenbach	米特尔巴赫 Mittelbach	米特尔博伦巴克 Mittelbollenbach	米特尔布伦 Mittelbrunn	米特尔菲施巴赫 Mittelfischbach

米特尔赖登巴赫 Mittelreidenbach	明德尔斯巴赫 Mundersbach	明登（索尔） Minden(sauer)	明费尔德 Minfeld	明斯特－萨尔姆斯海姆 Munster-sarmsheim	明斯特尔 迈费尔德 Munstermaifeld	明斯特拉佩尔 Munsterappel

摩尔巴赫 Morbach	摩尔拉顿 Morlaute	莫尔巴赫 Morbach	莫尔茨海姆 Morzheim	莫尔塞姆 Moelsheim	莫尔沙伊姆 Morschheim	莫尔斯伯格 Molsberg

莫尔希 Morsch	莫尔希巴赫 Molschbach	莫根多夫 Mogendorf	莫门海姆 （莱茵黑森） Mommenheim	莫塞尔河畔格拉赫 Graach an der Mosel	莫沙伊姆 Moschheim	莫斯巴赫 Morsbach

莫斯布鲁 Mosbruch	莫斯豪森 Morshausen	莫伊特 Meudt	默尔斯费尔德 Morsfeld	默尔斯塔特 Morstadt	默尔席德 Morschied	默克尔巴赫 Merkelbach

穆达施 Maudach	穆德尔斯豪森 Mudershausen	穆登巴赫 Mudenbach	穆顿海姆 Mundenhe	穆尔巴赫－阿尔滕兰 Muhlbach-altenglan	穆尔巴赫 Mulbach	穆特尔斯塔特 Mutterstadt

拿骚 Nassau	纳博伦巴赫 Nahbollenbach	纳厄河畔奥伯豪森 Oberhausen an der Nahe	纳肯海姆 Nackenheim	纳林根 （洪斯吕克） Leiningen	纳斯特滕 Nastatten	纳滕海姆 Nattenheim

奈登费尔斯 Neidenfels | 奈兴 Neichen | 奈伊（洪斯吕克）Ney | 楠德尔施塔特 Nanzdietschweiler | 瑙罗特 Nauroth | 内尔茨韦勒 Nerzweiler | 嫩特尔斯豪森（韦斯特瓦）Nentershausen

尼茨 Nitz | 尼德埃本 Niederalben | 尼德埃尔巴赫 Niederauerbach | 尼德兰巴赫 Niederhambach | 尼德罗尔巴赫 Niederhorbach | 尼德罗特尔巴赫 Niederottenbach | 尼德普若姆 Niederprum

尼德特 Niedert | 尼尔施泰因 Nierstein | 尼费尔恩 Nievern | 尼斯特尔 Nister | 宁施韦勒 Nunschweiler | 努斯巴赫 Nussbach | 努斯鲍姆 Nussbaum

努斯多尔夫（朗多）Nussdorf | 诺埃尔 Norath | 诺尔德霍芬 Nordhofen | 诺黑尔恩 Nochern | 诺亨 Nohen | 诺特魏莱尔 Nothweiler | 诺韦德 Neuwied

诺伊堡（格尔斯海姆）Neuburg(Germersheim) | 诺伊波茨 Neupotz | 诺伊尔堡 Neuerburg | 诺伊霍芬 Neuhofen | 诺伊基兴（梅林根）Neukirchen（Mehlingen） | 诺伊马根 - 德赫龙 Neumagen-dhron | 诺伊马根 Neumagen

诺伊施塔特报特拉瑟 Neustadt an der weinstrasse | 诺依班贝格 Neubamberg | 诺因基兴（洪斯吕克）Neunkirchen | 皮斯波特 Piesport | 诺因基兴的波兹南 Neunkirchen am pozberg | 帕尔滕海姆 Partenheim | 帕特斯贝格 Patersberg

佩芬根 Peffingen | 皮尔马森斯 Pirmasens | 皮兰格 Planig | 诺因基兴（韦斯特瓦）Neunkirchen(Westerwald) | 普德尔斯海姆 Pfeddersheim | 普法茨尔 Pfalzel | 普法尔茨地区兰道 Landau in der pfalz

普法尔茨费尔德 Pfalzfeld

普法芬 - 施瓦本海姆 Pfaffen

普费费尔巴赫 Pfeffelbach

普莱斯韦勒 - 奥伯霍芬 Pleiober-Oberhofen

普莱特尔斯海姆 Pleitersheim

普龙斯费尔德 Pronsfeld

普鲁姆 Prum

普吕姆楚尔莱 Prumzurlay

普吕姆附近奥夫 Auw bei Prüm

普瑞特 Prath

齐梅尔席德 Zimmersc

瑞德巴赫 Riedelberg

山麓黑尔克斯海姆 Herxheim am Berg

上奥尔巴赫 Oberauerbach

上比伯 Oberbieber

山边的魏森海姆 Weisenheim am Berg

上布若姆巴赫 Oberbrombach

上迪巴赫 Oberdiebach

上迪伦巴赫 Oberdurenbach

上恩霍夫 Obernhof

上菲施巴赫 Oberfischbach

上夫勒尔斯海姆 Ober florsheim

上海姆巴赫 Oberheimbach

上汉巴赫 Oberhambach

上豪希斯塔德特（霍克斯塔德） Oberhochstadt

上赖登巴赫 Oberreidenbach

上兰纳斯坦因 Oberlahnstein

上路斯塔特 Oberlust

上罗森巴赫 Oberhosenbach

上莫尔 Obermohr

上莫舍尔 Obermoschel

上奈森 Oberneisen

上齐森 Oberzissen

上施莱滕巴赫 Oberschlettenbach

上施派尔 Hochspeyer

上斯姆滕 Obersimten

上斯坦因 Oberstein

上斯陶芬巴赫 Oberstaufenbach

上斯特德姆 Oberstedem

上瓦尔梅纳 Oberwallmenach

上韦雷斯巴 Oberworresbach

上韦瑟尔 Oberwesel

上维森 Oberwiesen

上魏勒（埃菲尔） Oberweiler

上希尔贝尔斯海姆 Ober hilbersheim

斯托巴克 Zaubach

施泰因 - 埃伯恩堡地区巴特明斯特 Bad Münster am Stein-Ebernburg

斯特特 Kestert

上殷格翰 Ober ingelgeum

希尔斯海姆（埃菲尔）
Hillesheim (Eifel)

斯希尔舍穆（莱茵黑森）
Hillesheim
(Rheinhessen)

上苏尔岑
Obersulzen

苏尔茨巴赫
（苏尔茨巴塔尔）
Obersulzbach

塔尔方
Thalfang

塔莱施韦勒 - 弗勒申
Thaleischweiler-
Froschen

塔利希滕贝格
Thallichtenberg

塔灵
Talling

泰斯贝格施泰根
Theisbergstegen

特拉本 - 特拉巴赫
Traben-Trarbach

特赖森
Traisen

特赖斯 - 卡尔登
Treis-karden

特赖斯
Treis

特雷希廷格斯豪森
Trechtingshausen

特里尔
Trier

特里费尔斯山麓安韦勒
Annweiler am Trifels

特里普施塔特
Trippstadt

特里滕海姆
Trittenheim

特隆赫姆
Cronheim

特鲁尔本
Trulben

特姆波特
Trimport

特申莫舍尔
Teschenmoschel

图尔
Thur

托登罗特
Todenroth

托尔弗兴
Thalfros

托尔伊斯希韦勒
Thaleischweiler

瓦策拉特
Watzerath

瓦德塞
Waldsee

瓦恩韦根
Wahnwegen

瓦尔德伯
克尔海姆
Waldböckelheim

瓦尔德菲斯巴赫 - 布尔加尔本
Waldfischbach-Burgalben

瓦尔德费
斯克巴赫
Waldfischbach

瓦尔德格雷威勒
Waldgrehweiler

瓦尔德汉巴赫
Waldhambach (Pfalz)

瓦尔德莱宁根
Waldleiningen

瓦尔德罗尔巴赫
Waldrohr

瓦尔德莫尔
Waldmohr

瓦尔哈尔本
Wallhalben

瓦尔海姆
Wahlheim

瓦尔罗德
Wahlrod

瓦尔门罗特
Wallmenroth

瓦尔斯海姆
Walsheim

瓦尔斯豪森
Walshausen

瓦尔滕贝格 - 罗尔巴赫
Wartenberg-Rohrbach

瓦亨海姆
Wachenheim

瓦克尔恩海姆
Wackernheim

瓦肯汉姆
Wackenheim

瓦莱尔斯海姆
Wallersheim

瓦莱瑙
Wahlenau

瓦勒特海姆
Wallertheim

瓦伦多夫（艾弗尔）
Wallendorf (Eifel)

瓦塞纳
Wassenach

瓦滕海姆
Wattenheim

瓦韦尔恩（艾菲尔）
Wawern (Eifel)

威登（盖默斯海姆）
Winden (Germersheim)

威登（拿骚）
Winden (Nassau)

威尔巴赫
Weierbach

威尔格拉特施伟森
Wilgartswiesen

威莫斯多夫（埃菲尔）
Wiersdorf (Eifel)

威斯－奥本海姆
Wies-Oppenheim

威斯特霍芬（莱茵黑森）
Westhofen (Rheinhessen)

韦尔（艾佛尔）
Wehr (Eifel)

韦尔格斯海姆
Welgesheim

韦尔肯巴赫
Welkenbach

韦尔米奇
Wellmich

韦尔内斯尔格
Wernersberg

韦尔施比利希
Welschbillig

韦尔斯巴赫
Weiersbach

韦尔斯泰因
Wöllstein

韦尔特罗德
Welterod

韦尔特斯巴赫
Weltersbach

韦尔希魏莱尔
Welchweiler

韦尔歇拉特
Welcherath

韦塞尔贝尔格
Weselberg

韦斯特堡
Westerburg

韦斯特海姆
Westheim

韦特林根
Wettlingen

韦伊尔（莱茵－拉恩）
Weyer
(Rhein-Lahn Kreis)

维达（哈亨堡）
Wied
(bei Hachenburg)

韦因斯特拉塞旁基尔夏伊姆
Kirchheimw

维厄
Weyher

韦因斯特拉塞地区福尔斯特
Forst an der Weinstrasse

维森
Wissen

维尔茨魏莱尔
Würzweiler

维尔格斯
Wirges

维尔斯劳滕
Wieslautern

维肯罗特
Wickenrodt

维勒贝宾根
Weiler bei
Bingen

维尔岑贝尔格－胡斯魏莱尔
Wilzenberg-Hußweiler

维里希
Würrich

维斯巴赫
Wiesbach

维斯曼斯多尔夫
Wißmannsdorf

维斯魏莱尔
Wiesweiler

维待利希
Wittlich

魏贝尔恩
Weibern

魏策施威勒
Wirschweiler

魏登（比肯费尔德）
Weiden (Birkenfeld)

魏登塔尔
Weidenthal

魏内尔
Weinähr

魏莱尔巴赫
Weilerbach

魏斯
Weis

魏恩施特拉瑟地区瓦亨海姆
Wachenheim an der Weinstrasse

魏森海姆阿姆桑德
Weisenheim am Sand

魏莱尔拜蒙钦根
Weiler bei Monzingen

魏特尔斯博恩
Weitersborn

魏特斯韦勒
Weitersweiler

魏辛根
（魏因施特拉瑟的诺伊施塔特）
Winzingen

魏泽尔
Weisel

温克尔
Unkel

魏因斯海姆（巴特克罗伊茨纳赫）
Weinsheim (Bad Kreuznach)

温特斯海姆
Wintersheim

魏因海姆（阿尔锡）
Weinheim (Alzey)

温策尔恩（皮尔马森斯）
Winzeln (Pirmasens)

温德斯海姆
Windesheim

温克尔（艾费尔）
Winkel (Eifel)

魏因加滕（格尔梅尔斯海姆）
Weingarten (Germersheim)

温克尔巴赫
Winkelbach

温特巴赫
Winterbach

温特堡
Winterburg

温特博恩
Winterborn

温特斯贝尔特
Winterspelt

魏因斯海姆（沃尔姆斯）
Weinsheim (Worms)

温韦勒
Winnweiler

文德尔斯海姆
（阿尔蔡 - 沃尔姆斯）
Wendelsheim (Alzey-Worms)

文思贝格
Windsberg

翁岑贝格
Unzenberg

翁肯巴赫
Unkenbach

翁斯海姆
Wonsheim

翁特尔苏
尔茨巴赫
Untersulzbach

翁特尔耶肯巴赫
Unterjeckenbach

沃尔德菲斯克
Waldfisc

沃尔夫施泰因
Wolfstein

沃尔夫斯海姆
Wolfsheim

沃尔姆斯
Worms

沃尔姆斯海姆
Wollmesheim

沃尔斯巴赫
Wörsbach

沃尔斯费尔德
Wolsfeld

沃伦多夫
Wollendorf

沃姆拉特
Womrath

沃彭罗特
Woppenroth

沃瑞斯塔特
Wörrstadt

沃森巴赫
Wasenbach

乌埃尔费尔斯海姆
Uelversheim

乌岑海恩
Utzenhain

乌登海姆
Udenheim

乌尔梅特
Ulmet

乌弗豪芬
Uffhofen

乌斯
Ueß

乌斯坦因
Ungstein

希尔沙伊德
Hilscheid

希尔施贝格
（莱茵拉恩克瑞斯）
Hirschberg

希尔施塔尔
Hirschthal

希尔斯特
Hilst

希塞尔
Hisel

下艾森巴赫
Niedereisenbach

下奥尔姆
Nieder-olm

下巴海姆
Niederbachheim

下比伯－瑟根多夫
Niederbieber-segendorf

下布龙巴赫
Niederbrombach

下茨斯森
Niederzi

下迪伦巴赫
Niederdurenbach

下蒂芬巴赫
Niedertiefenbach

下弗勒斯海姆
ieder
florsheim

下海姆巴赫
Niederheimbach

下豪希斯塔德特
Niederhochstadt

下霍森巴赫
Niederhosen

下基尔兴
Niederkirchen

下考斯滕茨
Niederkostenz

下拉哈斯坦因
Niederlahnstein

下劳森
Niederhausenn

下卢斯塔德特
Niederlus

下门德格
Niedermendig

下米萨
Niedermiesau

下莫尔
Niedermohr

下莫舍尔
Niedermos

下奈森
Niederneisen

下赛因
Niedersayn

下绍尔海姆
Nieder-
saulheim

下施莱滕巴赫
Niederschlettenbach

下斯陶芬巴赫
Niederstaufenbach

下斯特德姆
Niederstedem

下索伦
Niedersohren

下瓦尔梅纳
Nwallmenach

下韦雷斯巴赫
Niederworresbach

下维森
Nwiesen

下魏勒
（埃菲尔）
Niederweiler

下魏勒
（洪斯吕克）
Niederweiler

下魏斯
Niederweis

下希尔贝尔斯海姆
Nieder-hibersheim

下殷格翰
Nieder ingelheim

夏洛滕贝里
Charlottenberg

小本登巴赫
Kleinbundenbach

小菲施林根
Kleinfischlingen

小卡尔巴赫
Kleinkarlbach

小温滕海姆
Klein-
winterheim

欣茨韦勒
Hinzweiler

欣特尔蒂芬巴赫 Hintertiefenbach

新黑姆斯巴赫 Neuhemsbach

新莱宁根 Neuleiningen

许特尔沙伊德 Hütterscheid

雅各布斯韦勒 Jakobsweiler

耶滕巴赫（普法尔茨）Jettenbach

伊拜尔海姆 Ibersheim

伊达尔－奥伯施泰因 Idarobersteín

伊德尔 Idar

伊德斯海姆 Idesheim

伊登海姆 Idenheim

伊尔贝斯海姆北朗道 Ilbesheim bei Landau

伊格尔海姆 Iggelheí

伊克斯海姆 Ixheim

伊雷尔 Irrel

伊里希 Irlich

伊梅斯海姆 Immesheim

伊默拉特 Immerath

伊默特 Immert

伊姆斯巴赫 Imsbach

伊姆斯韦勒 Imsweiler

伊佩斯海姆 Ippesheim

伊彭席德 Ippenschied

伊塞尔巴赫 Isselbach

因河畔克赖堡 Kraiburg

因克拉特 Junkerath

因斯海姆 Insheim

英根多夫 Ingendorf

于尔斯费尔德 Uersfeld

约克格里姆 Jockgrim

泽尔 Zell

梅克伦堡－前波莫瑞州 Mecklenburg-Vorpommern

阿尔贝克 Ahlbeck

埃格辛 Eggesin

安克拉姆 Anklam

巴特 Barth

巴特多贝兰 Bad Doberan

巴特叙尔策 Bad Sülze

班德尼茨 Bandenitz

比措 Bützow

宾茨 Binz

滨湖克拉科夫 Krakowsee

博伊岑堡 Boizenburg

布尔格斯塔尔加尔德 Burg Stargard

布吕尔 Brüel

达尔贡 Dargun

达索 Dassow

德门 Demen

德明 Demmin

杜黑罗 Ducherow | 多伯廷 Dobbertin | 多夫梅克伦堡 Dorf Mecklenburg | 费尔德山 Feldberg | 费尔迪南茨霍夫 Ferdinandshof | 芬肯 Fincken | 弗兰茨堡 Franzburg

弗里德兰 Friedland | 戈德堡 Goldberg | 格尔本桑德 Gelbensande | 格拉博 Grabow | 格赖夫斯瓦尔德 Greifswald | 格里门 Grimmen | 格里森 Glaisin

格诺伊恩 Gnoien | 格芮维斯米勒恩 Grevesmühlen | 古斯特罗 Güstrow | 哈格诺 Hagenow | 赫林斯多夫（乌泽多姆） Heringsdorf (Usedom) | 基尔希耶萨尔 Kirch Jesar | 加茨 吕根岛 Garz Rügen

加德布施 Gadebusch | 加梅林 Gammelin | 京斯特 Gingst | 旧布科 Alt Bukow | 旧特雷普托 Altentreptow | 居茨科 Gützkow | 卡罗（普拉湖畔） Karowp (Plau am see)

克勒佩林 Kropelin | 克里维茨 Crivitz | 克吕茨 Klutz | 克明德 Ueckermünde | 库龙斯堡 Kuhlungs | 拉本施泰因费尔德 Raben steinfeld | 拉顿 Rastow

拉尔斯维克 Ralswiek | 拉格 Laage | 拉伦多夫 Lalendorf | 拉桑 Lassan | 莱岑 Leezen | 朗哈根 Langhagen | 勒费尔斯哈根 Rovershagen

雷茨肖 Retschow | 雷里克 Rerik | 雷姆费林 Remplin | 雷纳 Rehna | 里布尼茨－达姆加滕 Ribnitz-damgarten | 里希滕贝格 Richtenberg | 利普加滕 Liepgarten

卢德维格斯卢斯特 Ludwigslust	鲁布茨 Lubz	鲁特尔贝格 Ruterberg	罗贝尔 Robel	罗斯托克 Rostock	洛伊茨 Loitz	吕根岛贝尔根 Bergen auf Rügen

马尔乔 Malchow	马尔欣 Malchin	马里斯 Malliss	马洛 Marlow	马乔 Muchow	梅伦廷 Mellenthin	门克布德 Monkebude

米德尔哈根 Middelhagen	米赫尔罗辛 Muhl rosin	莫拉斯 Moraas	尼帕尔斯 Niepars	努卡伦 Neukalen	诺伊克洛斯特尔 Neukloster	诺伊斯塔特－格莱韦 Neustadt-Glewe

帕塞瓦尔克 Pasewalk	潘波 Pampow	佩托夫 － 斯特根 Paetow-steegen	彭茨林 Penzlin	彭昆 Penkun	皮歇尔附近布雷塞加尔德 Bresegard bei Picher	品诺 （什未林） Pinnowv

平格尔斯哈根 Pingelshagen	普达格拉 Pudagla	普劳 Plau am see	普特布斯 Putbus	奇诺维茨 Zinnowitz	沙尔湖滨察伦廷 Zarrentin	施特雷利茨 Neustrelitz

泰特罗 Teterow	泰辛 Tessin	特里布塞斯 Tribsees	托尔格洛 Torgelow	瓦林 Warin	瓦伦（莫利茨湖） Waren (Müritz)	威登堡 Wittenburg

韦森贝格 Wesenberg	维克 Wiek	维斯马 Wismar	维滕贝克 Wittenbeck	沃尔代克 Woldegk	沃尔加斯特 Wolgast	乌泽多姆 Usedom

新勃兰登堡 Neubrandenburg | 新布科 Neubukow | 亚尔门 Jarmen | 萨尔兰州 Saarland | 埃尔布林根 Erbringen | 埃尔夫韦勒－伊林根 Erfweiler-Ehlingen | 埃尔姆（施瓦尔巴赫） Elm (Schwalbach)

埃珀尔博恩 Eppelborn | 埃斯赫瑞根 Eschringen | 埃维勒 Eiweiler | 艾玛斯维拉尔 Emmersweiler | 艾诺德 Einöd | 安德列耶夫 Bischmisheim | 奥伯塔尔 Oberthal

奥伯乌茨巴赫 Oberwurz | 奥茨豪森 Otzenhausen | 奥恩包 Ornbau | 奥尔默斯海姆 Ormesheim | 奥默斯海姆 Ommersheim | 奥彭 Oppen | 奥斯玛屈尔 Auersmacher

奥斯特尔菲尔特 Fürth im Ostertal | 奥斯滕费尔德（北弗里斯兰） Ostenfeld | 奥特韦勒 Ottweiler | 鲍斯 Bous | 贝金根 Beckingen | 贝克斯巴赫 Bexbach | 比尔巴赫 Bierbach

比尔费尔德 Bierfeld | 布雷巴哈 Brebach | 布雷巴赫费兴根 Brebach-Fechingen | 布雷滕福特 Breitfurt | 布利斯达勒姆 Bliesdalheim | 布利斯卡斯特尔 Blieskastel | 布利斯兰斯巴赫 Bliesransbach

布维拉尔－拉藤 Buweiler-Rathen | 大罗瑟尔恩 Grossrosseln | 迪林根 萨尔 Dillingen Saar | 杜德韦勒 Dudweiler | 杜蓬维勒 Düppenweiler | 多夫因波尼泰尔 Dorf im Bohnental | 恩斯多夫 Ensdorf

菲施巴赫－康普豪森 Fischbach-Camphausen | 菲藤 Fitten | 费兴根 Fechingen | 弗尔克林 Volklingen | 弗兰肯豪茨 Frankenholz | 弗里德里希斯塔尔 Friedrichsthal | 盖尔斯维拉尔 Gersweiler

格尔斯海姆 Gersheim | 格维勒 Gehweiler | 古德斯维勒 Güdesweiler | 古德茵根 Güdingen | 哈尔加滕 Hargarten | 哈塞尔（圣英贝特） Hassel (Sankt Ingbert) | 豪斯塔特 Haustadt

赫尔斯威勒 Hülzweiler | 胡特斯多夫 Hüttersdorf | 胡廷根威勒 Hüttigweiler | 霍基兴 Höchen | 霍伊斯韦勒 Heusweiler | 基尔克 Kirkel | 基尔克尔－诺伊霍伊塞尔 Kirkel-Neuhausel

卡尔布 Karlsbrunn | 科尔巴赫 Kollerbach | 克斯特恩巴赫 Kostenbach | 奎尔希德 Quierscheid | 赖恩海姆（格尔斯海姆） Reinheim | 赖姆斯巴赫 Reimsbach | 劳特巴赫 Lauterbach

雷姆尔韦勒 Remmesweiler | 里尔兴根－汉韦勒 Rilchingen-Hanweiler | 里格尔斯贝格 Riegelsberg | 林巴赫（基尔克尔） Limbach (Kirkel) | 林巴赫（施梅尔茨） Limbach(schmelz) | 罗尔巴赫（圣英贝特） Rohrbach (Sankt ingbert) | 吕德维尔德 Ludweiler

马尔斯塔特－布尔巴赫 Malstatt-burbach | 马斯（圣文德尔） Marth sw | 玛利恩（萨克森） Marienberg(sachsen) | 迈森 Meissen | 麦肯恩 Mechern | 曼德尔巴塔尔 Mandelbachtal | 梅尔齐希 Merzig

梅希尔巴赫 Michelbachs | 明巴赫 Mimbach | 莫尔希茨 Morscholz | 纳赛韦勒 Nassweiler | 夏洛滕堡 Charlottenburg | 纽卡尔希恩 Nunkirchen | 诺费尔韦勒 Neuforweiler

诺斯温德尔 Noswendel | 诺因基兴（萨尔） Neunkirchen(Saar) | 皮特林根 Puttlingen | 普米斯塔尔 Primstal | 上贝科斯巴赫 Oberbexbach | 特利 Theley | 托莱 Tholey

瓦德里尔 Wadrill | 瓦登 Wadern | 瓦尔赛德 Wahlschied | 瓦勒芳根 Wallerfangen | 威登 Wedern | 威莫斯特威勒 Wemmetsweiler | 威斯巴赫 Welschbach

威斯克辛 Weiskirchen | 韦本海姆 Webenheim | 维伯尔斯基兴 Wiebelskirchen | 维勒（梅尔）Weiler (Merzig) | 维特尔斯海姆（曼德尔斯巴赫特）Wittersheim (Mandelbachtal) | 魏林根 Wellingen | 沃尔普斯霍芬 Walpershofen

乌赫特尔方根 Uchtelfangen | 伍特斯威勒 Wustweiler | 希茨维勒 Hirzweiler | 希尔布林根 Hilbringen | 希尔施泰因 Hirstein | 下贝科斯巴赫 Niederbexbach | 下基尔兴的奥斯特塔尔 Niederkirchen im Ostertal

下萨尔巴赫 Niedersalbach | 下乌茨巴赫 Niederwurz | 克莱因布利特尔斯多夫 Kleinblittersdorf | 休莫斯 Humes | 伊林根 Illingen | 依云斯堡 Elversberg | 尤格尔斯堡 Jagersburg

于伯黑恩 Überherrn | 萨克森 - 安哈尔特州 Sachsen-Anhalt | 阿岑多夫 Atzendorf | 阿尔讷堡 Arneburg | 阿尔施泰特 Allstedt | 阿尔斯莱本 Alsleben | 阿伦策 Arendsee

阿舍斯莱本 Aschersleben | 埃德伯恩 Erdeborn | 埃德尔斯莱本 Edersleben | 马埃德勒茨 Edderitz | 埃尔宾杰罗德（哈茨）Elbingerode (Harz) | 埃尔斯尼克 Elsnigk | 埃尔斯特（易北）Elster (Elbe)

埃尔斯特劳埃 Elsteraue | 埃格尔恩 Egeln | 埃格斯多夫 Eggersdorf | 埃根斯泰德 Eggenstedt | 埃卡尔茨贝尔加 Eckartsberga | 埃克斯莱本 Erxleben | 埃伦德 Elend

埃姆斯莱本
Ermsleben

艾比罗德
Abberode

艾莫斯利本
Emersleben

艾斯勒
Eisleben

艾兴多尔夫
Eickendorf

安娜堡
Annaburg

奥拉宁鲍姆 - 沃利茨
Oranienbaumw

奥拉宁鲍姆
Oranienbaum

奥平
Oppin

奥舍斯莱本
Oschersleben

奥斯坦因恩堡
Osternienburg

奥斯特堡
（阿尔特马克）
Osterburg

奥斯特尔宁布尔格尔兰
Osternienburgerland

奥斯特费尔德
Osterfeld

奥斯特维克
Osterwieck

奥斯特温丁根
Osterweddingen

巴尔多夫
Bahrendorf

巴伦施泰特
Ballenstedt

巴特比布拉
Bad Bibra

巴特迪伦贝格
Bad Dürrenberg

巴特克森
Bad Kösen

巴特劳赫施泰特
Bad Lauchstädt

巴特施米德贝格
Bad Schmiedeberg

巴特苏德罗德
Bad Suderode

芭比
Barby

班道
Bandau

贝岑多夫
Beetzendorf

贝恩堡（萨勒）
Bernburg (Saale)

宾德
Binde

贝克多夫 - 奈因多夫
Beckendorf-
Neindorf

贝伦布鲁克
Berenbrock

贝伦多夫
Buhlendorf

本讷肯施泰因（赫兹）
Benneckenstein
(Harz)

比尔斯特林根
Bülstringen

比克霍尔茨
Birkholz

比雷
Biere

比斯麦
Bismark

比特费尔德 - 沃尔芬
Bitterfeld-Wolfen

比特费尔德
Bitterfeld

比特考
Bittkau

贝尔加
（曼斯费尔德 - 南哈尔茨县）
Berga (Mansfeld-Südharz)

波茨纳
Potzehne

波伦茨考
Polenzko

博鲁姆（采尔布斯特）
Bornum (Zerbst)

博特姆斯多夫
Bottmersdorf

布赫（坦格尔明德）
Buch (Tangermünde)

布拉赫维茨
Brachwitz

布赖滕费尔德
Breitenfeld

布兰肯堡 哈尔茨
Blankenburg Harz

岑斯 Zens

布雷廷 Brettin

布里奇斯（赫尔姆） Brücken (Helme)

布鲁斯韦德 Braunschwende

布罗肯山麓上哈茨 Oberharz am Brochen

布罗因斯贝德拉 Braunsbedra

布瑞纳 Brehna

采尔布斯特 Zerbst

采尔尼茨 Zernitz

布兰肯海姆 Blankenheim

察纳 Zahna

察纳－埃尔斯特尔 Zahnaelster

查比 Zabitz

达利杰罗德 Darlingerode

大盖尔马斯里本 Groß Germersleben

大昆施泰特 Gross Quenstedt

大罗森堡 Groß Rosenburg

大施瓦瑞滕 Groß Schwechten

代德莱本 Dedeleben

丹米克恩 Dannigkow

丹斯泰德 Danstedt

德本 Deuben

德克尔 Demker

德莱利本 Dreileben

德伦堡 Derenburg

德罗萨 Drosa

德姆森 Demsin

德绍 Dessau

邓尼茨 Dönitz

迪布兹戈 Diebzig

迪特富尔特 Ditfurt

迪兹（采尔布斯特） Deetz (Zerbst)

杜本 Düben

多布瑞岑（采尔布斯特） Dobritz (Zerbst)

多登多夫 Dodendorf

多恩巴克 Dornbock

多恩伯格 Dornburg

多林岑 Döllnitz

多莫斯利本 Domersleben

多斯特（卡尔弗尔德） Dorst (Calvörde)

厄比斯费尔德－韦弗林根 Oebiwefelde-weferlingen

厄比斯费尔德 Oebisfelde

法尔肯施泰因 哈茨 Falkenstein Harz

法斯利本 Farsleben

非克弗特茨 Peckfitz

费肯斯德特 Veckenstedt

芬策尔贝格 Vinzelberg

芬恩 Finne

弗尔斯多夫 Velsdorf

弗赖堡 Freyburg

弗雷德里克斯布朗 Friedrichsbrunn

弗里斯多夫 Friesdorf

弗利茨 Vehlitz

弗瑞登斯多夫（洛伊纳）Friedensdorf (Leuna)

富弗德斯泰德 Förderstedt

戈德尼茨 Gödnitz

戈尔德绍瓦 Goldschau

戈梅尔恩 Gommern

格比茨 Gerbitz

格尔布斯特 Gerbstedt

格尔恩罗德（哈茨）Gernrode (Harz)

格哈登（采尔布斯特）Gehrden (Zerbst)

格莱贝特兹 Glebitzsch

格兰德沃 Gladau

格勒本 Gröben

格雷芬海尼兴 Gräfenhainichen

格雷平 Greppin

格里伦贝格 Grillenberg

格力莫（采尔布斯特）Grimme (Zerbst)

格林德（易北河）Glinde (Elbe)

格林登贝格 Glindenberg

格罗纳林根 Grauingen

格罗宁根 Gröningen

格罗塞尔斯勒本 Großalsleben

格罗森克沙勒本 Großpaschleben

格罗森莱茵根 Großleinungen

格罗森米林根 Großmühlingen

格罗森尼茨 Größnitz

格罗斯罗登斯勒本 Gross Rodensleben

格罗斯－萨尔兹 Gross-Salze

格洛宾茨格 Gröbzig

格洛希 Glöthe

根廷 Genthin

贡特尔斯多夫 Günthersdorf

贡特斯贝格 Güntersberge

古斯滕（安哈尔特）Güsten (Anhalt)

古泰尔格鲁克 Güterglück

哈德默斯莱本 Hadmersleben

哈尔贝施塔特 Halberstadt

哈尔茨格罗德 Harzgerode

哈尔登斯莱本 Haldensleben

哈尔斯莱本 Harsleben

哈弗尔贝格 Havelberg

哈克派夫菲尔 Hackpfüffel

哈勒（萨勒）Halle (Saale)

哈雷－诺伊施塔特 Halle-Neustadt

哈塞尔菲尔德 Hasselfelde

海恩利赫斯贝格 Heinrichsberg

豪斯宁多夫 Hausneindorf

赫德贝尔 Heudeber

赫恩格瑟尔斯泰德 Herrengosserstedt

赫莫尔罗德 Hermerode

赫滕伯恩 Heteborn

赫伊（哈尔兹） Huy (Harz)

赫伊－尼恩斯德特 Huy-Neinstedt

黑茨特 Hettstedt

黑德利斯勒本（艾斯勒本） Hedersleben (Eisleben)

胡德罗夫特 Hundeluft

黑尔布拉 Helbra

黑克林根 Hecklingen

亨底斯堡 Hundisburg

黑德利斯勒本（豪茨） Hedersleben (Harz)

霍恩多德尔本 Hohendodeleben

霍恩勒普特 Hohenlepte

霍恩纳克斯勒本 Hohenerxleben

霍尔多夫（奥舍斯莱本） Hordorf(Oschersleben)

霍亨默尔森 Hohenmolsen

霍伊姆 Hoym

加茨 Garz

嘉德加斯特 Gadegast

居斯 Gütz

卡德（耶里肖） Kade (Jerichow)

卡尔贝（萨勒） Calbe (Saale)

卡尔伯（温柔） Kalbe(milde)

卡尔弗尔德 Calvörde

卡尔斯多夫 Karsdorf

卡罗（耶里肖） Karow(Jerichow)

卡门茨 Kamenz

凯尔布拉 Kelbra

凯里特斯彻 Klitsche

凯纳 Kayna

康尼歌德 Konnigde

康斯里特茨 Kotschlitz

考斯威格 Coswig

科齐思特 Cochstedt

克贝尔 Cobbel

克莱恩奥舍斯莱本 Klein oschersleben

克莱万茨莱本 Klein wanzleben

克勒策 Klotze

克雷姆克 Kremkau

克列肯 Klieken

克林根塔尔 Klingenthal

克罗彭施泰特 Kroppenstedt

克罗瑞普 Kreypau

克罗韦茨 Krevese

克洛斯特曼斯费尔德 Klostermansfeld

克内尔恩 Konnern

克尼格斯布吕克
Konigsbruck

克乔
Kotzschau

克滕
Kothen

肯贝格
Kemberg

库埃尔富尔特
Querfurt

库尔豪森
Kuhlhausen

库鲁顿
Kluden

奎德林堡
Quedlinburg

奎尔伦多夫
Quellendorf

拉德堡
Ladeburg

拉德加斯特
Radegast

拉贡
Raguhn

拉姆辛
Ramsin

拉特曼斯多夫
（施塔斯富尔特）
Rathmannsdorf

莱茨考
Leitzkau

莱茨林根
Letzlingen

莱普斯
Leps

兰茨贝格（萨勒县）
Landserg
saalekreis

兰格尔恩（劳尔哈茨）
Langeln (norharz)

兰根纳普
Langenapel

兰根韦德蒂根
Langenweddingen

雷德金
Redekin

朗根斯塔因
Langenstein

雷德贝尔
Reddeber

朗根多夫（魏森费尔斯）
Langendorf(weissenfels)

雷费豪
Reppichau

雷姆克尔斯本
Remkersleben

雷姆斯多夫
Rehmsdorf

里德（哈茨）
Rieder (Harz)

林巴赫 - 奥贝尔夫罗纳
Limbach-oberfrohna

林德施泰特
Lindstedt

灵弗斯
Ringfurth

鲁布斯
Lubs

鲁岑
Lutzen

罗德斯多夫
（韦格莱本）
Rodersdorf

罗克斯弗德
Roxforde

罗斯拉
Rossla

罗斯劳
Rosslau

罗伊登 - 安哈尔特
Reuden anhalt

罗伊奇
Roitszch

洛堡
Loburg

洛贝郡
Lobejun

洛比尼茨
Lobnitz

洛德堡
Loderburg

洛希
Loitsche

洛伊茨歇 - 海
恩里希斯贝格
Loitsche

吕德里茨
（坦格吕特）
Luderitz

吕德斯海姆
Dardesheim

吕特希多夫
Luttchendorf

马格德堡
Magdebur

柯尼希马克
Konigsmark

弗里德里希斯韦尔德
Friedrichswerder

马修
Mechau

曼豪森
Mannhausen

曼斯费尔德
Mansfeld

梅林
Mellin

梅塞贝格
Meseberg

梅斯多夫
Messdorf

梅泽堡
Merseburg

门兹
Menz

米尔茨
Milzau

米其林
Micheln

米斯特
Mieste

米斯特豪斯特
Miesterhorst

米歇尔恩
（盖泽尔）
Mucheln

莫尔穆斯温德
Molmerswende

莫拉
Mohlau

莫朗格尔
Muhlanger

默克尔恩
Mockern

纳穆皮茨
Nempitz

瑙姆堡
（萨勒）
Naumburgs

内布拉
Nebra

内蒂茨
（戈梅尔恩）
Nedlitz

内蒂茨
Nedlitz

内萨
Nessa

涅勒贝克
Nielebock

宁贝格
Niemberg

宁布尔格（萨勒）
Nienburg (Saale)

宁哈根
（施瓦内贝克）
Nienhagen

诺德哈尔茨
Nordharz

诺顿
Rodden

诺希恩若德
Noschenrode

诺伊多夫（哈茨）
Neudorf(harz)

诺伊恩多夫
Neuendorf

诺伊费尔查
Neuferchau

诺伊哈德恩斯本
Neuhaldensleben

诺因多夫
（安州）
Neundorf

帕亨
Parchen

帕普利茨
Paplitz

派特若达
Petersroda

佩森
（兰茨贝格）
Peissen

普拉茨克
Plotzky

普雷廷
Prettin

普姆穆特
Pommelte

普瑞茨恩
Pretzien

普瑞屈
（易北河）
Pretzsch

普瑞特茨
Prittitz

普瑟肯多夫
Peseckendorf

齐赫特 Zichtau | 齐利茨 Zielitz | 瑞斯 Reesen | 塞特兹 Zeitz | 圣莫里茨（采尔布斯特） Moritz | 塔尔海姆（比特费尔德 - 沃尔芬） Thalheim(Bitterfeld-wolfen) | 塔勒 Thale

泰森 Thiessen | 泰夏 Teicha | 坦格尔明德 Tangermunde | 坦格吕特 Tangerhutte | 坦讷 Tanne | 桃拉 Taura | 特里尼 Trinum

特罗格茨 Troglitz | 特罗斯堡 Treseburg | 特希海姆 Tucheim | 托尔滕斯坦因 Trautenstein | 托尔韦茨 Tollwitz | 托伊黑尔恩 Teuchern | 瓦布斯 Waabs

瓦尔登堡 Wartenburg | 瓦尔海兹 Wahlitz | 瓦尔豪森（赫尔默） Wallhausen (Helme) | 瓦尔瑙（哈弗尔贝格） Warnau (Havelberg) | 瓦尔斯莱本 Walsleben | 瓦尔特尼恩堡 Walternienburg | 瓦赫兹 Wahlitz

瓦伦多夫（吕佩） Wallendorf (Luppe) | 瓦瑟莱本 Wasserleben | 万茨莱本 - 伯尔德 Wanzleben-Börde | 湖滨万斯莱本 Wansleben am See | 威登伯格 Windberge | 威登斯塔特 Wedderstedt | 威尔斯莱本 Welsleben

威格力特 Wieglitz | 威斯舒茨 Weischütz | 威斯瓦特 Weißewarte | 韦德斯莱本 Weddersleben | 韦尔本（易北河） Werben (Elbe) | 韦格莱本 Wegeleben | 韦根施泰特 Wegenstedt

韦尼格罗德 Wernigerode | 韦廷 Wettin | 韦廷 - 罗贝京 Wettin-Löbejün | 维普拉 Wippra | 维滕贝格 Wittenberg | 魏桑 - 格莱斯奥 Weißandt-Gölzau | 魏森菲尔斯 Weissenfels

魏思本 Wespen
温宁根 Winningen
文泽 Wenze
翁特尔斯多夫 Unterrissdorf
沃尔芬 Wolfen
沃尔利兹 Wörlitz
沃尔米施泰特 Wolmirstedt

沃克罗德 Vockerode
乌尔芬 Wulfen
乌尔弗施塔特 Wulferstedt
乌特茨 Uetz
乌特斯普林格 Uchtspringe
武尔科 Wulkow
希尔赫罗德 Hirschroda

悉利特多夫 Libbesdorf
小穆灵根 Kleinmuhlingen
亚尔斯塔特 Jahrstedt
亚韦特茨 Javenitz
耶赫（坦格吕特） Jerchel
耶里肖 Jerichow
耶斯尼特（安哈尔特） Jessnitz

叶森（埃尔斯特） Jessen (Elster)
伊尔森（哈茨） Ilsenburg
伊梅卡特 Immekath
尤嘎 Jeggau
尤特浩 Jütrichau
扎巴库克 Zabakuck
兹埃科 Zieko

兹彻恩道夫 Zscherndorf
兹威门 Zweimen
佐毕埃特 Zobbenitz
佐毕哥 Zorbig
佐斯奈塔迪 Zoschen
萨克森州 Sachsen
阿多夫 Adorf

阿尔滕贝格 Altenberg
埃贝尔斯巴－诺伊格尔斯多夫 Ebersbach-Neugersdorf
埃尔巴赫－基希贝格 Erlbach-Kirchberg
埃尔拉（施瓦岑贝格） Erla (Schwarzenberg)
埃尔斯特贝格 Elsterberg
埃尔斯特拉 Elstra
埃尔斯特赖德 Elsterheide

埃尔特尔莱因 Elterlein
埃勒布赫（马克诺伊基兴） Erlbach (Markneukirche
埃勒斯尼格 Elsnig
埃伦弗里德 Ehrenfriedersdorf
埃彭多夫 Eppendorf
艾本斯托克 Eibenstock
艾伯斯巴哈 Ebersbach

艾根地区伯恩斯塔特 Bernstadt auf dem Eigen

艾伦堡 Eilenburg

巴德戈特洛伊巴－贝尔吉斯许贝尔 Bad Gottleuba-Berggießhübel

包岑 Bautzen

奥尔巴赫 Auerbach

奥尔伯恩豪 Olbernha

奥古斯图斯堡 Augustusburg

奥沙茨 Oschatz

奥斯特里茨 Ostritz

巴德布兰巴赫 Bad Brambach

巴德迪本 Bad Düben

安娜贝格 Annaberg

巴德斯安达乌 Bad Schandau

巴克霍尔兹 Buchholz

巴特埃尔斯特 Bad Elster

巴特劳西克 Bad Lausick

巴特穆斯考 Bad Muskau

巴特施莱马 Bad Schlema

拜尔罗德 Beilrode

班讷维茨 Bannewitz

奥尔巴赫 Auerbach 1912

贝恩斯多夫 Bernsdorf

贝尔格尔恩 Belgern

贝伦斯泰因（阿尔滕贝格） Bärenstein (Altenberg)

波考波考 PockauPockau

比绍夫斯韦达 Bischofswerda

贝伦斯泰因（厄尔士山脉） Bärenstein (Erzgebirge)

波考－伦格费尔德 Lengefeld

博尔纳 Borna

博尔斯多夫 Borsdorf

博考 Bockau

布尔格斯特 Burgstädt

布尔考 Burkau

布格斯坦 Burgstein

布兰德－埃尔比斯多夫 Brand-Erbisdorf

布兰迪斯 Brandis

布卢门撒尔 Blauenthal

策布利茨 Zoblitz

茨韦尼茨 Zwonitz

茨维考 Zwickau

茨文考 Zwenkau

茨沃塔 Zwota

达伦 Dahlen

大勒尔斯多夫 Großröhrsdorf

大舍诺 Großschönau

德伯尔恩 Döbeln

德累斯顿 Dresden

德里奇 Delitzsch

多夫歇姆尼茨 Dorfchemnitz

多米茨希 Dommitzsch
厄尔斯尼茨 Oelsnitz
厄德兰 Oederan
多纳 Dohna
恩斯海姆（萨尔布吕肯） Ensheim (Saarbrücken)
费尔劳 Vielau
法尔肯施泰因 沃格兰 Falkenstein Vogtland

弗赖贝格 Freiberg
弗赖塔尔 Freital
弗兰肯伯格 萨克森 Frankenberg Sachsen
弗劳恩施泰因 Frauenstein
弗勒哈 Flöha
弗里德布里赫斯格伦 Friedrichsgrün
弗罗堡 Frohburg

盖尔 Geyer
盖灵斯瓦尔德 Geringswalde
盖特海恩 Geithain
盖辛 Geising
格尔利茨 Görlitz
格拉苏蒂 Glashütte
格劳豪 Glauchau

格里马 Grimma
格林海恩－拜埃尔费尔德 Grünhain-Beierfeld
格伦海恩 Grünhain
格鲁纳（开姆尼茨） Grüna (Chemnitz)
格伦斯塔迪尔 Grünstädtel
格罗迪茨 Gröditz
格罗森海恩 Großenhain

格罗森亨纳斯多夫 Großhennersdorf
格罗森克曼斯多夫 Großerkmannsdorf
格罗斯 萨克陈 Gross Särchen
格罗席尔马 Großschirma
格罗伊奇 Groitzsch
哈尔塔 Hartha
哈滕斯坦 Hartenstein

海德瑙 Heidenau
海尼兴 Hainichen
何渥德 Hohwald
赫希菲尔德 Hirschfeld
黑尔恩胡特 Herrnhut
霍恩多夫 HohndorfHohndorf
霍恩施泰因 Hohnstein

霍恩施泰因－恩斯特塔尔 Hohenstein-Ernstthal
霍耶斯韦达 Hoyerswerda
开姆尼茨 Chemnitz
康斯坦 Konigstein
考斯威格 Coswig
科尔迪茨 Colditz
科伦斯 Kohrens

克赖沙 Kreischa | 克罗斯蒂茨 Krostitz | 克罗滕多夫 Crottendorf | 克尼格斯瓦尔德 Konigswalde | 克尼格斯瓦尔塔 Konigswa | 拉本瑙 Rabenau | 拉德堡 Radeburg

拉德贝格 Radeberg | 拉德博伊尔 Radebeul | 拉绍 Raschau | 拉特曼斯多夫 Rathmannsdorf | 莱比锡 Leipzig | 莱斯尼希 Leisnig | 莱因斯多夫 Reinsdorf

赖兴巴赫 O.L. Reichenbach O.L. | 赖兴巴伊姆福格特兰 Reichenbach im Vogtland | 兰根贝尔恩斯多夫 Langenbernsdorf | 劳恩斯泰因（阿尔滕堡）Lauenstein | 劳塔 Lauta | 劳特－贝尔恩斯巴赫 Lauterbernsbach | 劳特－贝尔恩斯巴赫 Lauter-bernsbach

勒斯尼茨 Lossnitz | 雷普托诺 Leippetorno | 里格尔 Riegel | 里萨 Riesa | 利布斯塔特 Liebstadt | 列嘎 Liegaua | 利希顿 Lichtenau

利希滕斯坦 Lichtenstein | 卢高 Lugau | 伦策瑙 Lunzenau | 伦格费尔德 Lengefeld | 伦根费尔德（沃格兰）Lengenfeld | 罗博 Lobau | 罗德维施 Rodewisch

罗利茨 Rochlitz | 罗斯厄 Rotha | 罗斯韦因 Rosswein | 洛马茨希 Lommatzsch | 洛萨 Lohsa | 马克尔德多夫 Markoldendorf | 马克莱贝格 Markkleeerg

马克兰斯泰特 Markranstadt | 马克诺伊基兴 Markneukirchen | 马克斯巴赫 Markersbach | 靡兰尼 Meerane | 米格尔恩 Mugeln | 米劳 Mylau | 米特尔黑尔维格斯多夫 Mittelherwigsdorf

米特韦达 Mittweida
莫里茨堡 Moritzburg
穆辰 Mutzschen
穆尔达 Mulda
穆尔托夫 Muhltroff
瑙恩多夫 Naundorf
内茨希考 Netzschkau

内尔肖 Nerchau
尼斯基 Niesky
诺森 Nossen
诺伊斯塔特尔 Neustadtel
诺因霍夫 Naunhof
帕萨 Pausa
派斯特韦茨 Pesterwitz

佩高 Pegau
佩尼西 Penig
皮尔纳 Pirna
普拜尔斯豪 Pobershau
普尔斯尼茨 Pulsnitz
普法夫罗达 Pfaffroda
普劳恩 Plauen

普罗德尔 Prodel
齐陶 Zittau
乔保 Zschopau
乔劳 Zschorlau
萨克森新城 Neustadt in sachsen
萨兰德特 Tharandt
上隆维茨 Oberlungwitz

上维拉 Oberwiera
施普伦贝格 Neusalza-Spremberg
施塔特韦伦 Stadt Wehlen
塔尔海姆－埃尔茨 Thalheim-Erzgebirge
陶哈 Taucha
特雷布森 穆尔德河 Trebsen
特罗伊恩 Treuen

图姆（厄尔士）Thum
托尔高 Torgau
托伊马 Theuma
瓦尔德海姆 Waldheim
瓦尔登堡 Waldenburg
瓦尔特斯多夫 Walthersdorf
威克雷吉斯 Regis-bretingen

韦尔道 Werdau
韦因伯赫拉 Weinböhla
维德尼茨 Wiednitz
维蒂谢瑙 Wittichenau
维尔登费尔斯 Wildenfels
维尔考－哈斯劳 Wilkau-Hasslau
维尔斯德鲁夫 Wilsdruff

维森塔尔 Oberwiesenthal

魏森贝格 Weissenberg

魏施利茨 Weischlitz

魏斯瓦瑟 Weisswasser

沃尔肯斯泰因 Wolkenstein

武尔岑 Wurzen

希尔赫弗兰德（齐陶） Hirschfelde (Zittau)

希尔施斯泰因 Hirschstein

下多夫 Niederdorf

下戈埃芬海因 Niedergrafenhain

下斯特里吉斯 Niederstriegis

下维萨 Niederwiesa

新盖斯多夫 Neugersdorf

耶塞维茨 Jesewitz

约翰乔治城 Johanngeorgenstadt

约赫斯塔特 Johstadt

石勒苏益格 - 荷尔斯泰因州 Schleswig-Holstein

阿尔莱瓦特 Arlewatt

阿尔姆斯特 Armstedt

阿尔尼斯 Arnis

阿尔特杜文施泰特 Alt Duvenstedt

阿尔特默尔恩 Alt Mölln

阿尔滕霍尔茨 Altenholz

阿尔滕霍夫 Altenhof

阿尔滕莫尔 Altenmoor

阿格托尔斯特 Agethorst

阿里斯多夫 Arpsdorf

阿彭 Appen

阿舍费尔 Ascheffel

阿斯比特尔 Aasbüttel

阿特尔韦尔 Achterwehr

阿特鲁普 Achtrup

埃德拉克 Eddelak

埃尔夫德 Erfde

埃尔门霍斯特 Elmenhorst

埃尔姆斯霍恩 Elmshorn

埃尔斯多夫 - 韦斯特米伦 Elsdorf-Westermühlen

埃格贝克 Eggebek

埃克拉克 Ecklak

埃克尼斯 Ekenis

埃肯弗德 Eckernförde

埃莱尔贝克 Ellerbek

埃莱罗普 Ellerhoop

埃勒奥 Ellerau

埃勒多夫 Ellerdorf

埃利萨贝特 - 索芬 - 科格 Elisabeth-Sophien-Koog

埃姆肯多夫 Emkendorf

埃彭韦赫尔登 Epenwöhrden

埃舍堡 Escheburg

埃斯格鲁斯 Esgrus

埃斯考普 Elskop

艾恩豪斯 Einhaus

艾森多夫 Eisendorf

奥埃舍比特尔 Oeschebuttel

奥尔德尔斯贝克 Oldersbe

奥尔登比特尔 Oldenbuttel

奥尔登博尔斯特尔 Oldenborstel

奥尔登斯沃特 Oldenswort

奥芬比特尔 Offenbuttel

奥克鲁格 Aukrug

奥米勒 Aumühle

奥萨克尔 Ausacker

奥施拉格 Owschag

奥斯茨泰因贝克 Oststeinbek

奥斯多夫 Osdorf

奥斯特拜（伦茨堡 － 埃肯弗德） Osterby

奥斯特拉德 Osterrade

奥斯特尔斯特 Osterstedt

奥斯特拜 Osterby

奥斯特伦费尔德 Osterronfeld

奥斯特罗厄 Ostrohe

奥斯特罗尔恩 Osterhorn

奥斯滕费尔德 Ostenfel

奥滕比特尔 Ottenbuttel

奥滕多夫（基尔） Ottendor

奥乌费尔 Aufer

奥伊廷 Eutin

巴德布拉姆斯特 Bad Bramstedt

巴尔格费尔德－斯特根 Bargfeld-Stegen

巴尔格斯塔尔 Bargstall

巴尔根斯特 Bargenstedt

巴尔肯霍尔姆 Barkenholm

巴尔米森 Barmissen

巴尔斯贝克 Barsbek

巴尔斯比特尔 Barsbüttel

巴格施泰特 Bargstedt

巴格特海德 Bargteheide

巴克 Bark

巴克尔斯比 Barkelsby

巴克霍尔兹（迪特马尔申县） Buchholz (Dithmarschen)

巴特施瓦陶 Bad Schwartau

巴伦夫莱特 Bahrenfleth

巴塞多 Basedow

巴斯托尔斯特 Basthorst

巴特奥尔德斯洛 Bad Oldesloe

巴特恩多夫 Badendorf

巴特塞格贝格 Bad Segeberg

巴克霍尔兹（劳恩堡县） Buchholz (Herzogtum Lauenburg)

拜登夫莱特 Beidenfleth | 北哈克斯特 Nordhackstedt | 贝本塞 Bebensee | 贝尔多夫 Beldorf | 贝尔根胡森 Bergenhusen | 贝尔肯廷 Berkenthin | 贝克多夫 Bekdorf

贝克明德 Bekmünde | 贝肯廷附近宁多夫 Niendorf bei Berkenthin | 贝灵施泰特 Beringstedt | 贝伦多夫 Behlendorf | 贝伦斯多夫 Behrensdorf | 贝申多夫 Beschendorf | 贝斯多尔夫 Besdorf

贝沃恩（荷斯坦） Bevern (Holstein) | 本德费尔德 Bendfeld | 本多夫（伦茨堡 － 埃肯弗德） Bendorf (Rendsburg-Eckernförde) | 本索 Bunsoh | 比德尔斯多夫 Büdelsdorf | 比恩斯多夫 Bühnsdorf | 比尔森 Bilsen

比克 Bäk | 比默赫伦 Bimöhlen | 比塞 Bissee | 比斯滕塞 Bistensee | 比苏姆 Büsum | 宾斯多夫 Bünsdorf | 波恩斯多夫 Pohnsdorf

波根塞 Poggensee | 波里茨 Politz | 波梅尔比 Pommerby | 波斯特费尔德 Postfeld | 伯尔 Böel | 伯尔恩森 Börnsen | 伯赫恩胡森 Böhnhusen

伯克伦德 Böklund | 伯克斯伦德 Böxlund | 伯内比特尔 Bönebüttel | 伯宁格斯特 Bönningstedt | 伯斯多夫 Bösdorf | 博德斯霍尔姆 Bordesholm | 博尔恩赫费德 Bornhöved

博尔恩霍尔特 Bornholt | 博尔格斯特 Borgstedt | 博尔格韦德尔 Borgwedel | 博尔斯夫莱特 Borsfleth | 博尔斯特尔 － 霍亨拉登 Borstel-Hohenraden | 博尔斯托尔夫 Borstorf | 博费瑙 Bovenau

博格奥夫费马恩 Burg auf Fehmarn

博格多夫－塞多夫 Borgdorf-Seedorf

博克尔（荷斯坦） Bokel (Holstein)

博克尔（讷贝格） Bokel (Pinneberg)

博克尔雷姆 Bokelrehm

博克霍尔斯特 Bokhorst

博克霍尔特－汉雷德尔 Bokholt-Hanredder

博克塞 Boksee

博灵施泰特 Bollingstedt

博伦 Boren

博姆斯特 Bohmstedt

博绍 Bosau

博施泰特 Boostedt

博斯比尔 Bosbüll

博斯特（塞格贝格） Borstel (Segeberg)

博特坎普 Bothkamp

布霍尔斯特 Buchhorst

布肯 Büchen

布拉克 Braak

布拉默 Brammer

布拉姆施泰特路德 Bramstedtlund

布莱肯多夫 Blekendorf

布赖霍尔茨 Breiholz

布赖滕堡 Breitenburg

布赖滕费尔德 Breitenfelde

布兰德－赫尔内尔基尔兴 Brande-Hörnerkirchen

布雷贝尔 Brebel

布雷德斯泰特 Bredstedt

布雷登贝克 Bredenbek

布雷克卢姆 Breklum

布雷肯多夫 Brekendorf

布里克尔恩 Brickeln

布利斯托尔夫 Bliestorf

布隆斯比特 Brunsbüttel

布卢门塔尔 Blumenthal

布伦库伦 Bullenkuhlen

布伦斯贝克 Brunsbek

布伦斯托尔夫 Brunstorf

达尔多夫 Dalldorf

布罗德斯比（伦茨堡－埃肯弗德） Brodersby (Rendsburg-Eckernförde)

达门多夫 Damendorf

布罗克多夫 Brokdorf

布罗克斯特 Brokstedt

布斯多夫 Busdorf

察尔彭 Zarpen

达尔多夫 Daldorf

布罗德斯比 Brodersby

达默 Dahme

布罗德尔斯托尔夫 Brodersdorf

达姆夫莱特 Dammfleth | 达姆克尔 Dahmker | 达姆洛斯 Damlos | 达姆斯多夫 Damsdorf | 达瑙 Dannau | 达内韦尔克 Dannewerk | 达森多夫 Dassendorf

大奥芬塞特－阿斯珀恩 Groß Offenseth-Aspern | 大巴考 Großbarkau | 大博登 Groß Boden | 大布赫瓦尔德 Groß Buchwald | 大格勒瑙 Groß Grönau | 大海德 Groß Rheide | 大库默费尔德 Groß Kummerfeld

大罗诺 Groß Rönnau | 大宁多夫 Groß Niendorf | 大诺德安达 Groß Nordende | 大潘帕瓦 Groß Pampau | 大申肯贝格 Groß Schenkenberg | 大维滕塞 Groß Wittensee | 大乌尔斯特 Groß Vollstedt

代尔施泰特 Dellstedt | 代灵斯多夫 Delingsdorf | 丹普 Damp | 德尔夫 Delve | 德尔福夫 Dörphof | 德尔普斯特 Dörpstedt | 德尔绍 Dersau

德雷尔斯多夫 Drelsdorf | 德雷奇（北弗里斯兰）Drage (Nordfriesland) | 德雷奇（斯坦堡）Drage (Steinburg) | 德尼申哈根 Dänischenhagen | 德特根 Dätgen | 蒂伦 Tielen | 蒂马斯佩 Timmaspe

蒂门多夫海滩 Timmendorfer strand | 蒂姆劳埃尔－科格 Tumlauer-koog | 蒂宁格斯特 Tinningstedt | 丁根 Dingen | 多贝尔斯多夫 Dobersdorf | 多莱鲁普 Dollerup | 多尼克 Dörnick

厄尔斯贝格 Oersberg | 厄利克斯多夫 Oelixdor | 厄灵 Oering | 恩多夫 Ehndorf | 恩格－桑德 Enge-Sande | 法尔高－普拉特尧 Fargau-Pratjau | 法莱尔莫尔 Vaalermoor

法勒 Vaale | 法伦克鲁格 Fahrenkrug | 菲岑 Fitzen | 菲茨贝克 Fitzbek | 菲夫贝尔根 Fiefbergen | 腓特烈施塔特 Friedrichstadt | 费尔德 Felde

费尔德霍斯特 Feldhorst | 费马恩 Fehmarn | 弗尔斯特德 Vollsted | 弗赫登－巴尔 Föhrden-Barl | 弗莱克比 Fleckeby | 弗赖恩维尔 Freienwill | 弗雷德斯多夫 Fredesdorf

弗雷斯特 Frestedt | 弗里德里希斯格拉本 Friedrichsgraben | 弗里德里希斯霍尔姆 Friedrichsholm | 弗里克苏姆 Wrixum | 弗里斯特 Wrist | 弗林特贝克 Flintbek | 弗伦斯堡 Flensburg

弗罗姆 Wrohm | 福克贝克 Fockbek | 富伦多夫 Fuhlendorf | 富伦哈根 Fuhlenhagen | 盖申多夫 Geschendorf | 盖斯特哈赫特 Geesthacht | 戈登斯泰德 Gadenstedt

戈尔德贝克 Goldebek | 戈尔德伦德 Goldelund | 戈尔勒 Göhl | 戈尔托夫特 Goltoft | 戈克尔斯 Gokels | 戈塞费尔德 Goosefeld | 戈特恩 Göttin

格尔德尼茨 Göldenitz | 格尔廷格 Gelting | 格尔托尔夫 Geltorf | 格兰贝克 Grambek | 格劳尔 Grauel | 格勒德尔斯比 Grödersby | 格勒米茨 Grömitz

格雷宾 Grebin | 格雷芬科普 Grevenkop | 格雷芬克鲁格 Grevenkrug | 格雷默斯多夫 Gremersdorf | 格里博姆 Gribbohm | 格里瑙 Grinau | 格林德 Glinde

格鲁伯
Grube

格鲁斯克塔德
Glückstadt

格伦德霍夫
Grundhof

格伦沃尔德
Grönwohld

蒂尔加滕
Tiergarten

格罗森布罗德
Großenbrode

格罗森拉德
Großenrade

格罗森塞
Großensee

格罗森维黑
Grossenwiehe

格罗索尔特
Großsolt

格罗索伊特
尔斯多夫
Grosshansdorf

格罗文
Groven

格吕克斯堡
Glücksburg

格内贝克
Gönnebek

格努茨
Gnutz

格托尔夫
Gettorf

葛利普（劳恩堡）
Grabau
(Lauenburg)

葛利普
（施托尔曼县）
Grabau (Stormarn)

古斯特尔
Güster

哈比
Haby

哈茨特
Hattstedt

哈登费尔德
Hadenfeld

哈尔德贝克
Hardebek

哈尔斯滕贝克
Halstenbek

哈尔滕霍尔姆
Hartenholm

哈费托夫特
Havetoft

哈费托夫
特洛伊特
Havetoftloit

哈根（塞格贝格）
Hagen
(Segeberg)

哈克斯黑德
Harksheide

哈莫尔
Hammoor

哈姆多夫
Hamdorf

哈姆菲尔德
Hamfelde

哈姆菲尔德
（施托尔曼县）
Hamfelde (Stormarn)

哈姆斯多夫
Harmsdorf

哈姆斯多夫（劳恩堡）
Harmsdorf
(Lauenburg)

哈姆瓦尔德
Hamwarde

哈姆韦德尔
Hamweddel

哈内劳－哈德马申
Hanerau-
Hademarschen

哈塞尔多夫
Haseldorf

哈塞劳
Haselau

哈森克鲁格
Hasenkrug

哈森莫尔
Hasenmoor

哈斯洛
Hasloh

哈斯莫尔
Haßmoor

海德
Heide

海德坎普
Heidekamp

海德米赫伦
Heidmühlen

海德莫尔
Heidmoor

海尔斯霍普
Heilshoop

海肯多尔夫
Heikendorf

海利根哈芬
Heiligenhafen

海利根斯特内尔坎普
Heiligenstedtenerkamp

海利根斯特滕
Heiligenstedten

海瑟伯格
Hasselberg

海斯特（讷贝格）
Heist
(Pinneberg)

汉堡附近文托夫
Wentorf bei
Hamburg

汉贝格
Hamberge

汉德维特
Handewitt

汉米
Hemme

荷尔斯泰因地
区奥尔登堡
Oldenburg

荷尔斯泰因地区诺伊施塔特
Neustadt in holstein

赫尔努姆
Hörnum

赫林斯多夫（东荷尔斯泰因县）
Heringsdorf (Ostholstein)

赫鲁普
Hörup

亨施泰特（斯坦堡）
Hennstedt (Steinburg)

赫斯比
Husby

黑德
Heede

黑德维根科格
Hedwigenkoog

黑尔戈兰
Helgoland

黑尔姆斯托尔夫
Helmstorf

黑尔瑟
Helse

黑克
Oersdorf

黑明格斯特
Hemmingstedt

黑姆丁根
Hemdingen

黑特林根
Hetlingen

亨施泰特（迪特马尔申县）
Hennstedt (Dithmarschen)

赫鲁普
Hürup

亨施泰特－乌尔茨堡
Henstedt-Ulzburg

胡德（北弗里斯兰）
Hude
(Nordfriesland)

胡默尔费尔德
Hummelfeld

胡苏姆（北弗里斯兰）
Husum
(Nordfriesland)

胡耶
Huje

霍茨多夫（伦茨堡 － 埃肯弗德）
Holzdorf
(Rendsburg-Eckernförde)

霍多夫
Hodorf

霍恩
Hohn

霍恩阿斯珀
Hohenaspe

霍恩多夫
Höhndorf

霍恩菲尔德（普隆）
Hohenfelde (Plön)

霍恩费尔德（施托尔曼）
Hohenfelde (Stormarn)

霍尔策
Holtsee

霍恩费尔德（斯泰因堡）
Hohenfelde (Steinburg)

霍尔茨本格
Holzbunge

霍尔姆
Holm

霍尔斯滕宁多夫
Holstenniendorf

霍尔特
Holt

霍费尔德
Hoffeld

霍格
Hooge

霍格斯多夫
Hogersdorf

霍格斯多夫 Hogsdorf | 霍赫东 Hochdonn | 霍亨霍尔恩 Hohenhorn | 霍亨洛克斯特 Hohenlockstedt | 霍亨韦斯特 Hohenwestedt | 霍灵施泰特（迪特马尔申） Hollingstedt (Dithmarschen) | 基尔希巴尔考 Kirchbarkau

霍斯特 Horst | 霍瓦赫特（波罗的海） Hohwacht (Ostsee) | 霍伊斯多夫 Hoisdorf | 基比茨赖黑 Kiebitzreihe | 基尔 Kiel | 霍灵施泰特 Hollingstedt | 吉考 Giekau

基尔希尼歇尔 Kirchnuchel | 基斯比 Kiesby | 基特利茨 Kittlitz | 基尔托夫 Kisdorf | 伯格茨 Pogeez | 加梅尔比 Gammelby | 旧贝内贝克 Alt Bennebek

旧克伦珀 Altenkrempe | 居比 Güby | 居尔措夫 Gülzow | 卡贝尔霍尔斯特 Kabelhorst | 卡比 Karby | 卡尔卢姆 Karlum | 卡尔滕基兴 Kaltenkirchen

卡克斯 Kaaks | 卡罗利嫩科格 Karolinenkoog | 卡吕贝 Kalubbe | 卡珀尔恩 Kappeln | 卡塞堡 Kasseburg | 卡塞多夫 Kasseedorf | 卡斯托夫 Kastorf

卡塔里嫩黑尔德 Katharinenheerd | 卡滕多夫 Kattendorf | 凯胡德 Kayhude | 凯灵胡森 Kellinghusen | 凯伦胡森 Kellenhusen | 凯斯博尔斯特尔 Kaisborstel | 坎克劳 Kankelau

坎彭（叙尔特岛） Kampen(sylt) | 科贝格 Koberg | 科恩 Kohn | 科尔登比特尔 Koldenbuttel | 科尔克赖德 Kolkerheide | 科洛夫 Kollow | 科瑟尔 Kosel

克尔恩 － 赖西克
Kollnr

克拉福尔茨
Klappholz

克莱沃
（迪特马尔申县）
Kleved(Dithmarshen)

克莱沃（斯坦堡）
Kleve(Steinburg)

克劳斯多夫
Klausdor

克勒珀斯哈根 － 法伦多夫
Kroppelshagen-fahrendorf

克雷姆斯 II
Krems2

克雷普尔
（迪特马尔申县）
Krempeld

克里斯蒂安斯霍尔姆
Christiansholm

克利克斯比尔
Klixbull

克龙普林岑科格
Kronprinzenkoog

克龙斯哈根
Kronshagen

克龙斯加尔德
Kronsgaard

克鲁门迪克
Krummendiek

克鲁默瑟
Krummess

克鲁姆施泰特
Krumstedt

克伦保
Klempau

克伦贝克
Krummbek

克伦佩尔莫尔
Krempermoor

克伦珀
Krempe

克伦珀海德
Kremperheide

克伦普多夫
Krempdor

克罗加斯佩
Krogaspe

克罗考
Krokau

克罗普
Kropp

克吕岑
Kruzen

库阿尔恩贝克
Quarnbek

库德韦尔德
Kuddeworde

库登
Kuden

库鲁克
Krukow

库默费尔德
Kummerfe

夸恩施泰特
Quarnstedt

奎恩
Quern

奎克博恩
（讷贝格）
Quickborn

拉 － 贝森贝克
Raa-besenbek

拉贝尔
Rabel

拉本茨
Labenz

拉本霍尔茨
Rabenholz

拉博埃
Laboe

拉策堡
Ratzeburg

拉德拜霍亨韦斯特
Rade bei Hohenwestedt

拉德拜伦茨堡
Rade bei rendsburg

拉德伦德
Ladelund

拉格
Trondel

拉格尔多夫
Lagerdor

拉梅尔斯哈根
Lammershagen

拉姆施泰特
Ramstedt

拉斯贝克
Lasbek

拉斯托尔夫
Rastorf

拉特考 Ratekau

拉特延斯多夫 Rathjensdorf

拉滕多夫 Latendorf

莱布拉德 Lebrade

莱岑（塞格贝格） Leezen-seageberg

莱克 Leck

莱姆库伦 Lehmkuhlen

莱姆拉德 Lehmrade

莱因贝克 Reinbek

赖斯多夫 Raisdorf

赖因费尔德 Reinfeld

兰曹 Rantzau

兰茨夏伊德 Landscheide

兰格尔恩（讷贝格） Langeln （pinneberg）

兰根莱斯滕 Langenlehsten

兰考 Lankau

兰特鲁姆 Rantrum

朗巴利希 Langbaligl

朗根霍恩 Langenhorn

朗斯特 Langstedt

朗韦德尔 Langwedel

劳恩堡 Lauenburg

劳斯多夫 Rausdorf

莱厄（迪特马尔申县） Lehe

雷厄 Reher

雷霍尔斯特 Rehhorst

雷林根 Rellingen

雷默尔斯 Remmels

雷姆－弗莱德－巴尔根 Rehm-flehde-bargen

雷斯多夫 II Reesdorf II

雷特韦希（施托尔曼） Retwisch

雷希韦希（斯坦伯格） Rethwisc

里策劳 Ritzerauk

里克灵 Rickling

里克特 Rickert

里普斯多夫 Riepsdorf

里塞比 Rieseby

利瑙 Linau

利思 Lieth

利斯特 List

林德维特 Lindewitt

林登（底特玛尔逊） Lindend

灵斯贝格 Ringsberg

龙德斯哈根 Rondeshagen

卢茨霍尔恩 Lutzhorn

卢夫特 Looft

卢斯 Loose

鲁莫尔 Rumohr

鲁普尔 Rumpel

鲁温克尔
Ruhwinkel

伦茨堡
Rendsburg

伦茨维赫伦
Rendswuhren

伦丁
Lunden

伦萨恩
Lensahn

伦特弗赫尔登
Lentfohrden

罗布森伍尔特
Busenwurth

罗登贝克
Rodenbek

罗尔斯托夫
Rohlstorf

罗斯堡
Roseburg

罗斯多夫
Rosdorf

罗伊森克格
Reussenkoge

洛巴尔贝克
Lohbarbek

洛赫–费尔登
Lohe-forden

洛黑 Loher

洛克斯特
Lockstedt

洛普
Loop

洛普廷
Loptin

洛特
Loit

洛托尔夫
Lottorf

吕贝尔
Nubel

吕贝克
Lubeck

吕布滕
Lubtheen

吕尔绍
Lurschau

吕塔瑙
Lutau

吕特延堡
Lutjenburg

吕特延霍尔姆
Lutjenholm

吕特延塞
Lutjensee

吕肖
（劳恩堡）
Luchow

马恩
（迪特马尔申县）
Marne

马尔内尔代希
Marnerdeich

马尔滕斯拉德
Martensrade

马伦特
Malente

马斯比尔
Maasbull

马斯霍尔姆
Maasholm

马斯廷
Mustin

曼哈根
Manhagen

梅德尔比
Medelby

梅德瓦德
Meddewade

梅恩
Meyn

梅尔多夫
Meldorf

梅尔斯多夫
Melsdorf

梅格尔多夫
Meggerdorf

梅肖夫
Mechow

门克洛
Monkloh

蒙克伯格
Monkeber

蒙克布拉鲁普
Munkbrarup

蒙克哈根
Monkhagen

蒙斯特多夫
Munsterdorf

米尔德施泰特 Mildstedt
米尔肯多夫 Mielkendorf
米赫布罗克 Muhbrook
米赫伦巴尔贝克 Muhlenbarbek
米赫伦拉德 Muhlenrade
米歇尔恩 Mucheln
莫茨恩 Mozen

莫尔恩 Molln
莫尔夫塞 Molfsee
莫尔基尔希 Mohrkirch
莫雷格 Moorrege
莫鲁森 Moorhusen
穆本克 Mehlbek
穆森 Mussen

纳厄 Nahe
讷贝格 Pinneberg
内格尔恩伯特尔 Negernbotel
内根哈里 Negenharrie
内里茨 Neritz
内姆滕 Nehmten
内蔡斯 Nehms

内特尔塞 Nettelsee
尼比尔 Niebull
尼斯格瑞 Niesgrau
涅贝 Nieby
宁比特尔 Nienbuttel
宁博尔斯特尔 Nienborstel
宁多夫（迪特马尔申）Nindorf

宁多夫（伦茨堡 － 埃肯弗德）Nindorf
宁多夫 Niendorf
宁沃尔德 Nienwohld
努茨恩 Nutzen
努瑟 Nusse
诺拜尔 Nubbel
诺德代希 Norddeich

诺德施泰特 Norderst
诺尔 Noer
诺尔德尔布拉鲁普 Norderbrarup
诺尔德尔斯塔佩尔 Norderstapel
诺尔德哈斯特 Nordhastedt
诺尔多夫 Neversdorf
诺尔托尔夫（伦茨堡 － 埃肯弗德）Nortorf

诺尔托尔夫（斯坦伯格）Nortorf(steinburg)
诺图尔恩 Nutteln
诺伊贝伦德 Neuberend
诺伊恩布罗克 Neuenbrook
诺伊恩代希 Neuendeich
诺伊恩多夫 － 萨赫森班德 Neuendorf-Sachsenbande
诺伊恩格尔斯 Neuengors

诺伊费尔德 Neufeld | 诺伊基兴（北弗里斯兰）Neukirchen(nordfrieslad) | 诺伊基兴（东荷尔斯泰因）Neukirchen | 诺伊维滕贝克 Neuwittenbek | 诺因基兴（迪特马尔申）Neuenkirchen | 帕登斯特 Padenstedt | 帕劳 Belau

潘克尔 Panker | 潘滕 Panten | 佩尔沃尔姆 Pellworm | 佩森（斯坦）Peissen (steinburg) | 珀申多夫 Poschendorf | 普拉斯多夫 Prasdorf | 普雷茨 Preetz

普里斯多夫 Prisdorf | 普林岑莫尔 Prinzenmoor | 普龙斯托尔夫 Pronstorf | 普隆 Plon | 普鲁斯 Puls | 普罗布斯泰埃拉根 Probsteierhagen | 齐滕 Ziethen

屈赫伦 Kuhren | 屈克尔斯 Kukels | 森奥尔登多夫 Oldendorf | 塔贝克 Tarbek | 塔尔考 Talkau | 塔尔普 Tarp | 塔尔斯特 Taarstedt

塔米拜 Thumby | 塔彭多夫 Tappendorf | 塔廷 Tating | 泰灵施泰特 Ellingstedt | 泰灵施泰特 Tellingstedt | 泰斯特鲁普 Tastrup | 泰歇尔斯多夫 Techelsdorf

唐斯特（讷贝格）Tangstedt | 特拉芬布吕克 Travenbruck | 特拉芬塔尔 Traventhal | 特拉姆 Tramm | 特拉彭坎普 Trappenkamp | 特拉沃明德 Travemunde | 特雷亚 Treia

特里陶 Trittau | 特森 Uetersen | 特滕胡森 Tetenhusen | 特韦特 Twedt | 滕斯尔伯特尔－罗斯特 Tensbuttel-rost | 滕斯费尔德 Tensfeld | 通林 Tonning

托德斯费尔德 Todesfelde
托登比特尔 Todenbut
托登多夫 Todendorf
托尔克 Tolk
托尔内施 Tornesch
托姆斯布特尔 Tremsbuttel
瓦布斯 Waabs

瓦尔德 Warder
瓦尔科斯菲尔德 Walksfelde
瓦尔瑙（普伦） Warnau (Plön)
瓦尔施泰特 Wahlstedt
瓦尔斯比尔 Wallsbüll
瓦尔斯托尔夫 Wahlstorf
瓦格尔斯罗特 Wagersrott

瓦肯 Wacken
瓦肯多尔夫 I Wakendorf I
瓦肯多尔夫 II Wakendorf II
瓦灵霍尔茨 Warringholz
瓦佩尔费尔德 Wapelfeld
瓦斯贝克 Wasbek
万德鲁普 Wanderup

万格劳 Wangelau
旺格尔斯 Wangels
旺肯多夫 Wankendorf
威斯特兰 Westerland
韦德尔 Wedel
韦德尔布罗克 Weddelbrook
韦丁施泰特 Weddingstedt

韦赫尔登 Wöhrden
韦宁格斯特－布拉德鲁普 Wenningstedt-Braderup
韦塞尔恩（迪特马尔欣） Wesseln (Dithmarschen)
韦瑟尔布伦 Wesselburen
韦斯 Wees
韦斯比 Weesby
韦斯特霍恩 Westerhorn

韦斯特霍尔茨 Westerholz
韦斯特杰奇施特里希 Westerdeichstrich
韦斯特拉德 Westerrade
韦斯特劳 Westerau
韦斯特雷 Westre
韦斯特伦费尔德 Westerrönfeld
韦斯滕湖 Westensee

韦沃尔斯弗莱特 Wewelsfleth
维茨哈沃 Witzhave
维茨沃尔特 Witzwort
维尔斯霍普 Wiershop
维尔斯特 Wilster
维克奥夫弗赫尔 Wyk auf Föhr
维伦沙伦 Willenscharen

维默斯多夫 Wiemersdorf | 维内马尔克 Winnemark | 维森伯格（施托尔曼） Wesenberg (Stormarn) | 维施（北弗里斯兰） Wisch (Nordfriesland) | 维施 Wisch | 维特贝克 Wittbek | 维特莫尔特 Wittmoldt

维滕博恩 Wittenborn | 维泽策 Witzeeze | 温德贝尔根 Windbergen | 温德比 Windeby | 温讷特 Winnert | 温瑟尔多夫 Winseldorf | 温森（塞格贝格） Winsen (Segeberg)

文登特罗夫 Wendtorf | 文托夫（埃姆特桑德斯内本） Wentorf (Amt Sandesneben) | 文欣 Wensin | 沃本比尔 Wobbenbüll | 沃尔德 Wohlde | 沃尔梅尔斯多尔夫 Wolmersdorf | 沃尔特斯多夫（劳恩堡） Woltersdorf (Lauenburg)

沃尔托夫 Wohltorf | 乌埃尔费斯比尔 Uelvesbull | 武尔夫斯莫尔 Wulfsmoor | 希茨胡森 Hitzhusen | 希里斯蒂嫩塔尔 Christinenthal | 小奥芬塞特 － 斯帕里斯霍普 Klein offenseth-Sparrieshoop | 小巴尔考 Kleinbarkau

小本讷贝克 Kleinbennebek | 小格拉德布吕格 Klein gladebrugge | 小赖德 Klein rheide | 小伦瑙 Klein ronnau | 小诺登德 Klein Nordende | 克莱因 潘保 Klein pampau | 新明斯特 Neumunster

许斯比 Hüsby | 许特布莱克 Hüttblek | 亚尔德伦德 Jardelund | 亚格尔 Jagel | 亚内比 Janneby | 亚普伦德－韦丁 Jarplund-Weding | 耶尔斯贝克 Jersbek

耶芬斯特 Jevenstedt | 耶里斯霍埃 Jerrishoe | 耶斯贝克 Kothel | 伊策霍 Itzehoe | 伊茨斯特 Itzstedt | 伊茨特 Idstedt | 尤尔 Jorl

尤尔
Jorl

于斯毕
Uelsby

图林根州
Thüringen

阿尔巴尼亚语卡尔梅罗德
Kallmerode

阿布茨贝辛根
Abtsbessingen

阿恩施塔特
Arnstadt

阿波尔达
Apolda

阿尔滕
Artern

埃费尔德尔－雷文斯汀
Effelder-Rauenstein

阿尔滕贝尔加
Altenberga

阿加
Aga

阿伦斯豪森
Arenshausen

埃贝莱本
Ebeleben

埃本海姆
Ebenheim

埃本斯豪森
Ebenshausen

埃尔格尔斯堡
Elgersburg

埃尔克斯莱本
Elxleben

埃尔里希
Ellrich

埃费尔德尔（艾希斯费尔德县）
Effelder (Eichsfeld)

阿尔滕堡
Altenburg

埃根斯多夫
Egelsdorf

埃克林格罗德
Ecklingerode

埃克斯多夫
Exdorf

埃莱尔斯莱本
Ellersleben

埃姆莱本
Emleben

埃恰
Eicha

埃申贝尔根
Eschenbergen

埃斯菲尔德
Eisfeld

埃斯豪森
Ershausen

埃因豪森
Einhausen

埃因豪森
Eishausen

艾格斯泰德
Egstedt

艾森伯格
Eisenberg

爱尔福特
Erfurt

爱森纳赫
Eisenach

奥伯霍夫
Oberhof

奥伯朗特
Oberland

奥伯韦斯巴赫
Oberweissbach

奥尔贝尔斯莱本
Olbersleben

奥尔德鲁夫
Ohrdruf

奥尔迪斯莱本
Oldisleben

奥尔拉明德
Orlamunde

奥拉河畔诺伊施塔特
Neustadt an der Orla

奥斯威辛
Caaschwitz

巴德克洛斯特尔劳斯尼茨
Bad Klosterlausnitz

巴德拉
Badra

巴德利本斯泰因
Bad Liebenstein

巴尔豪森
Ballhausen

巴尔斯特
Ballstädt

巴赫菲尔德 Bachfeld

巴赫拉 Bachra

巴特贝尔卡 Bad Berka

巴特布兰肯堡 Bad Blankenburg

巴特弗兰肯豪森 Bad Frankenhausen

巴特科尔贝格 - 黑尔德堡 Bad Colberg-Heldburg

巴特克斯特里茨 Bad Köstritz

巴特朗根萨尔察 Bad Langensalza

巴特洛本施泰因 Bad Lobenstein

巴特萨尔聪根 Bad Salzungen

巴特苏尔察 Bad Sulza

巴特滕施泰特 Bad Tennstedt

包尔巴赫 Bauerbach

贝尔加 埃尔斯特 Berga Elster

贝尔卡 威拉 Berka Werra

贝尔林格罗德 Berlingerode

贝尔斯特 Berlstedt

贝林根 Behringen

贝鲁根 Behrungen

贝滕豪森 Bethenhausen

贝滕豪森（伦布利克） Bettenhausen (Rhönblick)

本德黑姆 Bedheim

比贝尔鲁 Biberau

比布拉 Bibra

比瑞克特 Birkigt

比绍夫罗德 Bischofrod

比绍弗罗德 Bischofferode

波尼茨 Ponitz

波伊申 Peuschen

伯格沃特 Burgwalde

伯伦（艾希斯费尔德县） Beuren (Eichsfeld)

博德尔维茨 Bodelwitz

博尔施 Borsch

博滕多夫 Bottendorf

博泽肯多夫 Böseckendorf

布茨特 Buttstädt

布夫莱本 Bufleben

布卡 Bucha

布拉 Buhla

布莱谢罗德 Bleicherode

布赖滕巴赫（埃克森弗兰德） Breitenbach(Eichsfeld)

布赖滕沃尔比斯 Breitenworbis

布赖通根 威拉 Breitungen Werra

布兰肯海恩 Blankenhain

布劳尼希斯瓦尔德 Braunichswalde

布雷默 Brehme

布林库恩 Birkungen

布罗特罗德 - 特鲁塞塔尔 Brotterode-Trusetal

布罗特罗德 Brotterode

布特尔斯特 Buttelstedt
策德利茨 Zedlitz
策尔尼茨 Zollnitz
达维希 Dachwig
大巴尔特洛夫 Großbartloff
大法尔古拉 Grossvargula
大鲁德斯特 Großrudestedt

大洛拉 Großlohra
戴尔特曾巴奇 Dietzhausen
德尔恩巴赫 Dermbach
德赖茨希 Dreitzsch
德勒比绍 Dröbischau
德斯巴赫 Deesbach
迪多夫（叙代希斯费尔德） Diedorf (Südeichsfeld)

迪施泰德 Dillstädt
迪特拉斯 Dietlas
迪特罗德 Dieterode
蒂尔巴赫 Thierbach
丁格尔施泰特 Dingelstädt
丁瓦尔德 Dünwald
多布瑞岑 Döbritz

多恩伯格 萨勒 Dornburg Saale
多恩多夫－施托伊德尼茨 Dorndorf-Steudnitz
多伊纳 Deuna
多尔恩海姆 Dornheim
厄恩斯塔尔 Ernstthal
法伊尔斯多夫 Veilsdorf
凡巴赫 Fambach

菲尔瑙 Viernau
菲瑟尔巴赫 Vieselbach
菲施巴赫 伦山 Fischbach Rhön
腓特烈罗达 Friedrichroda
费尔德茨多夫 Pferdsdorf
费尔斯多夫 Pfersdorf
费娜 Ferna

芬斯塔伯根 Finsterbergen
弗尔克尔斯豪森 Volkershausen
弗格斯贝格 Vogelsberg
弗兰肯布利克 Frankenblick
弗兰肯海恩 Frankenhain
弗兰肯罗达 Frankenroda
弗劳恩瓦尔德 Frauenwald

弗雷德哈根（爱赫斯菲尔德） Freienhagen (Eichsfeld)
弗雷德斯豪森 Friedelshausen
弗里茨 Föritz
弗里斯尼茨 Friessnitz
弗洛－塞利根塔尔 Floh-Seligenthal
福尔克罗德 Volkerode
福伦博尔恩 Vollenborn

伽马 Gahma | 伽姆斯塔特 Gamstädt | 盖萨 Geisa | 盖斯莱登 Geisleden | 冈洛夫瑟梅尔恩 Gangloffsömmern | 戈尔迪斯塔尔 Goldisthal | 戈尔斯莱本 Gorsleben

戈赫伦 Göhren | 戈塞尔 Gossel | 戈塔 Gotha | 哥德巴赫 Goldbach | 哥希茨 Goßwitz | 格奥尔根塔尔 Georgenthal | 格尔贝尔斯豪森 Gerbershausen

格尔贝格 Gehlberg | 格尔恩罗德（艾斯菲尔德） Gernrode (Eichsfeld) | 格尔斯通根 Gerstungen | 格尔特罗德 Gerterode | 格费尔 Gefell | 格哈恩 Gehren | 格拉 Gera

格拉贝格 Geraberg | 格拉布费尔德 Grabfeld | 格拉布斯里本 Grabsleben | 格拉非纳恩 Gräfenhain | 格拉菲诺－安格斯特 Gräfinau-Angstedt | 格拉芬托纳 Gräfentonna | 格莱先贝格 Gleichamberg

格赖茨 Greiz | 格雷芬罗达 Gräfenroda | 格雷芬塔尔 Gräfenthal | 格雷赫尔维森 Gleicherwiesen | 格林根（科法斯泽兰德） Göllingen (Kyffhäuserland) | 格罗达 Geroda | 格罗森法内尔 Grossfahner

格罗森戈特尔恩 Grossengottern | 格罗森斯托尼茨 Großstöbnitz | 格罗斯贝特林根 Grossbreitenbach | 格罗斯尼尔雷赫 Grossenehrich | 格罗索伊特尔斯多夫 Grosseutersdorf | 格罗伊森 Greussen | 格洛森斯坦 Grossenstein

格玛尔 Gormar | 格斯尼茨 Gößnitz | 贡佩尔茨豪森 Gompertshausen | 贡特尔斯勒本 Günthersleben | 古特曼斯豪森 Guthmannshausen | 国王湖 Konigsee | 哈尔迪斯莱本 Hardisleben

哈尔斯高 Hörselgau
哈黑尔比希 Hachelbich
哈拉 Harra
哈罗斯 Harras
哈尼尔路德 Haynrode
哈斯莱本 Hassleben
海恩罗德 Hainrode

海利根施塔特 Heiligenstadt
海灵格 Hellingen
海纳 Haina
海耶德 Heyda
海耶罗德 Heyerode
海因里希 Heinrichs
豪森（爱赫斯菲尔德） Hausen (Eichsfeld)

豪特罗达 Hauteroda
赫曼恩斯菲尔德 Hermannsfeld
赫普施塔特 Hüpstedt
赫赛尔贝格 Hörselberg
赫赛尔贝格－海尼希 Hörselberg-Hainich
赫斯伯格 Hessberg
黑尔贝丁多夫 Helbedündorf

黑尔布斯莱本 Herbsleben
黑尔德堡 Heldburg
黑尔德伦根 Heldrungen
黑尔施多夫 Herschdorf
黑林根 赫尔莫 Heringen Helme
黑默斯多夫 Helmsdorf
亨德斯哈根 Hundeshagen

霍恩巴赫 Honbach
霍恩开兴 Hohenkirchen
霍亨洛伊本 Hohenleuben
霍克罗达 Hockerod
霍隆根 Holungen
霍斯 克罗伊茨 Hohes kreuz
霍伊滕 Heuthen

基尔希察尔滕 Kirchzarten
基尔希甘德尔恩 Kirchgandern
基尔希沃尔比斯 Kirchworbis
吉瑟贝尔 Gießübel
金德尔布吕克 Kindelbruck
金塞罗德 Günserode
金斯特 Günstedt

金特尔斯莱本－韦希马尔 Günthersleben-Wechmar
卡茨许特 Katzhutt
卡尔梅罗德 Kallmerode
卡尔滕诺德海姆 Kaltennordheim
卡尔滕孙德海姆 Kaltensundheim
卡拉 Kahla
凯拉 Keilat

坎堡 Camburg

坎斯多夫 Kamsdorf

康尼茨 Konitz

考埃尔恩 Kauern

考尔斯多夫 Kaulsdor

凯拉 Kella

科尔布森 Korbusse

科斯波达 Kospoda

克尔内尔 Korner

克费芳森 Kefferhausen

克拉鲁克恩 Kranlucken

克拉尼希费尔德 Kranichfeld

克拉温克尔 Crawinkel

克莱达 Kolleda

克莱诺伊特尔斯多夫 Kleineutersdorf

克劳泰姆 Krautheim

克勒尔帕 Krolpa

克里斯蒂 Christes

克林 Klings

克林根 Clingen

克罗克 Crock

克罗斯特（索内贝尔格）
Haselbach
(Sonneberg)

克罗伊策布拉 Kreuzebra

克罗伊茨堡 Creuzburg

克斯拉恩 Kosslarn

库尔斯多夫 Cursdorf

库哈多夫 Kuhndorf

拉布斯赫 Laubusch

拉恩斯坦因 Rauenstein

拉尼斯 Ranis

拉普斯多夫 Rappelsdorf

拉斯特德 Rastenberg

莱黑斯滕 Lehesten

莱姆巴赫
（诺德豪森）
Leimbach

莱讷费尔德 Leinefelde

莱内费尔德－沃尔比斯 Leinefelde-worbis

莱因斯多夫 Reinsdorf

赖岑格施文达 Reitzengeschwenda

赖希曼斯多夫 Reichmannsdorf

兰格诺尔拉 Langenorla

兰格维森 Langewiesen

兰根巴赫
（施洛伊塞格伦德）
Langenbach

兰根伯格（格拉） Langenberg

兰根洛伊巴－尼德赖因
Langenleuba-
niederhain

兰根韦岑多夫 Langenwezendorf

兰根沃尔申多夫 Langenwolschendorf

劳沙 Lauscha

劳圣格斯 Rauschengesees

勒比肖 Lobichau

勒姆希尔德 Romhild

勒特 Luttert

勒滕巴赫 Rottenbach

雷亨根 Rehungen

雷姆 Remda

雷姆达 - 泰歇尔 Remda-Teichel

里本诺德 Liebenrode

里佩尔斯豪森 Rippershausen

里特 Rieth

利本恩 Liebengrun

利布斯赫特茨 Liebschutz

利普雷希特罗德 Lipprechterode

利希特 Lichte

列本斯坦 Liebenstein

林登维尔 Lindewer

林迪希 Lindig

林达拜魏达 Linda bei weida

卢伊森塔尔 Luisenthal

鲁德斯多夫 Rudersdorf

鲁多尔施塔特 Rudolstadt

鲁赫拉 Ruhla

鲁帕希多夫 Ruppersdorf

鲁斯滕费尔德 Rustenfelde

露卡 Lucka

基塞尔巴赫 Kieselbach

伦格费尔德（安罗德）Lengefeld

伦普滕多夫 Remptendorf

伦斯泰希地区诺伊斯塔特 Neustadt am Rennsteig

伦韦尔特斯豪森 Renwertshausen

罗本 Roben

罗丁格尔哈根 Rudigershagen

罗恩堡 Ronneburg

罗尔 Rohr

罗尔巴赫（魏玛县）Rohrbach（weimarer land）

罗尔贝格 Rohrberg

罗尔斯坦特 Rohnstedt

罗克斯特 Rockstedt

罗肯多夫 Rockendorf

罗肯斯图尔 Rockenstuhl

罗普森 Ropsen

罗森多夫 Rosendorf（Thüringen）

罗斯（勒姆希尔德）Roth

罗斯莱本 Rossleben

罗特莱本 Rottleben

罗西茨 Rositz

洛贝达 Lobeda

洛达 Noda

洛伊滕贝格 Leutenberg

吕克尔斯多夫（格雷兹）Ruckersd

马丁费尔德
Martinfeld

马卡特斯塔特
Mechters

马克苏尔
Marksuhl

马克特利茨
Marktgol

梅尔肯多夫
（措伊伦罗达 － 特里贝斯）
Merkendorf

马塞尔贝尔格
Masserberg

马斯
（艾斯菲尔德）
Marth

迈宁根
Meininge

梅策尔斯
Metzels

梅尔克尔斯 － 基塞尔巴赫
Merkkies-kieselbach

马肯罗特
Mackenrode

梅利斯
Zella-Mehlis

梅伦巴 － 格拉斯巴赫
Mellenbach-glasbach

梅伦廷
Mellingen

梅梅尔斯
Mehmels

梅斯茨
Miesitz

米尔贝格
Muhlberg

米尔豪森
Muhlhausen

米拉
Mihla

米斯特巴赫
Mistelbach

米特尔豪森
（爱尔福特）
Mittelhausen

米特尔珀尔尼茨
Mittelpollnitz

米特尔斯特尔
Mittelst

明兴贝尔恩斯多夫
Munchenbernsdorf

莫尔斯多夫
Molsdorf

莫哈
Mohra

莫拉
Meura

莫斯巴赫
（武塔 － 法尔恩罗达）
Mosbach（Wutha-Farnroda）

努赫拉
Nohra

莫伊瑟尔维茨
Meuselwitz

穆彭格
Mupperg

纳乔斯特
Nagelste

瑙恩多夫
（格奥尔根塔尔）
Nauendorf

瑙恩多夫
（施塔肯贝格）
Naundorf

尼德罗尔舍尔
Niederorschel

尼德罗斯拉
Niederrossla

涅德顿多夫
Neudietendorf

纽马克
Neumark

莫伊塞尔巴赫 － 施瓦尔茨米莱
Meuselbach-Schwarzmuhle

诺比茨
Nobitz

诺德豪森
Nordhausen

诺哈
（魏玛附近）
Nohraw

诺伊恩多夫
（泰斯通根）
Neuendorf

诺伊施塔特 － 哈茨
Neustadt-harz

欧姆卡玛
Kirchohmfeld

佩内维茨
Pennewitz

佩特里罗达
Petriroda

皮绍
Piesau

珀斯内克
Possneck

普法夫施文德 Pfaffsch

普费尔丁施莱本 Pferdingsleben

普劳埃 Plaue

普灵斯多夫 Pillingsdorf

普罗布斯特采拉 Probstzella

齐格尔海姆 Ziegelheim

齐根吕克 Ziegenru

屈尔斯特 Kullstedt

上林德 Oberlind

上萨希斯维尔芬 Obersach

上舍瑙 Oberschonau

塔巴茨 Tabarz

塔纳 Tanna

泰格韦茨 Tegkwitz

泰斯通根 Teistungen

泰希尔 Teichel

泰希沃尔弗拉姆斯多夫 Teichwolframsdorf

坦巴赫 - 迪塔尔茨 Tambach- Dietharz

坦罗达 Tannroda

坦姆斯布吕克 Thamsbru

特雷布拉 Trebra

特雷富尔特 Treffurt

特里伯斯 Triebes

特里普蒂斯 Triptis

特鲁瑟塔尔 Trusetal

特罗斯德特 Troistedt

特马尔 Themar

特梅尔斯多夫 Tommelsdorf

廷门多夫 Thimmendorf

通纳 Tonna

托普夫斯特 Topfsted

托斯顿根 Tastungen

瓦阿尔豪斯 Wahlhaus

瓦查 Vacha

瓦恩斯 Wahns

瓦尔道 Waldau

瓦尔豪森 Wahlhausen

瓦尔施莱本 Walschleben

瓦尔特斯豪森 Waltershausen

瓦斯特 Wachstedt

瓦松根 Wasungen

万德斯莱本 Wandersleben

旺根海姆 Wangenheim

威达 Weida

威斯特豪森 Westhausen

威尔兰 Weilar

威斯巴赫（伦普滕多夫） Weisbach (Remptendorf)

威尔碧池 Wilbich

韦恩德 Wehnde

韦尔德斯巴赫 Wiedersbach
韦尔恩堡 Wernburg
韦尔菲斯 Wölfis
韦尔费尔比特 Wölferbütt
韦斯特格罗伊森 Westgreussen
维厄 Wiehe
维尔德陶贝 Wildetaube

维佩尔多夫 Wipperdorf
维斯托伊特罗德 Wüstheuterode
魏拉 Weira
魏玛 Weimar
魏森（乌尔斯特－基尔夏塞尔） Weissen (Uhlstädt-Kirchhasel)
温格宫 Zwinge
魏森塞 Weissensee

温迪施霍尔兹豪森 Windischholzhausen
温迪施洛伊巴 Windischleuba
魏森博恩－鲁德罗德 Weissenborn-Lüderode
温格罗德 Wingerode
温特灵根罗德 Wintzingerode
温特斯多夫（莫伊瑟尔维茨） Wintersdorf (Meuselwitz)
文斯彻多夫 Wünschendorf

翁普费尔斯特 Umpferstedt
翁斯特鲁塔尔 Unstruttal
翁特尔布赖茨巴赫 Unterbreizbach
翁特尔马斯费尔德 Untermassfeld
翁特尔韦伦博尔恩 Unterwellenborn
翁滕尔巴 Unteralba
沃尔比斯 Worbis

沃尔多夫（韦拉河） Walldorf (Werra)
沃尔夫斯堡－翁克罗达 Wolfsburg-Unkeroda
乌德 Uder
沃尔夫斯多夫（贝尔加） Wolfersdorf (Berga)
沃尔克拉姆斯豪森 Wolkramshausen
沃亨斯 Wahns
沃尔夫斯贝格（图灵根） Wolfsberg (Thüringen)

乌德斯特 Udestedt
乌尔恩斯豪森 Urnshausen
乌尔斯特 － 基尔夏塞尔 Uhlstädt-Kirchhasel
乌梅尔斯塔特 Ummerstadt
乌姆巴赫 Wümbach
乌斯塔特 Uhlstadt
武尔茨巴赫 Wurzbach

武塔－法尔恩罗达 Wutha-Farnroda
希尔德堡豪森 Hildburghausen
希尔施贝格（萨勒） Hirschberg (Saale)
下萨克斯韦芬 Niedersachswerfen
下施皮尔 Niederspier
小巴特洛夫 Klein bartloff
小博敦根 Kleinbodungen

耶拿 Jena

伊尔费尔德 Ilfeld

伊尔梅瑙 Ilmenau

伊伦罗 Zeulenro

伊梅尔博尔恩 Immelborn

伊屈尔 Zeultrie

伊希特尔斯豪森 Ichtershausen

因格尔斯莱本 Ingersleben

尤德茨巴赫 Jützenbach

尤克森 Juchsen

下萨克森州 Niedersachsen

阿本森 Abbensen

阿伯豪森 Abbehausen

阿德勒姆 Adlum

阿登比特尔 Adenbüttel

阿登多夫 Adendorf

阿登斯特 Adenstedt

阿尔布雷希特 Aalbrecht

阿尔登 Ahlden

阿尔姆施泰特 Almstedt

阿尔特伦堡 Artlenburg

阿尔特瑙 Altenau

阿尔滕哈根 Altenhagen

阿尔滕瓦尔德 Altenwalde

阿芬豪森 Affinghausen

阿加滕堡 Agathenburg

阿克斯斯特 Axstedt

阿勒 Arle

阿默灵豪森 Mellinghausen

阿努姆 Arnum

阿彭 Apen

阿彭森 Apensen

阿森多夫 Asendorf

阿莘多夫 Aschendorf

阿斯特费尔德 Astfeld

阿希姆 Achim

埃拜尔 Iber

埃贝罗尔岑 Eberholzen

埃伯豪森 Eberhausen

埃博斯多夫 Ebersdorf

埃布斯托夫 Ebstorf

埃岑 Eutzen

埃德米森 Edemissen

埃德米森（艾贝克） Edemissen (Einbeck)

埃德斯海姆（诺特海姆） Edesheim (Northeim)

埃德韦希特 Edewecht

莱厄 Lehe

埃尔策 Eltze

埃尔岑 Aerzen

埃尔茨豪森（艾贝克）
Erzhausen
(Einbeck)

埃尔达格森
Eldagsen

埃尔克罗德
Erkerode

埃尔林森
Eilensen

埃尔姆（布雷梅尔弗尔德）
Elm (Bremervörde)

埃尔姆洛黑
Elmlohe

埃尔斯多夫
Elsdorf

埃尔斯弗莱特
Elsfleth

埃尔斯豪森
Eyershausen

埃尔廷豪森
Ertinghausen

埃尔维斯
Eilvese

埃尔维斯
Elvese

埃费罗德
Everode

埃费森
Evessen

埃格尔米赫伦
Eggermühlen

埃格斯托夫（巴尔辛格豪森）
Egestorf (Barsinghausen)

埃根斯泰德
Egenstedt

埃格斯托夫（哈尔堡）
Egestorf (Harburg)

埃科恩路德
Eickenrode

埃科沃德
Equord

埃克塞
Eixe

埃拉－莱辛
Ehra-Lessien

埃勒施豪森
Ellershausen

埃里温斯豪森
Elvershausen

埃伦堡
Ehrenburg

埃伦森
Ellensen

埃麦科
Emmerke

埃门（汉肯斯比特尔）
Emmen
(Hankensbüttel)

埃门多夫
Emmendorf

埃默施泰特
Emmerstedt

埃姆登
Emden

埃姆利希海姆
Emlichheim

埃姆森
Eimsenk

埃姆斯特克
Emstek

埃纳姆
Einum

埃森（奥尔登堡）
Essen
(Oldenburg)

埃森罗德
Essenrode

埃舍尔斯豪森
Eschershausen

埃舍霍特
Eischott

埃舍斯豪森（乌斯拉尔）
Eschershausen (Uslar)

埃什厚德
Escherode

埃斯贝克
（艾尔茨）
Esbeck (Elze)

埃斯波
Espol

埃斯霍夫
Essehof

埃斯特尔韦根
Esterwegen

埃斯托尔夫（施塔德）
Estorf (Stade)

埃斯托尔夫（威悉河）
Estorf (Weser)

埃文洛赫
Everloh

埃文森
Evensen

埃希特 Echte
艾贝克 Einbeck
艾楚姆 Eitzum
艾德森 Eddesse
艾尔茨（韦德马尔克） Elze (Wedemark)
艾莉罗伊 Ellierode
艾默 Eime

艾姆克 Eimke
艾姆派德 Empelde
艾姆皮德 Empede
弗里德瑙 Friedenau
艾瑟姆 Eilsum
艾森桑姆 Esenshamm
艾舍慕 Echem

艾斯克 Asche
艾斯特鲁普 Eystrup
艾文恩 Evern
爱克德 Eckerde
爱伦多夫（布克斯泰胡德） Eilendorf (Buxtehude)
爱斯派克 Esperke
爱斯普林根路德 Esplingerode

安库姆 Ankum
奥埃德尔库阿尔特 Oederquart
奥埃德卢姆 Oedelum
奥伯多夫（奥斯特） Oberndorf
奥伯恩费尔德 Obernfeld
奥伯恩基 Obernkirchen
奥伯尔德 Oberode

奥伯格 Oberg
奥策 Otze
奥道格森 Odagsen
奥德瑟 Oedesse
奥登若德（莫林根） Oldenrod
奥尔登堡 Oldenburg
奥尔登布罗克 Oldenbrok

奥尔罗普欧德霍斯特 OllerupOldhorst
奥夫莱本 Offleben
奥根包斯特尔 Oegenbos
奥哈根 Auhagen
奥克 Oker
奥克森多夫 Ochsendorf
奥克斯海姆 Olxheim

奥克斯豪森 Orxhausen
奥肯森 Ockensen
奥勒尔斯 Oelerse
奥里希 Aurich
奥鲁姆 Ohlum
奥鲁姆 Ohrum
奥伦道夫 Ohlendorf

奥伦多夫（萨尔茨吉特） Ohlendorf | 奥伦罗德 Ohlenrod | 奥伦施泰特 Ohlenstedt | 奥彭豪森 Opperhausen | 奥普斯塔特 Upstedt | 奥斯堡 Olsburg | 奥斯费瑞斯 Othfrese

奥斯洛斯 Osloss | 奥斯纳布吕克 Osnabruck | 奥斯赛 Osselse | 奥斯特恩道夫 Osterndorf | 奥斯特尔 Osteel | 奥斯特尔布鲁 Osterbruch | 奥斯特尔卡佩尔恩 Ostercappeln

奥斯特尔瓦尔德 Osterwald | 奥斯特豪森 Osterhusen | 奥斯特劳德尔费恩 Ostrhauderfehn | 奥斯特罗尔茨 - 沙尔恩贝克 Osterholz-Scharmbeck | 奥斯特玛尔希 Ostermarsch | 奥斯特门茨尔 Ostermunzel | 奥斯特瑞姆 Ostrum

奥斯滕 Osten | 奥斯滕多夫 Ostendorf | 奥特贝尔根（舍莱尔滕） Ottberge | 奥特贝格 Ottersberg | 奥特尔苏姆 Ochtersum | 奥滕多夫 Otterndorf | 奥滕施泰因 Ottensein

奥藤森 Ottensen | 奥温戈讷（胡德） Ovelgonne(Buxtehude) | 奥温戈讷（韦塞马施县） Ovelgonne | 巴德 - 哈尔茨堡 Bad Harzburg | 巴德 - 皮尔蒙特 Bad Pyrmont | 巴德甘德斯海姆 Bad Gandersheim | 巴德拉尔 Bad Laer

巴德林博斯特尔 Bad Fallingbostel | 巴德索兹福斯 Bad Salzdetfurth | 巴登豪森 Badenhausen | 巴恩斯托夫（迪普霍尔茨） Barnstorf (Diepholz) | 巴尔多夫 Bahrdorf | 巴尔贝克 Barbecke | 巴恩斯托夫（沃尔夫斯堡） Barnstorf (Wolfsburg)

巴尔多维克 Bardowick | 巴尔恩斯特 Barnstedt | 巴尔格 Balge | 巴尔特鲁姆 Baltrum | 巴尔沃 Barver | 巴尔辛格豪森 Barsinghausen | 巴尔耶 Balje

巴库姆 Bakum | 巴伦堡 Barenburg | 巴伦博尔斯特尔 Bahrenbostel | 巴伦多夫 Barendorf | 巴瑟尔 Barssel | 巴瑟姆 Bassum | 巴斯贝克 Basbeck

巴斯达尔 Basdahl | 巴特埃森 Bad Essen | 巴特艾尔森 Bad Eilsen | 巴特贝德凯萨 Bad Bederkesa | 巴特贝尔根 Badbergen | 巴特贝文森 Bad Bevensen | 巴特本特海姆 Bad Bentheim

巴特博登泰希 Bad Bodenteich | 巴特茨维申安 Bad Zwischenahn | 巴特格伦德 Bad Grund | 巴特豪森 Bartshausen | 巴特朗姆 Bettrum | 巴特罗滕费尔德 Bad Rothenfelde | 巴特嫩多夫 Bad Nenndorf

巴特萨克萨 Bad Sachsa | 巴特伊堡 Bad Iburg | 巴韦德尔 Barwedel | 拜尔施泰特 Beierstedt | 拜因霍恩 Beinhorn | 班特尔恩 Banteln | 卑尔根（采勒） Bergen (Celle)

北格特尔恩 Nordgoltern | 贝恩路德（莱雷） Beienrode (Lehre) | 贝尔卡（卡特伦堡－林道） Berka (Katlenburg-Lindau) | 贝尔姆 Belm | 贝尔森布吕克 Bersenbrück | 贝费尔斯特 Beverstedt | 贝格（奥斯纳布吕克） Berge (Osnabrück)

贝格菲尔德 Bergfeld | 贝克尔恩 Beckeln | 贝鲁姆 Belum | 贝伦博斯特尔 Berenbostel | 贝伦布尔 Berumbur | 贝伦森 Behrensen | 贝尼格森 Bennigsen

贝斯滕 Beesten | 贝特尔恩 Betheln | 贝特马尔（费谢尔德） Bettmar (Vechelde) | 贝特马尔（舍莱尔滕） Bettmar (Schellerten) | 贝维恩路德 Bevenrode | 贝沃恩（布雷梅尔弗尔德） Bevern (Bremervörde) | 贝沃恩（霍尔茨明登） Bevern (Holzminden)

本纳姆海伦 Bennemühlen | 本斯托夫 Benstorf | 本泰尔罗德 Bentierode | 本特 Benthe | 本特尔罗德 Benterode | 比德尔 Büttel | 比登斯特 Büddenstedt

比尔贝格恩 Bierbergen | 比尔斯豪森 Bilshausen | 比克堡 Bückeburg | 比肯 Bücken | 比勒贝克（艾贝克） Billerbeck (Einbeck) | 比勒姆 Bilm | 比嫩比特尔 Bienenbüttel

比嫩路德 Bienrode | 比彭 Bippen | 比森多夫 Bissendorf | 宾嫩 Binnen | 波恩贝克 Bornberg | 波勒 Polle | 波滕哈根 Portenhagen

伯恩斯豪森 Bernshausen | 伯尔苏姆 Börßum | 伯克霍夫 Berkhof | 伯泽尔 Bösel | 博登堡 Bodenburg | 博登费尔德 Bodenfelde | 博登湖 Bodensee

博登施泰特 Bodenstedt | 博登韦尔德尔 Bodenwerder | 博恩豪森 Bornhausen | 博尔库姆 Borkum | 博芬登 Bovenden | 博克霍尔恩 Bockhorn | 博克洛 Bokeloh

博克内姆 Bockenem | 博肯斯多夫 Bokensdorf | 博丽恩斯 Bollensen | 博姆特 Bohmte | 博斯特（吕本山麓诺伊施塔特） Borstel (Neustadt am Rübenberge) | 博苏姆 Borsum | 博斯特尔（迪普霍尔茨县） Borstel (Diepholz)

博塔茨姆 Boitzum | 博特费尔德 Bortfeld | 泽勒费 Zellerfe | 不来梅地区哈根 Hagen im Bremischen | 布尔格斯特滕 Burgstemmen | 布尔格韦德尔 Burgwedel | 布格多夫（汉诺威） Burgdorf (Hannover)

布哈维 Burhave

布克斯泰胡德 Buxtehude

布拉克 Brake

布拉克尔 Brackel

布拉默尔 Bramel

布拉姆舍 Bramsche

布拉姆施泰特 Bramstedt

布莱德尔 Bledeln

布莱克德 Bleckede

布赖林根 Brelingen

布赖滕贝格（杜德施塔特） Breitenberg (Duderstadt)

布兰肯哈根 Blankenhagen

布朗斯维克 Braunschweig

布劳恩拉格 Braunlage

布雷登贝格 Breddenberg

布雷登贝克 Bredenbeck

布雷梅尔弗尔德 Bremervörde

布里特林根 Brietlingen

布利德尔斯多夫 Bliedersdorf

布林库姆 Brinkum

布卢梅瑙 Blumenau

布卢门哈根 Blumenhagen

布鲁岑霍夫 Bruchhof

布鲁豪森－菲尔森 Bruchhausen-Vilsen

布伦森 Brunsen

布罗贝里 Brobergen

布罗策姆 Broitzem

布罗赫特豪森 Brochthausen

布罗姆 Brome

布罗施泰特 Broistedt

布吕根（莱纳河） Brüggen (Leine)

布塔斯巴赫 Butschbach

布特亚丁根 Butjadingen

采文 Zeven

达尔多夫（莱费尔德） Dalldorf (Leiferde)

达格斯豪森 Riddagshausen

达科密森 Dachtmissen

达卢姆 Dahlum

达伦堡 Dahlenburg

达默（顿姆） Damme (Dümme)

达塞尔 Dassel

达斯因森 Dassensen

大埃德 Groß Ilde

大埃斯沙尔德 Groß Escherde

大奥埃辛根 Groß Oesingen

大布恩斯罗德 Groß Brunsrode

大布特恩 Groß Bülten

大德哈洛姆 Groß Dahlum

大登克特 Groß Denkte

大杜文根 Groß Düngen

大弗雷登 Groß Freden

大福斯特 Groß Förste

大格莱丁根 Gross Gleidingen

大海姆斯泰德 Groß Himstedt

大吉森 Groß Giesen

大拉弗德 Gross Lafferde

大洛波克 Groß Lobke

大蒙策尔 Groß Munzel

大索奥斯赫恩 Groß Solschen

大特鲁普斯泰德 Groß Twülpstedt

大伊尔塞德 Groß Ilsede

大伊珀讷 Gross Ippener

代登豪森 Dedenhausen

代尔门霍斯特 Delmenhorst

代斯特尔山麓巴德明德尔 Bad Münder am Deister

戴米森 Deilmissen

戴纳森 Deinsen

戴特森 Deitersen

丹多夫 Danndorf

丹科沙尔森 Denkershausen

丹嫩贝格（易北河） Dannenberg (Elbe)

德贝斯泰德 Debstedt

德德尔斯托夫 Dedelstorf

德登霍森 Dedinghausen

德恩伯格－阿斯滕巴克 Derneburg-Astenbeck

德恩斯托夫 Denstorf

德尔彭 Dörpen

德杰森 Degersen

德拉肯堡 Drakenburg

德兰斯费尔德 Dransfeld

德朗斯特 Drangstedt

德雷贝尔 Drebber

德里夫策特 Driftsethe

德利格森 Delligsen

德利豪森 Delliehausen

德鲁贝尔 Drüber

德伦塔尔 Derental

德罗特尔森 Drochtersen

德纳恩 Donnern

德森贝阿尔费尔德 Dehnsen bei Alfeld

德森歌德 Desingerode

德特福兹 Detfurth

德特林根 Dötlingen

德图姆 Dettum

德维斯 Devese

邓森 Dunsen

迪德尔塞 Didderse

迪克霍尔岑 Diekholzen

迪佩瑙 Diepenau
迪普霍尔茨 Diepholz
迪特科 Ditterke
迪特斯多夫 Dibbesdorf
蒂德 Thiede
蒂迪舍 Tiddische
蒂弗林格罗德 Tiftlingerode

蒂门 Timmern
蒂莫拉 Timmerlah
丁格尔贝 Dingelbe
丁卡拉 Dinklar
丁克豪森 Dinkelhausen
丁克拉格 Dinklage
杜德洛德 Düderode

杜德施塔特 Duderstadt
杜登－罗登堡斯特尔 Duden-Rodenbostel
杜格伦贝克 Dungelbeck
杜林 Düring
杜梅河畔贝尔根 Bergen an der Dumme
杜努姆 Dunum
杜滕斯泰特 Duttenstedt

杜因根 Duingen
多茨姆 Dötzum
多尔贝根 Dollbergen
多尔金 Dolgen
多尔斯塔特 Dorstadt
多夫哈根 Dorfhagen
多利格森 Dörrigsen

多鲁姆 Dorum
多伦 Dohren
多纳莫格罗德 Dornumergrode
多尼滕 Dörnten
多努默西尔 Dornumersiel
多努姆 Dornum
多伊茨希埃费尔恩 Deutsch Evern

厄布森 Erbsen
厄芬森 Offensen
厄芬瓦登 Offenwarden
厄瑞 Oerie
厄斯德 Oesede
恩布森 Embsen
恩格尔博斯特尔 Engelbostel

恩根塞恩 Engensen
法蒂格特岑 Vardegotzen
法尔－兰德 Varell-land
法尔斯蒂特 Vallstedt
法勒尔 Varel
法勒尔 Varrel
法勒斯雷本 Fallersleben

法米森（舍莱尔滕）
Farmsen
(Schellerten)

菲尔德卑尔根
Feldbergen

菲尔斯滕哈根(乌斯拉尔)
Fürstenhagen (Uslar)

菲克米伦
Fickmühlen

菲嫩堡
Vienenburg

菲塞尔赫费德
Visselhovede

腓特烈施塔特
Friedrichstadt

菲斯贝克
Visbek

费尔茨姆
Volzum

费尔姆
Vohrum

费尔培豪森
Volpriehausen

费尔普克
Velpke

弗尔列豪森
Verliehausen

费尔特海姆
（OHE）
Veltheim(ohe)

费格尔贝克
Vogelbeck

费歇尔德
Vechelde

费因豪斯特
Vinnhorst

弗厄斯特
Föhrste

弗尔登（诺伊恩基兴 - 弗尔登）
Vörden (Neuenkirchen-Vörden)

费尔森
Vilsen

弗尔滕豪夫
Veltenhof

弗克马尔豪森
Volkmarshausen

弗克马罗德
Volkmarode

弗克森
Volksen

弗肯罗德
Volkenrode

弗拉克斯
托克海姆
Flachstöckheim

弗莱尔斯塔特
Freistatt

弗莱斯多夫
Frelsdorf

弗赖堡（易北河）
Freiburg (Elbe)

弗勒格尔恩
Flögeln

弗雷德斯洛
Fredelsloh

弗雷登
Freden

弗瑞登
Vreden

弗雷尔斯特
Frellstedt

弗雷赫托夫
Flechtorf

弗雷伦
Freren

弗雷门
Wremen

弗雷舍尔露纳贝格
Freschluneberg

弗雷施泰特
Wrestedt

弗雷斯
Vrees

弗里德堡
Friedeburg

弗里德尔
Wriedel

弗里索伊特
Friesoyte

弗利普瑟姆
Freepsum

弗鲁斯特诺（奥斯纳布吕克）
Fürstenau (Osnabrück)

弗鲁特
Flöthe

弗罗斯特瑙（费歇尔德）
Fürstenau (Vechelde)

弗洛岑豪森
Fölziehausen

弗穆勒斯
Fümmelse

弗斯托芬 Velstove | 弗希塔 Vechta | 福尔多夫 Vordorf | 福尔特拉格 Voltlage | 福莱尔索德 Vollersode | 福雷斯特 Fleeste | 福斯费尔德 Vorsfelde

富尔巴赫 Fuhrbach | 富尔贝格 Fuhrberg | 盖布哈茨哈根 Gebhardshagen | 盖尔道 Gerdau | 盖尔德 Gielde | 盖尔斯瓦尔德 Gierswalde | 盖马尔斯豪森 Germershausen

盖斯特兰德 Geestland | 盖泰尔德 Geitelde | 甘德克塞 Ganderkesee | 甘德斯贝尔根 Gandesbergen | 甘纳尔维克尔 Gannerwinkel | 戈德林根 Gödringen | 戈德斯霍恩 Godshorn

戈登斯 Gödens | 戈尔登施泰特 Goldenstedt | 戈斯拉尔 Goslar | 哥廷根 Göttingen | 格奥尔格斯多夫 Georgsdorf | 格奥尔格斯马林许特 Georgsmarienhütte | 格布林杰洛德 Gerblingerode

格尔岑（阿尔费尔德） Gerzen (Alfeld) | 格尔斯滕 Gersten | 格费尔斯多夫 Geversdorf | 格芬斯莱本 Gevensleben | 格哈德 Gehrde | 格哈登（汉诺威） Gehrden (Hannover) | 格克塞 Göxe

格拉尔霍夫 Gailhof | 格拉菲尔迪 Grafelde | 格拉芙霍斯特（黑尔姆施泰特） Grafhorst (Helmstedt) | 格拉塞尔 Grassel | 格拉斯多夫（赫勒） Grasdorf (Holle) | 格拉斯多夫（拉特策恩） Grasdorf (Laatzen) | 约翰内斯塔尔 Johannisthal

格拉斯特 Graste | 格兰德巴克 Gladebeck | 格兰多夫 Glandorf | 格雷丁根 Gleidingen | 格雷齐尔 Greetsiel | 格雷滕贝格 Gretenberg | 格利马斯莫 Grimersum

格林 Greene
格鲁森多夫 Grußendorf
格伦卡普 Gölenkamp
格伦托奥夫 Glentorf
格罗恩德 Grohnde
格罗瑙（莱纳河） Gronau (Leine)
腓特烈城 Friedrichstadt

格罗塞费恩 Grossefehn
格罗森海恩（林蒂希） Großenhain (Lintig)
格罗森罗德 Großenrode
格罗斯贝特林根 Grossburgwedel
格罗斯比温德 Groß Biewende
格罗斯德霍恩 Gross Döhren
格罗斯格尔特恩 Großgoltern

格罗斯海多姆 Grossenheidorn
格罗斯罗湖登 Gross Rhüden
格罗斯－米德勒姆 Gross-Midlum
格罗斯斯泰纳姆 Gross Steinum
格罗斯西斯贝格 Gross Sisbeck
格洛森科尼滕 Großenkneten
格洛特森 Groothusen

格吕嫩代希 Grünendeich
格姆森（吉夫霍恩） Gamsen (Gifhorn)
格斯特 Geeste
格斯滕赛特 Geestenseth
格斯托夫 Gestorf
格特洛 Getelo
贡特森 Güntersen

古德兰德菲尔特尔 Guderhandviertel
哈伯 Harber
哈茨山麓奥斯特罗德 Osterode am Harz
哈茨山区巴特劳特贝格 Bad Lauterberg im Harz
哈德格森 Hardegsen
哈恩克努普 Hahnenknoop
哈尔巴尔恩森 Harbarnsen

滕普林 Templin
哈尔塞费尔德 Harsefeld
哈尔苏姆 Harsum
哈尔韦斯 Harvesse
哈格 Hage
哈格马施 Hagermarsch
哈根（吕本山麓诺伊施塔特） Hagen (Neustadt am Rübenberge)

哈根堡 Hagenburg
哈豪森 Hahausen
哈郝森（格奥尔格斯马林许特） Holzhausen
哈赫姆 Hachum
哈克斯布泰尔 Harxbüttel
哈克斯塔德 Hackenstedt
哈肯布莱克 Harkenbleck

哈勒恩多夫
Harrendorf

哈里
Hary

哈伦（埃姆斯）
Haren (Ems)

哈伦多夫
Hallendorf

哈伦森
Hallensen

哈密尔乐瓦尔德
Hämelerwald

哈默恩斯塔特
Hammenstedt

哈默尔恩
Hameln

哈默尔恩
Hemeln

哈姆斯维霍姆
Hamswehrum

哈嫩尼克里
Hahnenklee

哈瑞安豪森
Harriehausen

哈塞尔（威悉河）
Hassel (Weser)

哈塞吕内
Haselünne

哈斯贝尔根
Hassbergen

哈斯贝根（奥斯纳布吕克）
Hasbergen (Osnabrück)

哈托夫
Hattorf

哈斯德
Hasede

哈滕（奥尔登堡）
Hatten (Oldenburg)

海尔肖恩
Heilshorn

罗森塔尔
Rosenthal

海德尔贝格
Heidberg

海恩达
Heinde

哈斯贝根（代尔门霍斯特）
Hasbergen (Delmenhorst)

海利根多夫
Heiligendorf

海蒙多夫
Hymendorf

海米伦
Hainmühlen

海默尔
Haimar

海纳姆
Heinum

海涅
Heine

海宁根（沃尔芬比特尔）
Heiningen (Wolfenbüttel)

海因伯克尔
Heinbockel

海因斯姆
Heyersum

海泽
Heise

汉贝尔根
Hambergen

汉比赫伦
Hambühren

汉德鲁普
Handrup

汉多夫
Hahndorf

汉多夫
Handorf

汉恩．莫恩顿
Hann. Münden

汉肯斯比特尔
Hankensbüttel

汉诺威
Hannover

汉斯特（哈尔堡）
Hanstedt (Harburg)

汉斯特（于尔岑）
Hanstedt(Uelzen)

汉茵盖森
Hänigsen

豪斯埃赫尔德
Haus Escherde

浩伦（贝费尔斯特）
Hollen (Beverstedt)

赫德莫登
Hedemünden

赫德斯灿姆
Hüddessum

赫勒 Holle

赫曼斯堡 Hermannsburg

赫梅恩霍芬（萨尔茨黑门多夫） Hemmendorf (Salzhemmendorf)

赫温 Hüven

赫明根－韦斯特菲尔德 Hemmingen-Westerfeld

赫特伦 Hotteln

赫特祖姆 Hötzum

赫滕森 Hettensen

赫托豪恩 Hetthorn

赫明根（下萨克森州） Hemmingen (Niedersachsen)

赫文森 Hevensen

赫沃尔 Höver

赫兹伯格哈茨 Herzberg am Harz

黑茨拉克 Herzlake

黑德 埃姆斯 Heede Ems

黑德佩尔 Hedeper

黑尔 Heere

黑尔姆施泰特 Helmstedt

黑尔斯泰德 Heerstedt

黑林根 Hehlingen

黑伦多夫 Hellendorf

黑梅尔豪森 Hämelhausen

黑莫尔 Hemmoor

黑姆肯罗德 Hemkenrode

黑姆森 Heemsen

黑瑟多夫 Hesedorf

黑瑟尔 Heeßel

黑瑟尔 Hesel

黑瑟姆 Heersum

黑森奥尔登多夫 Hessisch Oldendorf

黑斯德 Heisede

黑斯特 Haste

黑斯托夫 Helstorf

黑特林根 Heitlingen

亨尼肯罗德 Henneckenrode

洪德拉格 Hondelage

胡德（奥尔登堡） Hude (Oldenburg)

胡尔森 Hullersen

胡内斯吕克 Hunnesrück

胡苏姆（威悉河） Husum (Weser)

琥珀 Hoope

霍埃尔斯多夫 Hoiersdorf

霍恩埃格尔森 Hoheneggelsen

霍恩堡 Horneburg

霍恩茨 Honze

霍恩哈默尔恩 Hohenhameln

霍恩霍尔斯特 Hohnhorst

霍恩施泰特 Hohnstedt

霍恩斯托夫（易北河） Hohnstorf

霍尔（本特海姆县）
Halle (Grafschaft Bentheim)

霍尔茨明登
Holzminden

霍尔多夫
（克雷姆林根）
Hordorf(cremlingen)

霍尔多夫
Holdorf

霍尔恩堡
Hornburg

霍尔萨姆
Hörsum

霍尔特
Holte

霍尔特豪森
Holtershusen

霍尔特加斯特
Holtgast

霍尔滕森（艾贝克）
Holtensen
(Einbeck)

霍尔滕森
（韦尼格森）
Holtensen

霍尔滕森
Holtensen

霍尔托夫
Holtorf

霍格斯特德
Hoogstede

霍黑格尔斯
Hohegeiss

霍克恩
Hockeln

霍克海姆
Hockelheim

霍克西尔
Hooksiel

霍拉格
Hollage

霍伦施泰特（诺特海姆）
Hollenstedt (Northeim)

霍纳尔苏姆
Honnersum

霍彭森
Hoppensen

霍斯尔
Holssel

霍斯特（埃德米森）
Horst (Edemissen)

霍亚
Hoya

霍伊拉根
Hoyerhagen

霍伊斯豪森
Hoyershausen

霍伊斯林根
Häuslingen

基尔希格莱尔森
Kirchgellersen

基森布吕克
Kissenbruck

基希多夫（巴尔辛豪森）
Kirchdorf
(Barsinghausen)

基希多夫
（迪普霍尔茨县）
Kirchdorf(Diepholz)

基希霍斯特
Kirchhorst

基希塞尔特
Kirchseelte

基希韦厄
Kirchweyhe

基希韦厄
Kirchwistedt

吉博尔德豪森
Gieboldehausen

吉夫霍恩
Gifhorn

吉弗滕
Giften

吉勒斯海姆
Gillersheim

吉米特
Gimte

吉森
Giesen

吉特
Gitter

吉特尔德
Gittelde

加博森
Garbsen

加登施泰特
Gadenstedt

加尔托
Gartow

汉堡
Hamburg

卡登贝格
Cadenberge

卡尔贝尔拉
Calberlah

卡勒费尔德
Kalefeld

卡佩尔（下萨克森州）
Cappel
(Niedersachsen)

卡佩尔恩
Cappeln

卡佩尔－诺伊费尔德
Cappel-Neufeld

卡其林根
Kochingen

卡斯托尔夫（吉夫霍恩）
Kastorf(Gifhorn)

卡斯托尔夫
（沃尔夫斯堡）
Kastorf(Wolfsburg)

卡特伦布尔格－林道
Katlenburg-Lindau

凯滕坎普
Kettenkamp

康斯坦鲁姆
Konigsdahlum

科尔德林根
Koldingen

科尔恩拉德
Colnrade

科伦费尔德
Kolenfeld

科彭布吕格
Coppenbrügge

科彭拉费
Coppengrave

克赫伦
Kohlen

克拉梅
Cramme

克莱恩海姆斯特
Klein Himstedt

克莱恩施托克海姆
Klein stockheim

克莱因登克特
Kleindenkte

克莱因弗雷登
Kleinfre

克莱因吉森
Klein giesen

克莱因伊尔瑟德
Klein ilsede

克赖恩森
Kreiense

克劳恩
Clauen

克劳斯塔尔 － 采勒费尔德
Clausthal-Zellerfeld

克劳斯塔尔
Clausthal

克雷贝克
Krebeck

克雷姆林根
Cremlingen

克里夫恩斯－桑德尔
Cleverns-Sandel

克里米亚森
Krimmensen

克鲁门代希
Krummendeich

克伦策
Clenze

克伦珀尔
Krempel

克洛彭堡
Cloppenburg

克梅
Kemme

克内瑟贝克
Knesebeck

库阿肯布吕克
Quakenbruck

库埃伦霍尔斯特
Querenhorst

库克斯港
Cuxhaven

库瑞姆
Querum

拉本克
Rabke

拉岑
Laatzen

拉德斯托夫
Raddestorf

拉登贝克
Radenbeck

拉恩
（胡姆玛林）
Lahnh

拉格斯豪森
Lagershausen

拉哈斯塔德
Lahstedt

拉米
Lamme

拉姆林根－伊莱斯豪森
Ramlingen-
Ehlershausen

拉姆斯洛
Ramsloh

拉姆斯普林格
Lamspringe

蒂尔加滕
Tiergarten

拉斯特多夫
Rastdorf

拉斯特鲁普
Lastrup

莱茨多夫
Leezdorf

莱登
Lahden

莱恩斯特
Lehnsted

莱尔特
Lehrte

莱费尔德
（不伦瑞克）
Leiferde

莱费尔德（吉夫霍恩）
Leiferde（gifhorn）

莱费尔德
Leiferde

莱戈
Lemgow

莱勒
Lehre

莱密
Lemmie

莱姆弗尔德
Lemforde

莱姆戈
Lemgo

莱姆克
Lemke

莱姆韦德
Lemwerder

莱斯
Lesse

莱特
Letter

莱特玛
Rethmar

莱特诺姆
Luttrum

莱文
Laven

赖斯林根
Reislingen

赖因斯多夫
Reinstorf

兰德
Lengde

兰德瑞豪森
Landringhausen

兰德斯贝尔根
Landesbergen

兰德维尔
Landwehr

兰德乌顿
Landwurdk

兰根（Kr. 库克斯港）
Langen(Kr. cuxhven)

兰根（伊姆斯）
Langen-ems

兰根豪森
Langenholtensen

兰韦尔哈根
Landwehrhagen

朗弗尔顿
Langford

朗格尔斯
Langelsheim

朗根达姆
Langendamm

朗根哈根
（杜德城）
Langenhagen

朗雷德尔
Langreder

朗瓦尔德恩
Langwarden

劳埃瑙
Lauenau

劳巴克（汉恩．芒登）
Laubach
(hann. munden)

劳德尔费恩
Rhauderfehn

劳丁森
Lodingse

劳恩贝格
Lauenberg

劳恩弗尔德
Lauenforde

劳恩斯泰因（萨尔茨黑门多夫）
Lauenstein

劳斯庭根
Lechtingen

劳特海姆
Rautheim

劳滕贝格
Rautenberg

劳滕塔尔
Lautenthal

劳英根
Lauingen-konigslutter

莱厄（伊姆斯）
Lehe

勒宁根
Loningen

勒特格斯比特尔
Rotgesbuttel

雷堡 - 洛库姆
Rehburg-Loccum

雷堡
Rehburg

雷德（EMS）
Rhede（EMS）

雷德瑟
Redderse

雷登
Reden

雷登
Rheden

雷格尔豪森
Rengershusen

雷姆
Lelm

雷姆林根
Remlingen

雷彭纳
Reppner

雷彭斯特
Reppenstedt

雷瑟
Resse

雷特姆（阿勒）
Rethem（Aller）

雷滕
Rethen

雷希楚普韦格
Rechtsupweg

雷希滕弗莱特
Rechtenfleth

里茨布特尔
Ritzebu

里瑟贝格
Rieseber

里斯特
Rieste

里苏姆
Rysum

里特茨
Rietze

泰格尔
Tegel

利本伯格
Liebenburg

利伯瑙
Liebenau

利丁根
Liedingen

利林塔尔
Lilienth

利率
Zinna

利默（阿尔费尔德）
Limmer(Alfeld)

利斯瑞根
Leeserin

利希滕贝格（萨尔茨吉特）
Lichtenberg(Salzgitter)

利希滕贝格
Lichtenborn

林登（奥尔登堡）
Lindern

林登尔特
Linderte

林蒂希
Lintig

林格尔海姆
Ringelheim

林普豪森
Lippoldshausen

格斯特蒙德
Geestemünde

林斯堡
Linsburg

林斯庭根
Listring

林特尔恩
Rinteln

灵施泰特 Ringstedt
龙霍尔岑 Langenholzen
龙嫩贝格 Ronnenberg
卢特 Luthe
卢特贝克 Lutterbeck
卢特贝里 Lutterberg
鲁尔斯托夫 Rullstorf

鲁根豪森 Lutgenhausen
鲁根诺德 Lutgenrode
鲁林根 Runingen
鲁马 Ruhme
鲁姆斯普林格 Rhumspringe
鲁帕 Ruper
鲁斯 Ruthe

鲁斯廷根 Rustringen
伦多夫 Lehndorf
伦格德 Lengede
伦瑙 Rennau
伦斯豪森 Renshausen
伦特 Lenthe
伦韦斯特 Leveste

罗德 Rhode (Konigslutter)
罗德瓦尔德 Rodewald
罗登贝格 Rodenberg
罗登基兴（施塔德兰） Rodenkirchen
罗尔森 Rohrsen
罗尔斯豪森 Rollshausen
罗衡 Ruhen

罗克卢姆 Roklum
罗林豪森 Rollinghausen
罗森塔尔（派纳） Rosenthal
罗斯（派纳） Rohrse
罗特（霍伊尔斯豪森） Rott (Hoyershausen)
罗特茨乌姆 Rotzum
罗特托夫 Rottorf

罗腾卡兴 Rotenkirchen
罗滕堡（维梅河） Rotenburg
罗滕卡姆 Rotenkamp
洛布玛希特森 Lobmacht
洛厄 Lohe
洛伽姆 Loccum
洛柯玛 福维克 Logumerv

洛克斯特特 Loxstedt
洛内 Lohne
洛瑞普 Lorup
洛希特姆 Lochtum
洛伊特尔斯豪森 Lutterhausen
吕贝尔斯特 Lubberst
吕本 Luben

吕本山麓诺伊施塔特 Neustadt am Rubenberge
吕德 Luhnde
吕德尔森 Ludersen
吕德尔斯堡 Ludersburg
吕德尔斯豪森 Rudershausen
吕纳斯特 Lunested
吕讷堡 Luneburg

吕内 Lunne
吕唐 Lutten
吕特茨堡 Lutetsburg
吕肖（德兰德） Luchow
马尔顿 Mahlerte
马尔多夫 Mardorf
马尔克洛黑 Marklohe

马克豪森 Markhausen
马克森 Marxen
马克特斯姆 Machtsum
马肯森 Mackensen
马里恩罗德 Marienro
马里恩西 Mariensee
马林堡 Marienburg

马林哈弗 Marienha
马林哈根 Marienhagen
马林塔尔（下萨克森州） Marienta
马曲豪森 Mechtsha
马森 Maasen
马希曲坎普 Marschka
迈讷 Meine

迈内尔森 Meinersen
麦卡颂 Mascherode
曼德尔斯洛 Mandelsloh
梅茨 Meitze
梅厄多夫 Mehedorf
梅尔贝克 Melbeck
梅尔岑 Merzen

梅尔多夫 Meerdorf
梅尔弗拉德 Melverode
梅克尔斯特德 Meckelstedt
梅勒 Mehle
梅勒 Melle
梅伦（霍恩哈默尔恩） Mehrum
梅伦多夫 Mellendorf

梅梅豪森 Meimerha
梅彭 Meppen
梅辛根 Messingen
门斯拉格 Menslage
蒙斯特（厄尔策河） Munster
米德卢姆 Midlum
米登 Muden

米伦豪森 Mielenhausen

米塞尔瓦尔登 Misselwarden

米斯堡 Misburg

米特尔洛德 Mittelrode

明格瑞尔德 Mingerod

明施泰特 Minstedt

莫尔贝尔根 Molberge

莫尔梅尔兰 Moormerland

莫尔穆 Molme

莫尔斯 Morse

莫尔韦格 Moorweg

莫林根 Moringen

莫伦森 Mollensen

穆尔苏姆 Mulsum

穆斯坦特 Munstedt

纳恩森 Naensen

纳沙泰尔 Neuenburg

纳斯尔瑞顿 Nesselroden

纳特林根－海姆尔森 Nettlingen-Helmersen

纳滕多夫 Natendorf

纳因多夫（登克特） Neindorf

纳因多夫（沃尔夫斯堡） Neindorf

内策 Neetze

内尔滕－哈登贝格 Norten-Hardenberg

内根博尔恩（艾贝克） Negenborn

内根博尔恩 Negenborn

内萨（多南） Nesse

内萨（洛克斯特特） Nessew

内特 Nette

内泽 Netze

尼德斯特肯 Niedernstocken

宁奥弗 Nienover

宁布尔格（威悉河） Nienburg(weser)

宁哈根（莫林根） Nienhagen

宁哈根（斯塔芬贝格） Nienhagen

宁斯代特 Nienstedt

宁斯特 Nienstadt.amt

纽豪斯（沃尔夫斯堡） Neuhaus(wolfburg)

纽维尔特尔 Neuweste

诺博克尔 Neubokel

诺布瑞克 Neubruck

诺德霍恩 Nordhorn

诺德莱达 Nordleda

诺德奈 Norderney

诺德斯特伊姆克 Nordsteimke

诺登 Norden

诺登哈姆 Nordenham

诺登森 Roddensen

诺恩瓦尔德 Neuenwalde

诺尔茨特门 Nordstemmen | 诺尔德霍尔茨 Nordholz | 诺尔登堤岸布赫霍尔茨 Buchholz in der Nordheide | 诺尔特鲁普 Nortrup | 诺尔特莫尔 Nortmoor | 诺伊克洛斯特尔 Neukloster | 诺森 Northen

诺特海姆 Northeim | 诺滕斯多夫 Nottensdorf | 诺伊伯格 Neuborger | 诺伊查尔 Neuschar | 诺伊多夫 Neudorfp | 诺伊恩豪斯 Neuenhaus | 诺伊豪斯 Neuhaus

诺伊霍夫（巴特萨克萨）Neuhof(Bad Sachsa) | 诺普克 Nopke | 诺伊瓦姆巴赫恩 Neuwarmb | 诺因基兴（奥斯纳布吕克）Neuenkirchen | 诺因基兴（迪普霍尔茨）Neuenkirchen(Diepholz) | 诺因基兴（库克斯港）Neuenkirchen | 诺因基兴（诺伊恩基兴 - 弗尔登）Neuenkirchen

诺因兰德 Neuenlande | 欧登罗德（卡莱费尔德）Oldenrode (Kalenfeld) | 帕丁比特尔 Padinbuttel | 帕尔绍 Parsau | 帕彭堡 Papenburg | 帕滕森 Pattense | 派纳 Peine

潘恩森 Parensen | 佩尼格塞尔 Pennigsehl | 皮斯姆 Pilsum | 皮特茨 Petze | 皮乌苏姆 Pewsum | 林登（汉诺威）Linden(hannover) | 普林茨赫夫特 Prinzhofte

普洛克豪森 Plockhor | 普洛尤斯豪森 Plonjeshausen | 屈赫尔斯特 Kuhrstedt | 若尔盖 Zorge | 塞尔 Celle | 森奥尔登多夫（萨尔茨黑门多夫）Oldendorf(Salzhemmendorf) | 上莎根 Obershag

上赛克特 Obersickte | 森奥尔登多夫（施塔德）Oldendorf(Stade) | 塔彭贝克 Tappenbeck | 泰丁豪森 Thedinghausen | 泰斯普 Thieshope | 泰滕斯 Tettens | 特里格尔 Triangel

特罗根 Trogen
特韦克斯鲁姆 Twixlum
特维斯特 Twist
特维斯特林根 Twistringen
条顿堡森林山麓迪森 Dissen am Teutoburger Wald
条顿堡森林附近哈根 Hagen am Teutoburger Wald
图宾根 Tubingen

图恩 Thune
图拉 Tulau
图斯特 Thuste
图伊内 Thuine
屯瑟 Thonse
托马斯伯格 Thomasburg
瓦城递尔 Waddewar

瓦城哈 Wachenha
瓦城赫德 Wahmbeck
瓦尔柏格 Warberg
瓦尔戴森 Vardeilsem
瓦尔登堡 Wardenburg
瓦尔格姆 Waggum
瓦尔肯里德 Walkenried

瓦尔莫登 Wallmoden
瓦尔姆森 Warmsen
瓦尔珀 Warpe
瓦尔斯罗德 Walsrode
瓦尔休姆 Walchum
瓦根菲尔德 Wagenfeld
瓦根霍夫 Wagenhoff

瓦亨豪森 Wachenhausen
瓦勒 Wahle
瓦勒 Vahle
瓦伦霍尔茨 Wahrenho
瓦伦霍尔斯特 Wallenhorst
瓦姆恩 Warmenau
瓦斯比特尔 Wasbüttel

瓦特松 Wätzum
瓦滕贝克 Wattenbek
万格尔兰 Wangerland
万格罗格 Wangerooge
万豪登 Wanhöden
威彻琳豪森 Wichtringhausen
威德尔 Weddel

威尔肯堡 Wilkenburg
威尔灵根 Wirringen
威尔森 Wellersen
威尔斯豪森 Wiershausen
威赫尔多夫 Wehldorf
威亨森 Wehnsen
威廉港 Wilhelmshaven

威斯贝格霍尔岑 Wrisbergholzen	威斯潘施泰因 Wispenstein	威斯特奥佛雷丁根 Westoverledingen	威斯特豪森 Westerhusen	威斯特郝德费恩 Westrhauderfehn	威斯特罗德 Westerode	威斯特马什 I Westermarsch I

威斯特马什 II Westermarsch II	威斯特施塔特 Weststadt	威特伯恩 Wetteborn	威特莱本 Wetzleben	威滕比特儿 Watenbüttel	威滕森 Wettensen	韦贝尔斯 Wybelsum

韦岑 Weetzen	韦德尔 Wehdel	韦德马克 Wedemark	韦德特伦斯塔特 Wedtlenstedt	韦登 Wehden	韦登（阿列尔） Verden(Aller)	韦迪根 Weddingen

韦尔布莱克 Wehrbleck	韦尔杜姆 Werdum	韦尔拉布尔格多夫 Werlaburgdorf	韦尔平格豪森 Wölpinghausen	韦尔施泰特 Wehrstedt	韦尔特 Werlte	韦佛林森 Weferlingsen

韦弗林根 Weferlingen	韦伦（贝费尔斯特） Wellen (Beverstedt)	韦明根 Wehmingen	韦纳 Weener	韦尼格森（戴斯特） Wennigsen (Deister)	韦珀洛 Werpeloh	韦瑟尔恩 Wesseln

韦森多夫 Wesendorf	韦斯特 Weste	韦斯特－贝费尔斯特 Wester-Beverstedt	韦斯特贝克 Westerbeck	韦斯特策勒 Westercelle	韦斯特多夫 Westdorf	韦斯特费尔德 Westfeld

韦斯特霍夫 Westerhof	韦斯特伦德 Westerende	韦斯特施泰德 Westerstede	韦特鲁普 Wettrup	维岑 Wietzen	维达 Wieda	维尔德（博克内姆） Werder（Bockenem）

维尔德赫 Wiedelah

维尔德曼 Wildemann

维尔德斯豪森 Wildeshausen

维尔杜姆 Wirdum

维尔瑟姆（格拉夫谢夫特贝恩特海姆）Wilsum (Grafschaft Bentheim)

维尔舍 Wilsche

维费尔施泰德 Wiefelstede

维勒斯豪森 Willershausen

维伦 Wieren

维尼格斯特 Winnigstedt

维平根（埃姆斯兰）Wippingen (Emsland)

维施哈芬 Wischhafen

维斯莫尔 Wiesmoor

维特马尔 Wittmar

维特蒙德 Wittmund

维特施塔特 Wittstedt

维廷根 Wittingen

魏博贝克特 Wibbecke

魏策 Wierthe

魏厄 Weyhe

魏豪森 Weyhausen

魏森 Wiensen

魏思普豪森 Wipshausen

魏特玛 Wettmar

温岑堡 Winzenburg

温德汉森（莱雷）Wendhausen (Lehre)

温德汉森（谢勒滕）Wendhausen (Schellerten)

温德豪森 Windhausen

温德森 Wendesse

温德泽尔 Wendezelle

温克尔（吉夫霍恩）Winkel (Gifhorn)

温克尔塞特 Winkelsett

温尼伯斯特 Wennebostel

温宁豪森 Winninghausen

温森（泸河）Winsen (Luhe)

温斯特 Wingst

文岑 Weenzen

文德堡 Wendeburg

文登（不伦瑞克）Wenden (Braunschweig)

文登肖特 Wendschott

文迪施埃沃恩 Wendisch Evern

文内罗德 Wennerode

文瑟 Wense

文森 Wenzen

文斯托夫 Wunstorf

翁德洛 Undeloh

翁塔毕灵斯豪森 Unterbillingshausen

翁滕恩德 Unterende

沃尔安森 Wallensen

柏林 Berlin | 巴克霍尔兹 Buchholz | 弗里德里希斯韦尔德 Friedrichswerder | 布赫 Buch | 蒂尔加滕 Tiergarten | 多罗希斯塔特 Dorotheenstadt | 腓特烈城 Friedrichstadt

沃尔斯特洛夫 Wollerstorf | 沃尔特罗夫 Woltorf | 沃尔特斯多夫（文德兰） Woltersdorf (Wendland) | 沃尔特斯豪森 Woltershausen | 沃尔特维斯彻 Woltwiesche | 沃尔廷根罗德 Wöltingerode | 沃尔泽滕 Woltzeten

沃夫 Ohof | 沃夫夏庚 Wolfshagen | 沃赫勒 Wöhle | 沃亨贝克 Wahmbeck | 沃亨伦豪森 Wohlenhausen | 沃克斯豪森 Werxhausen | 沃夸德 Woquard

沃勒 Wahle | 沃勒斯豪森 Wollershausen | 沃林格斯特 Wollingst | 沃塞波 Wersabe | 沃森 Warzen | 沃特沃顿 Waddewarden | 乌埃策 Uetze

乌埃尔森 Uelsen | 乌尔芬莱德 Wulfelade | 乌赫特 Uchte | 乌利 Uhry | 乌梅尔恩 Ummern | 乌姆门恩 Ummeln | 乌普甘特－绍特 Upgant-Schott

乌普伦根 Uplengen | 乌施拉格 Uschlag | 乌斯拉尔 Uslar | 乌斯汀 Wüsting | 乌斯兴豪森 Ussinghausen | 乌特莱德 Uthlede | 乌图姆 Uttum

伍尔特佛策 Wurthfleth | 伍斯特海德 Wursterheide | 武达森 Voldagsen | 武尔斯比特尔 Wulsbüttel | 武斯特罗（温德伦） Wustrow (Wendland) | 西盖勒森 Westergellersen | 希茨阿克（易北河） Hitzacker (Elbe)

希尔德斯海姆 Hildesheim

希尔德斯托夫 Hiddestorf

希尔格尔米森 Hilgermissen

希尔克洛德 Hilkerode

希尔沃茨霍森 Hilwartshausen

希莱尔塞（吉夫霍恩） Hillerse (Gifhorn)

希莱尔塞（诺特海姆） Hillerse (Northeim)

希梅尔斯托尔 Himmelsthür

希普斯特 Hipstedt

希特贝尔根 Hittbergen

希特勒河条顿堡森林 Hilter am Teutoburger Wald

下奥哈滕豪森 Nieder ochtenhausen

下哈根尔 巴尔萨夫特 Niederhägener Bauerschaft

小贝尔森 Kleinberssen

欣贝根 Himbergen

欣特 Hinte

新比登斯特 Neu buddenstedt

新布鲁赫豪森 Neubruchhausen

新哈林格西尔 Neuharlingersiel

新武尔姆斯托夫 Neu wulmstorf

亚德 Jade

亚森 Jeinsen

延布克 Jembke

耶尔克斯海姆 Jerxheim

耶尔姆斯托夫 Jelmstorf

耶尔施塔特 Jerstedt

耶弗尔 Jever

耶莱特 Jennelt

耶姆古姆 Jemgum

伊登森 Idensen

伊尔塞德 Ilsede

伊根恩 Ingeln

伊劳（东弗里西亚） Ihlow

伊门贝克 Immenbeck

伊门多夫（萨尔茨吉特） Immendorf

伊门罗德 Immenrode

伊门瑟尔 Irmenseu

伊门森（艾贝克） Immensen

伊门森 Immensen

伊姆－罗洛弗 Ihme-roloven

伊姆森 Imsen

伊姆苏姆 Imsum

伊塞尔斯海姆 Iselersheim

伊森比特尔 Isenbuttel

伊斯托夫 Evestorf

伊特茨姆 Itzum

伊特尔贝克 Itterbeck

伊滕 Ilten

伊泽恩哈根 Isernhagen

因布斯豪森
Imbshause

因格莱本
Ingeleben

尤卡斯罗特
Junkersrott

于尔岑
Uelzen

于费根
Üfingen

于斯特
Juist

约克
Jork

旗帜・德意志联邦共和国行政区

巴伐利亚公爵威廉四世和艾伯特五世宫廷服饰书（P71）

大汉斯・布克迈尔（Hans Burgkmair the Elder）1510 年

康拉德・格吕嫩贝格纹章书（P14）

后语

带上这本书去德国开启你的文化之旅吧！

“一个公民外交的新时代”，米歇尔·奥巴马 2014 年在北大演讲时说：“你不需要登上飞机才能成为公民外交官。”

改革开放以来，与过去区别的不仅是物质的变化，更重要的是国人的“眼界”。

“鄙人对法定纹章素来心向往之，今有幸恳请大人垂顾，恩准最高纹章官授予鄙人特定纹章及饰章，内含遵循纹章规则之附加图记，以合乎鄙人身份且可传于后人。大人之卑微请愿者俯乞恩准。”以上是早期中国人向英国纹章院递交的申请，林思齐等多名海外华人通过申请获得家徽并将其传承。欲了解西方文化，宗教和纹章是不可或缺的两大要素，不去进行文化的沟通，一味抱怨多年也融不入西人圈子的海外华人可以反省反省。

公元 843 年 8 月，法兰克查理大帝四个孙子中的三个签了《凡尔登条约》分帝国为德法意三部分，路易二世据有莱茵河以东的德意志地区，辖法兰克尼亚、巴伐利亚、图瓦本、萨克森、图林根五大公国。在德意志第一帝国时期，自十二世纪始，纹章在帝国得到空前繁荣，甚至超过了其出生地英格兰。究其原因，德意志是马赛克化的，两三百个小国家的确让人眼晕，共同防御的需求甚至出现了“选帝侯”的战区势力范围划分方式，直到条顿骑士团建立的普鲁士通过铁血统一成立德意志第二帝国。德意志的面积相当于中国广东省，我们把德意志行政区划相当于广东村民小组以上的纹章，做了梳理并将德文译为中文，其间参考了谷歌、必应、百度、金山等软件的音译，在此鸣谢。

潘基文 2011 年回答新浪网友时谈及他的境外旅行经历和影响：1962 年他作为一名受到红十字会邀请的中学生到美国进行了为期差不多一个月的旅行，这改变了他人生的轨迹。

我曾做过德国工商大会、蒂森克虏伯磁悬浮财团和西门子多处内装设计和施工，在多年项目磨合中，对其用色，流程等方式有了一定程度的认识。深感不同文化交流中沟通、理解和包容之重要。当下，我们大国崛起了，互相理解和尊重仍需牢记，将纹章院核心盾徽设计为换位思考，就是此意了。

在上一本书《国人之家徽》中，哈布斯堡的查理五世篇章之后，简单地介绍了巴伐利亚蓝白格和红色的法兰克之耙等常用德意志纹章元素和部分城徽，相对于数以万计的德国纹章，如沧海一粟，更有不吐不快之感，值此良机，将纹章院的内部培训资料中的德意志地域纹章一万一千余枚结集，呈读者浏览。在此鸣谢褚楚、吴英朋、李君等纹章院同事为此翻译、校对、整理。

带着接纳的心去和世界互动，可以出发了！

18.April.MMXVI

图书在版编目（CIP）数据

西人之纹章：德意志地域纹章概览 / 蒋炜，杨颖著. -- 上海 : 上海书店出版社，2017.1
（家徽与纹章书系）
ISBN 978-7-5458-1382-1

I. ①国… II. ①蒋… ②杨… III. ①纹章学—研究—德国 IV. ① K853

中国版本图书馆 CIP 数据核字（2016）第 273531 号

西人之纹章：德意志地域纹章概览（家徽与纹章书系）

著　　者　蒋　炜　杨　颖
责任编辑　杨柏伟
封面设计　杨　颖
技术编辑　吴　放
出　　版　上海世纪出版股份有限公司上海书店出版社
发　　行　上海世纪出版股份有限公司发行中心
地　　址　200001　上海福建中路 193 号
　　　　　www.ewen.co
经　　销　全国各地书店
印　　刷　上海大旗快印有限公司
开　　本　710×1000 1/16
印　　张　14.25
版　　次　2017 年 1 月第一版
印　　次　2017 年 1 月第一次印刷
书　　号　ISBN 978-7-5458-1382-1/K.256
定　　价　75.00 元